仓修良先生（摄于 2012 年春）

历史文献学论集

仓修良 著

图书在版编目（CIP）数据

历史文献学论集/仓修良著. -- 北京：商务印书馆，2025. --（仓修良文集）. -- ISBN 978-7-100-24844-0

Ⅰ.G257.33-53

中国国家版本馆CIP数据核字第20252NP029号

权利保留，侵权必究。

历史文献学论集

仓修良　著

商　务　印　书　馆　出　版
（北京王府井大街36号　邮政编码100710）
商　务　印　书　馆　发　行
三河市尚艺印装有限公司印刷
ISBN 978-7-100-24844-0

2025年5月第1版　　　开本710×1000　1/16
2025年5月第1次印刷　　印张19　插页1

定价：128.00元

出版说明

仓修良先生（1933—2021）是当代著名历史学家、方志学家，江苏省泗阳县人。1958年毕业于浙江师范学院历史系，一直在杭州大学历史系任教。1998年国务院决定四校合并，为浙江大学历史系教授。生前社会兼职有中国历史文献研究会名誉会长、学术委员会主任委员，中国地方志学会学术委员，浙江省地方志学会副会长，华中师范大学历史文献研究所、华东师范大学中国史学研究所、宁波大学、温州大学兼职教授等。

仓先生毕生致力于中国史学史、历史文献学、方志学和谱牒学等方面的教学与研究，著述宏富。出版学术专著有《中国古代史学史简编》（与魏得良合著）、《中国古代史学史》、《方志学通论》、《谱牒学通论》、《章学诚和〈文史通义〉》、《章学诚评传》（与叶建华合著）、《章学诚评传》（与仓晓梅合著），自选文集《史家·史籍·史学》、《仓修良探方志》、《史志丛稿》、《独乐斋文存》。主持二十五史辞典丛书的编纂工作，主编《中国史学名著评介》（二卷本、五卷本）、《史记辞典》、《汉书辞典》、《二十五史警句妙语辞典》、《中国历史文选》（下册，与魏得良合编）、《中国史学史参考资料》、《中国华东文献丛书·华东稀见方志文献》（全五十卷），《中国历史大辞典·史学史卷》编委，撰写《中国历史要籍介绍及选读》要籍解题。古籍整理有《爝火录》（与魏得良合校）、《文史通义新编》、《文史通义新编新注》等。在《历史研究》、《新华文摘》、《中国史研究》、《文史》、《人民日报》、《光明日报》等报刊发表论文两百余篇，科研成果多次受到国家和省部级的奖励。事迹被收入中外名人辞典三十多种，治学经历被收入朝华出版社《学林春秋》，享受国务院特殊津贴。

仓先生在2017年出版《谱牒学通论》后，有意出版本人文集，将生平著述作一总结，集中呈现给学界朋友与广大读者。文集的出版，承商务印书馆的大力支持，同时得到浙江大学中国古代史研究所"双一流"项目经费出版资助。编纂工作从2019年底正式启动，由于身体原因，仓先生委托留系弟子鲍永军负责，从事制订编纂计划、搜集整理并复印论文、整齐文献格式、校对清样及引文、联络沟通等编务。仓先生确定文集编纂计划与目录，指导编纂工作，夫人任宁沪女士、女儿仓晓梅女士提供书信与照片资料，对封面设计、文集装帧等提出宝贵的意见建议。文集编纂工作，得到先生弟子们的积极参与和热忱帮助。叶建华同志校对文集排版文字、核对论著引文。陈凯同志参与制订编纂计划，负责书信整理编纂工作，参与统一文集文献格式，编撰《学术论著目录》。张勤同志编撰《学术活动年表》。先生其他弟子，钱茂伟、舒仁辉、刘连开、殷梦霞、文善常、范立舟、陈鹏鸣、金伟、白雪飞、邰晏君、邢舒绪等同志，始终关注支持文集编纂工作。

本文集包含五方面内容，依次为专著、古籍整理、论文集、附录、友朋书信集。文集凡十卷：第一卷《中国古代史学史》；第二卷《方志学通论（增订本）》；第三卷《谱牒学通论》；第四卷《章学诚评传（增订本）》（与叶建华合著）；第五卷《章学诚和〈文史通义〉》，附《章学诚评传》（与仓晓梅合著）；第六卷《文史通义新编新注》；第七卷《中国史学史论集》；第八卷《方志学论集》；第九卷《历史文献学论集》，附录《学术论著目录》、《学术活动年表》；第十卷《友朋书信集》。仓先生所撰中国历史要籍解题，主编的《中国史学名著评介》以及教材，点校的《爝火录》，所撰《中国历史大辞典·史学史》、《史记辞典》、《汉书辞典》、《二十五史警句妙语辞典》词条，限于篇幅，本文集不再收录。

文集中的专著，有增订本者，收增订本。已出版著作与发表的论文，注释体例多有不同，此次出版，为方便读者，重新编排，核对引文，尽可能按照最新出版规范，统一注释体例。

文集编纂尚在进行，仓先生不幸于2021年3月逝世，遗憾不可弥补。文集第一卷于11月问世，后续各卷陆续出版，以慰先生在天之灵。先生之风，山高水长；先生之学，百世流芳。

编者
2021年10月26日

目 录

谱牒学述略 1
漫谈家谱 7
刘孝标与《世说新语注》 15
辨伪学家胡应麟 27
阅读古籍应当注意选择版本 45
李天根与《爝火录》 50
整理《文史通义新编》的几点想法 60
一部研究清代学术文化不可多得的著作
　　——读《清人文集别录》 68
文献工作者必读之书
　　——读杨绪敏先生《中国辨伪学史》 75

我与中国史学史 82
我与方志学 95
《史家·史籍·史学》自序 102
《史志丛稿》序 112
《独乐斋文存》后记 127
《中国史学名著评介》前言 130
《中国史学名著评介》新版序 134
《史记辞典》前言 143
《汉书辞典》前言 145

《二十五史警句妙语辞典（增订本）》前言..................148
从《吴越春秋辑校汇考》看《吴越春秋》的版本、体裁、内容和价值..................152
《越绝书校注》序..................166
《章学诚生平与思想》中译本序..................191
《仓修良探方志》序..................196
《陕西省图书馆藏稀见方志丛刊》前言..................212
《华东稀见方志文献》前言..................220
一部名实相符的《苏州府志》
　　——明洪武《苏州府志》点校本序..................228
《重印民国〈泗阳县志〉》序..................233
《日本藏中国罕见地方志丛刊续编》序..................240
《方志资料审核论稿》序..................247
新修仓氏族谱序..................259

附　录

仓修良先生学术论著目录..................269
仓修良先生学术活动年表..................285

谱牒学述略

谱牒学简称谱学，它与方志学一样，都是史学发展的分支，都随着史学的发展而产生和发展，因此，它也必然具备史学的某些功能、特点和性质。清代学者邵晋涵就曾指出："郑夹漈之为《通志》也，首叙氏族，又采诸家谱乘见于著录，则家之有谱，固与国有史、州有志而并重也。"（《南江文钞》卷6《余姚史氏宗谱序》）同时的史学评论家章学诚也说："且有天下之史，有一国之史，有一家之史，有一人之史。传状志述，一人之史也；家乘谱牒，一家之史也；部府县志，一国之史也；综纪一朝，天下之史也。比人而后有家，比家而后有国，比国而后有天下，惟分者极其详，然后合者能择善而无憾也。"（《文史通义新编》外篇一《州县请立志科议》）他们不仅为家谱下了定义，而且对其作用也予以充分肯定，把家谱、方志、国史看作同样重要的地方文献，对于研究历史，具有重要的价值。因此，历代学者对谱牒一直相当重视，无论是编修国史还是其他学术论著，都常有涉及。史学家司马迁著《史记》，就曾大量利用谱牒著作；宋代欧阳修作《新唐书·宰相世家表》，也大量采用私家之谱。尤其要指出的是，谱学在魏晋南北朝到隋唐时期，还曾一度居于显学地位，特别是魏晋南北朝，几乎是家家要讲谱牒，人人要懂谱牒，并设有专门机构管理，因而先后出现了一大批著名谱牒学家和谱牒专著。自宋以后，不仅私家之谱盛行，而且又产生了年谱等形式的谱牒著作。因此，谱牒文献同样是我国文化遗产中一个重要组成部分，可以为研究我国封建时代的历史与文化提供许多无可代替的重要史料。

那么谱牒学究竟是一门怎样的学问呢？它的发展过程又是如何呢？谱牒是古代记载世系书籍的总称，而这称呼出自司马迁的《史记》。《史记·太史公自序》称："维三代尚矣，年纪不可考，盖取之谱牒旧闻，本于兹，于是略推，作《三代世表》第一。"谱牒亦作谱谍，后来这类著作渐多，逐渐形成一门学问谱牒学，简称谱学。这类著作最初产生时，多为记载帝王世系，进而有记载诸侯卿大夫世系，这与"古谱牒掌于官"有密切关系。如今能够见到的最早谱牒著作为《世本》，是西周至战国的史官相继而成的著作，其中有帝系篇、诸侯卿大夫世系篇；前者记述从黄帝至春秋期间的一些帝王传受的系统，后者则为记述诸侯卿大夫的世系；还有姓氏篇，记载当时所有贵族的姓氏。显然，当时的这类谱牒是为王室和贵族服务的，它对后世谱牒学发展不仅有很大影响，而且对史学也有重要影响。司马迁著《史记》，不但采用了其中许多资料，而且创造纪传体也从其体例中得到不少启发，特别是《三代世表》、《十二诸侯年表》等。两汉许多学者在作史、注史时，有关古代世系，亦大多依据于此书，故郑樵在《通志·氏族略序》中说："凡言姓氏者，皆本《世本》。"而后来的经籍志、艺文志等目录著作，也往往总是将它著录于谱牒首部。当然，随着社会的发展，人们可以看到，这类著作的著录也不断在变化，氏族谱、私家之谱在逐渐增多，显然是有其发展过程的。

邵晋涵的《余姚史氏宗谱序》中对于谱学的起源与发展有过这样一段论述：

> 《周官》小史奠系世，辨昭穆，谱牒之掌，古有专官。自官失其传，《大戴记》首述系姓，后如杜预之《春秋世族谱》，则以谱学附之于经；至应劭之述系姓，王符之论氏姓，又辅经而行者也；至太史公征引《世本》，考得姓受氏之源，至《唐书宰相世系表》，则谱学附之于史。其勒为专书，编分类次者，若挚虞《昭穆记》，王俭《百家谱》，贾希鉴《氏族要状》，胥能补史传所未备。五代以后，谱学散佚，于是士大夫之述家谱者，或推始迁之祖，或述五世之宗，守近而不能溯远，仅以叙同居之昭穆，而于受姓别族之源流，多未暇及，谱学之失传，所从来远矣。……自奠系牒之官废，而后有专门之学，专门之学衰，而后有私家之谱，自古迄今，凡三变焉。

邵氏这段文字，不仅叙述了谱学的起源，而且指出了谱学的发展过程、不同阶段的特点及其代表作，也涉及了它与史学的关系和史学价值。尤其是所讲三个阶段，即由专官之掌，演为专门之学，进而形成私家之谱的盛行，这个结论大体上符合谱学发展的实际情况，反映了谱学发展的简单历史。这就是说，谱牒如同史学一样，最早是由专官所执掌，其目的仅在于"奠系世，辨昭穆"，别贵贱，识尊卑，如此而已。既讲清了谱牒所以产生，又指出了初期的功能。秦汉以后，无专官所管，学者乃竞相编述，至六朝遂形成专门之学，并产生了谱学发展史上第一次高潮。到了唐代，由于统治者的利用和提倡，出现了谱学发展史上又一高潮。但其著作形式与表现功能则与六朝时期有着显著不同，这往往被许多谱学研究者所忽略。五代以后，此学遂衰，此后专治谱学而成家者亦确实不多见。正如邵氏所说，以后出现的多为"私家之谱"。

邵氏的论述还告诉人们这样一个事实，即谱学的内容是非常丰富的，决不像如今有些学者所说，谱学就是家谱学。这一点只要查阅正史艺文志、经籍志就足以得到证实。众所周知，无论是史表、官谱、统谱，还是宗谱、族谱，不外均要记载人物世系，故古人亦称之为"姓氏之学"。自从《隋书·经籍志》开始，这种志中，史部总有谱牒这一门类，而《隋书·经籍志》则称《谱系篇》，新旧《唐书》、《宋史》等便均称《谱牒》。为了说明谱牒学的内容非常广泛，决不仅限于家谱，这里不妨举例说明。《隋书·经籍志》的《谱系篇》共收《世本》、《汉氏帝王谱》、《后齐宗谱》、《百家谱》、《益州谱》等四十一部，其中一族一姓之谱有《谢氏谱》、《杨氏谱》、《苏氏谱》等。这些书名足以表明谱学的内容并不局限于家谱，而《谱系篇》的小序就更能说明问题，因为在谱牒产生之初，是由专官所执掌，尚未产生私家谱，司马迁的《史记》，不是征引了那么多谱牒著作吗？而所征引的又并非私家之谱。显然我们决不能说这些著作还不能算是谱学的内容。《旧唐书·经籍志》共收书五十五部，较为突出的是收了《大唐氏族志》、《姓氏谱》和《大唐姓族系录》。《新唐书·艺文志》著录共九十五部，不仅收了上述三种，而且收录了李林甫等编纂的《唐新定诸家谱录》、林宝《元和姓纂》、李利涉《唐官姓氏记》、柳璨《姓氏韵略》、柳芳《永泰新谱》以及李衢《大唐皇室新谱》等。这些著作的出现，反映了谱学在唐代发展的新趋向及其所肩负的新功能。到了《宋史·艺文志》的《谱牒类》所收录著作，情况又大不相同，首部著录的为何承天《姓苑》，次则为林宝的《姓苑》，接着便是《姓史》、《元和姓纂》。而所载专门研究记录姓氏之书特别多，很明显其注意力已逐渐转向"寻常百姓家"了。如《春秋氏族谱》、《春秋宗族谥谱》等，所记虽然还离不开王侯士大夫，但其着眼点是在"氏族"与"宗族"了。又如《古今姓氏书辩证》、《姓氏源流考》、《姓系氏族》、《姓苑略》等，其性质自然显而易见。当然，专讲帝王世系之书为数还是不少。另有《古今同姓名录》、《天下郡望姓氏族谱》、《唐相谱》等书。对于这一百一十部的著录，若是逐一过目便会发现，记载一家一姓的家谱族谱竟多达近四十部，超过全部著录的三分之一。这个数字的变化，正反映了谱学发展进入了一个新阶段——私家之谱盛行于天下的局面。

也正因为自宋以后私家之谱一统天下，而专门研究谱学的人和专著反而逐渐减少，因此许多清代学者都称宋以后谱学便衰微了。其实这一说法并不妥当，后来大量私家之谱，其内容的价值，绝不会在官修谱牒著作之下，许多内容可补史书记载之不足，有的还可纠正史书记载之错误，许多论著已经有所论及。况且从宋代开始，除私家之谱而外，又出现了单为个人作"年谱"的现象，特别是为著名的学者、政治家编写年谱，应当说是谱学发展的一大转折，不仅使谱学发展开辟了新的途径，而且更加富有学术价值。可见作为谱学，年谱是绝对不应被排斥在外的。《宋史·艺文志》的《谱牒类》中已经著录了洪兴祖的《韩愈年谱》，而《明史·艺文志》该类也收了李默的《朱子年谱》和徐渤的《蔡忠惠年谱》。这些谱牒类的著录范围也同样向人们展示了谱学的内容是相当广泛的。

综上所述，我们认为谱学是研究和阐述人类宗族家族世系演变历史及相关问题的一门学问，一切著录和记载宗族家族世系历史及相关问题的文献典籍，都属谱学研究范畴，诸如家谱、宗谱、族谱、世谱、世系录、总谱、统谱、官谱、年谱以及史书中的各类世系表和各种史表等等。而家谱只是谱学中的一个分支、一个成员，不能代表整个谱牒学，充其量也只能说是狭义的谱学而已。

至于谈到谱学的起源，说法很多。有人认为原始社会已经产生，其根据则是氏族的繁衍；有人提出在夏代已经产生，其理由是当时已经是"家天下"了；也有人提出在殷商已经产生，因为甲骨文中已有谱系的记载（指世系）。至于当时为什么会产生，则很少能作出令人满意的说法。笔者认为，研究谱学的起源与发展，同样应当密切联系时代背景，注意时代的需要与可能，这实际上是研究社会科学起码的要求。因为任何一种著作形式和学术思想，都有其产生的特定社会条件，这就是人们经常讲的社会为出现这种著作提供温床或土壤，谱学的产生自然也不例外。从现有资料看，西周实行的宗法制度是产生谱牒的直接根源。而对这种制度的实行状况，许多文献都有记载，有所谓大宗与小宗的严格区分，"有百世不迁之宗，有五世则迁之宗"。这种制度的实行，就在于防止各等级的贵族之间对于爵位财产的争夺。为了切实执行这套严密的制度，必须有相应的措施，于是设立专官管理。大诗人屈原在楚就曾担任过三闾大夫，掌管三族三姓，"叙其谱属"。直至秦汉，仍设置宗正，掌管皇室与外戚之事务。不仅管宗室名籍，以分别嫡庶亲疏，而且要编纂同姓诸侯王世系谱。可见，"叙其谱属"正是维护宗法制度的重要措施。也就是说，古代设立专官，叙其谱属，是维护宗法制度所采用的一种手段或措施。

同样，魏晋南北朝时期的谱学为什么能得到蓬勃发展，亦自有其特定的社会条件。对此，唐代著名谱学家柳芳的三句话，概括出当时谱学发展的三大原因，他说："善言谱者，系之地望而不惑，质之姓氏而无疑，缀之婚姻而有别。"（《新唐书·柳冲传》）这就是说，研究当时的谱学发展，必须熟悉人物的地望，以了解其社会政治地位，了解族姓的来源和支派，辨清婚姻血统关系。所以我们说谱学此时是为维护门阀豪族利益、巩固门第制度而形成的一种史学。只要人们研究就可以发现，这一时期的谱学盛行，是和门阀势力的发展息息相关的。门阀最重门第、血统、婚宦，当时的各种谱学著作正是为此服务。郡望观念是在门第制度下产生的，标举郡望，在于显示门第的高下，而门第的高下，则直接关系到每个人的社会地位和政治权利。就以选官而言，"有司选举，必稽谱籍，而考其真伪"（《新唐书·柳冲传》）。姓谱记录自然被看作当时的头等大事，每部族谱必标郡望。因为"上品无寒门，下品无世族"的选官标准，正是以门第高下为依据，因而有些寒门素族，为了提高社会地位，往往伪诈高门，诡称郡望。为了达到伪诈的目的，有人还串通谱学家为之篡改。既然选官必稽谱籍，主管选举之官，自然必须熟悉谱牒。史载南朝宋刘湛为选曹，曾自撰《百家谱》，以助铨叙，最终成为谱学家。如此种种都是政治因素促使谱学的发展。再从社会需要来看，当时的社交活动中，谱学也显得非常重要。社会上避讳风气盛行，与朋友交谈，不能触犯对方家讳，否则将招致意料不到的后果。还有一个重要社会现象，在门第森严的情况下，婚姻制度必须门当户对，这又与谱牒有着密不可分的联系。

唐王朝建立以后，魏晋以来的那批门阀豪族虽然经过了隋末农民起义的打击，失去了往日的那种显赫声势，政治上、经济上的势力都大为衰落，但在社会上仍有很高地位和一定势力，因而就连唐太宗的许多重要大臣，竟然都争着向山东士族攀婚。当时三品以上之官，"欲共衰代旧门为亲，纵多输钱帛，犹被偃仰"（《旧唐书·高士廉传》）。特别是崔、卢、李、郑为首的山东士族，以士大夫自居，妄自尊大。新建立的唐王朝政治集团，其皇室虽自称陇西李氏，尚属关陇士族，但其开国元勋和枢要大臣中，很多来自庶族地主、农民起义将领和寒素之家，他们虽都掌有实权，但其出身和士族毕竟存在一定界限，社会地位和影响自然还敌不过山东士族和江左名门。为了改变这一现状，提高皇室新贵们的地位，调整统治阶级内部关系，从唐太宗开始，一直很注意利用谱学作为其斗争的有力工具。还在贞观五年（631），便命高士廉、岑文本等人刊正姓氏，编纂《氏族志》。可是高士廉等人大多出身于旧的士族，受旧传统影响较深，因此新编《氏族志》原想借以抑压山东士族地位，而其初稿竟仍把山东士族崔民干（此时官仅黄门侍郎）列为第一等（共分九等）。唐太宗看了大为不满，不仅要重修，而且作出更加明确的指令性原则，即"不须论数世以前，止取今日官爵高下作等级"（《旧唐书·高士廉传》），按照这一精神重新修订的《氏族志》，将皇族新贵地位大大提高。武则天当权后，为了打击关陇集团，巩固自己的政治势力，乃通过高宗下诏改修《氏族志》为《姓氏录》，将后族武氏列为第一等，只要够得上五品官的，皆可进入士族行列，把士族范围不断扩大，以促进士庶合流。因此，这次改订《姓氏录》，无疑是对旧士族的一次更大冲击。大型谱牒的不断编纂，用政治手段重新评定了全国姓氏门第，突出皇室和功臣的社会地位，压制旧的门阀势力，削弱门第观念，将法令制度通过谱牒著作这种形式固定下来，这么一来，六朝以来的豪门士族经过不断冲击，自然便逐渐衰落凋零了。

以上事实说明一个问题：无论是研究谱学的起源还是发展，都不能离开时代背景，因为它们都是时代的产物。宋以后私家之谱的盛行与年谱的产生和发展，自然也不例外地有其特定的社会条件。

（原载《文史知识》1997年第10期）

漫谈家谱

家谱也称为族谱、宗谱、家乘等等，它是一种来表明血统关系，记载长幼序编的著作，实际上也就是记载一个家族的繁荣发展的历史的一种著作。也就是说，入谱者，必须是同宗共祖的，你虽然是同姓，如果你不是同宗、不是共祖的，你就不能够进入一个家谱。就如同样是王姓，它在魏晋南北朝时期，最起码就有三大系统：太原王、山东的琅玡王、晋陵王。晋陵王郡望不高，我们讲的"王谢"的"王"是指的琅玡王。所以民间经常讲五百年前是一家，我看不是太确切。因为这个姓，特别是早期不是很固定的，在变的，经常在变的。

我举个例子，大家知道张良，张良本来不姓张，张良是韩国的后代，韩国当时是姬姓，那就是说跟周文王、周武王同姓，是姬姓。但是后来韩国被秦灭了，张良的弟弟也被秦始皇害死了，所以张良就要报仇，刺杀秦始皇没有成功，被追捕，他只好改姓，姓张。所以这个姓有些时候不是固定的，一直到后来才慢慢地稳定下来。其实后来也还是变动的，有一些为了避仇他要改姓，你像岳飞的后代就有好多改了，不姓岳了，特别是逃到东北那一带的。

家谱作为私家之谱，起源于什么时候？有的人讲很早，原始社会就开始了，我不同意，因为文字还没有呢，你何谈家谱呢？所以我是主张起源应当是西周时期，那个可以称得上谱牒了。但是这个家谱都还是属于帝王的、王侯的家谱，私家之谱出现要到了魏晋南北朝了。有人也说，当时铜器铭文上面已经记载了世系了，这是不是家谱呢？当然你说是私家之谱，很难说。因为在当时来讲，能够铸钟鼎的人，必须是王侯才有这个财力，所以把它作为私家之谱，我认为是不恰当的。那么真正讲起来，私家之谱到什么时候才出现呢？我觉得是魏晋南北朝时期，这个时期私家之谱大量产生了，为什么呢？因为魏晋南北朝时期好多社会现象使得大家不得不来修家谱。

一个原因是魏晋南北朝时世家大族产生了，门阀地主为了要恢复他这个家族的利益就要修家谱。同姓的不同宗，不是我这个郡望的，不能入谱。因为一旦入谱，他就享有特权了。郡望高的、门第高的人在选官上就有特权，当时是九品中正制度嘛，就是门第制度，郡望制度使得当时一定要修家谱。

第二个原因是当时有避讳制度。在魏晋南北朝时期这个避讳制度相当风行，如果触犯了帝王的名字，要犯罪的。例如东晋简文帝的母亲，小名叫作阿春，结果当时避讳这个"春"字，整个社会上这个"春"字不能用了。阜阳本来叫阜春，这就要改名，改成阜阳；伊春要改成伊阳；史书的名字比如说《晋春秋》，改名为《晋阳秋》。由于这个避讳制度，因此家家户户都要熟悉谱牒，否则你出门不大好办，要得罪人。

我讲的这不是笑话，史书记载的，有一个人叫熊安生，他去拜会两位朋友，一个朋友的长辈中有一个熊字，另外一个朋友长辈当中有个安字。那么好了，在介绍自己时他只好说我叫触触生，就是触犯避讳的。所以你必须要懂得家谱，懂得人家长辈有哪一些，叫什么，你像这样出门才能够做到不犯错误。

还有一个现象，当时社会上是门当户对。结婚要用家谱。你的郡望是什么，我这个家族郡望是什么，查清楚了才能够通婚，否则的话就麻烦了。浙江有一个叫汪翼文的，是个大家族，门第较高，但是由于他女儿嫁给门第低的家族了，居然被修宋史的史家沈约告了一状，认为汪翼文不遵守当时的制度，应当把他逐出士这个阶层去。可见大家族之间通婚是受到社会关注的。

所以在当时就规定，修谱是个大事情，你不能篡改。但是当时修改家谱，偷改家谱的事情也还发生。曾有一个著名的谱学家，为了替人家把门第低的修成门第高的，犯了杀头罪。这个时期家谱它是维护权利的一个护身符。当时琅玡王逃到南方去就受到很大的优待，司马氏政权很优待这些王姓的家族。说明当时家谱对维护社会特权是非常重要的。

作为私家之谱，文献中有记载，比如说《世说新语》，我就查了好多，都是家谱的材料，所以家谱作为正式的文献资料都是在引用的。欧阳修修《新唐书》的时候，大量引用了家谱作为文献来记载。到唐朝的时候，这个修谱现象应该是作为国家垄断了。唐代的私家之谱并不是太被重视，谱学成为统治集团政治斗争的一种工具了。真正的私家之谱，也就是说进入平民之家是从宋代开始。唐朝末期世家大族衰落了，所以我经常引刘禹锡的一首诗，其中诗句"旧时王谢堂前燕,飞入寻常百姓家",好像是写景的,实际上是描写世家大族没落的一个事实。这个事情真正发生是什么时候呢?那就是宋代,从宋代开始。我们现在可以知道的,宋代大文学家欧阳修,他当时修过家谱,就是欧阳家族的。另外还有,苏洵也修了,因此这两部家谱都保存在两人文集当中流传下来,这是最早的我们可以看到的家谱——私家之谱。

元代的家谱很少,我没见到。比如说有一部《汪氏家谱》,有人说是元代修的,实际上根据我的研究是明代初年的。明代的家谱也只有很少几部。多数的都是清代,特别是清朝晚期和民国初年多。当然,家谱被毁掉的比其他文献要多,解放初土改一段时间毁掉了大批的家谱,应当说很可惜。"文革"当中又毁掉了大批家谱,家谱的遭遇比其他古籍的损失更加严重。

下面给大家讲一讲家谱的研究现状。

研究家谱在国内比较晚。在国外,像日本、美国,甚至于英国,研究我们的家谱都比较多。当然,台湾学者他们一直在研究,并且两年开一次研讨会。大陆一直到改革开放以后才有较多的研究。我写第一篇关于谱牒学文章也已经到了80年代了,后来一直到90年代,开过一次会,海峡两岸的谱牒学家、历史学家一道讨论家谱,我也参加了。我提交一篇文章,当时就提出几个问题来。

家谱学是谱牒学当中的一个组成部分,整个谱牒学是历史学的一个分支,我研究谱牒学也就是从历史学角度来研究的,你从这个方面来研究就讲清楚了。因为章学诚也讲:"有天下之史,有地方之史,有一家之史。"一家之史就是家谱,地方之史就是地方志,他早就把家谱作为历史的组成部分来看待了。后来在上海也举行过两次家谱研讨会,参加者是一些学者。

另外就是说现在究竟还有多少家谱流传下来?我想说几个数字,当然也仅仅是我掌握的全国的、上海的、浙江的、广东的这些,那么山东的确切数字说实在的我没有能够搞到。那么从全国来讲,在1984年,当时国家档案局、教育部、文化部曾经发过一个通知,就是要大家共同来搞一个《中国家谱综合目录》。通过十多年努力,到1997年,《中国家谱综合目录》由中华书局正式出版,这个目录一共收入的家谱是14719种,记载的姓氏一共有162个,覆盖了全国26个省、市、自治区。至于各地的情况,上海市有15000种,这是上海市自己统计的。其中上海图书馆就有11700种,10万册,他们已经组织人员，编写出版了《上海图书馆馆藏家谱提要》。北京有8000余种，其中国家图书馆收藏了3000种。浙江出版了《浙江省家谱总目录提要》，一共收录了12000余种家谱，其中一半是散在浙江省，还有一半是在全国各地收集到的。我年前又到广东去了一趟，我从广东省志办了解到，广东省他们收藏的家谱有3000种，广东有好多姓都是比较稀有的，客家人多。台湾收藏的，1974年全台湾就进行家谱调查，调查到1985年为止，他们一共有家谱10613种，都编成了目录。实际上根据我了解，现在民间收藏的有好多他不愿意拿出来，所以你比如说江西、浙江、福建、湖南，包括山东，民间收藏的远远地要多于这个数字。

尽管我们知道全国各地保存了有四五万种家谱，但是里面有好多家谱可以说没有价值。那么家谱的价值究竟表现在什么地方？我下面给大家讲一讲家谱的价值跟它的局限性。家谱属于地方文献，由于它的特殊性，因此它具有文献价值，并且在近年来许多学术研究当中也已经体现出来了。我把它归纳成几个方面：

第一个，研究移民史。中国的历史悠久，也发生过好多次大规模的战争，引起我们民族大的转移。魏晋南北朝时期，由于当时北方民族南下，应当说那一次大规模的民族大转移，从东晋偏安就是这样，我们北方经常说五胡乱华融合，实际上就是北方民族大量的南迁。复旦大学葛剑雄先生研究中国移民史，就曾经大量地引用了家谱资料。

第二个，人口发展史。因为每个家族在记载的时候，对自己家族的繁荣记载还是比较详细的，因此人口发展史要真正很好地研究，应当大量地吸收这个家谱。

第三个，宗法制度史，你研究家族制度史的话，离开家谱那就是空的。

还有一个，社会经济、人文资料、家庭教育，这些都是可以利用家谱来研究的。在研究人物问题上，对于这个家族，祖先做过什么官，特别是生卒年记载，那是可靠的，比如自己的祖父或者曾祖父哪一年生的，哪一年死的，这个记载往往比史书要可靠。

还有从有些家谱当中可以得到文献印证。

比如移民，大家知道我这个"仓"姓很少，只有苏州那里有。我出生在江苏苏北泗阳，洪泽湖边，大概在十几年前，我这个家族修家谱，让我写序,那么我就想,我这个家族是从什么地方来的,家谱没记载。后来我就发现什么呢?只知道一个印象,就是明朝,大约明朝迁过来的。从历史上知道,张士诚当时据守在苏州,被朱元璋打败以后,苏州有一些居民向苏北移过去了。我这个家族,根据我的研究很可能就是这段时间迁的。因为朱元璋当时在建立明朝以后就实行过几次大搬,就是有一部分搬到他的凤阳老家,大户人家搬过去了,还有南京也迁徙了好几万,这就是国家政治移民移过去的。

那么讲到对人物的研究,我举个自己遇到的实际例子。宋朝有一个大的历史学家叫郑樵,郑樵的生卒年长期以来一直弄错了,在60年代,我读书的时候就发现了一些资料,发现流行的这个说法错了。那么我就进行考证,我写了一篇考证文章,登在1962年《历史教学》上面,文章发表的第二年,厦门大学搞社会调查,调查的正是宗谱,就发现了郑樵生卒年这个事情,结果公布的和我考证的是一样的。就说明这个家谱可以印证历史,不能轻视它。

周总理的《周氏家谱》,已经是变成国家一级文物被保存。它的原名叫作《老八房祭簿周氏稿本》,在这个稿本上面,周恩来同志在1939年自己亲手用毛笔写了"恩来,字翔宇,五十房樵水公曾孙云门公长孙,懋臣长子,出继给某某为子,生于光绪多少年,妻邓颖超"等字。你看,这部家谱就很有价值,是周恩来同志自己写的。

还有一部叫作《越城周氏支谱》,是周树人也就是鲁迅先生的家谱,它是光绪三年本,这个记载应该说也是比较可靠的。大家知道,罗振玉是中国历史上很有名的学者,《罗氏家谱》在上虞也有,它是1924年本。出版家张元济,他是海盐人,现在海盐《张氏宗谱》也有。还有台湾三毛的家谱在舟山被发现,叫《定海小沙陈氏家谱》,三毛,原名陈平,她的宗谱是1937年本。所以这说明有些家谱是很可贵的,能够把它保存下来,对研究是很有价值的,是其他文献无法替代的。

还有一个价值就是家谱当中的家训,家训在我国封建社会发展过程中,是一种特有的社会文化现象和家庭教育形式,我就看了好多教育史,都没有很好地重视它。

随着家谱、宗谱的发展而产生的家训,应当说其中有很宝贵的教育思想。不管在任何时候,我觉得一个家长,他对于自己的子女总是教育他去上进,教育他好好读书,好好做人,升官发财,这个我想也是正常的。所以应当说好的家谱,在今天来讲我觉得都还是应当可以很好发扬的。欧阳修在修家谱的时候,他就把他的祖先积累的他这个家族的精神,概括为四句话,教育他的子女。他说"以忠事君,以孝事亲,以廉为吏,以学立身"。你看这四句话,我只要把它改一个字,我们今天完全可以通用。"以忠事君",改成"以忠事国"就完了嘛,下面"以孝事亲",这个我们今天还要提倡孝道的。

早期有个《颜氏家训》,内容很多,现在有些地方把它注释出版了,我觉得很有价值。它就是以儒学来教育自己的子弟,影响深远。

在封建社会后期,有一个人叫朱用纯,他的治家格言《朱子家训》我觉得是很典型的,所以我在文章中引用了好多,一直到现在,你比如说他就讲道:"一粥一饭,当思来处不易;半丝半缕,恒念物力维艰。宜未雨而绸缪,毋临渴而掘井。"你看这些教育多好啊。又说,居身务期质朴,教育子女要有方,不要贪意外之财,"莫贪意外之财,莫饮过量之酒,与肩挑贸易,毋占便宜"。你跟小商小贩,人家挑担做生意的,你不要占人家便宜,该给多少钱就给多少钱,你看这个教育多好。家训是古代教育自己子弟向上的一种教育思想,我们应当很好地总结它。

《钱氏宗谱》记载吴越王钱镠的家训我觉得很好,是值得提倡的。你比如说,它就讲了,唐朝为什么会灭亡呢?就是因为文官爱钱,武官惜命。第二它也讲,一个人不是说生来就是高贵的,成才是经过教育的。因此,他这个家训就否定了"龙生龙,凤生凤"的这个结论了。它也讲了,有教育前途的,就是让他多受点教育,能够当官,荣耀祖先。但是有一些资质比较迟钝的,那就要他能够自己学好种田,能够养活自己。因此钱氏家族从宋代以来就出人才。宋代王安石曾经在一篇墓志铭里面讲到,宋朝做官的在朝廷里真是数量很大,而其中钱家的人才比比皆是,说明姓钱这一家出的人才很多。所以一直到后来,钱大昕是清朝的历史学家,我们一个外交部长钱其琛,他也是钱氏。至于科学家钱伟长、钱学森都姓钱,因为他们自己承认的,都是属于钱镠这个系统的。所以告诉大家一个什么呢?这个家训好,它会教育这个家族,钱氏家族一直重视教育,这是很重要的。

我下面就讲讲咱们引用家谱的时候要注意一些问题。就是说引用家谱资料要慎重。因为很多家谱并不真实,好多是伪造的。我刚刚讲钱镠,他出身于平民,结果把自己的远祖说成是彭祖,你说这个可信吗?我不相信。

浙江那个大禹陵附近有个姓姒的，他有一部家谱，清朝光绪年间修的，居然能够说从大禹一直到现在，世系一直不断。他说他的家族当中有一个在东北一所大学是个教授，我说即便他是校长的话我都不相信。你怎么修的？欧阳修在宋代修《欧氏宗谱》的时候，就已经对汉代、唐代的世系弄不清了，弄不清就不予记载。那你的记载是哪里来的？我说你这个可靠吗？你这样胡编乱造是对自己祖宗的不尊重。作为姒姓家，也仅仅是大禹的后代之一，你不是唯一的大禹后代，根据我的研究，欧阳修也是大禹后代。是勾践的孙子封到浙江湖州，封欧阳侯，所以欧阳这个家族是从这个时候才有姓的。还有大家知道曾子，他也是大禹后代。所以我就讲，作为大禹来讲，他应当是咱们，起码是华夏族的共同祖先，而不是你姒姓家族一个家族的祖先。

另外，你们济南有份报纸也登过济南有两部比较早的家谱，我既然到济南来了，对济南这两部家谱我表个态吧。一部是周姓家族公布的，叫《周氏志》，他这个收藏的《周氏志》记载，他的家族已经延续了八十八代，时间跨度约3000年。那么我就问了，你是什么时候修的？你是八十八代，你怎么算下来的？你能够给我讲出来吗？这是一。另外，他说周公后代，周公本人不姓周，周公姓姬，姬姓，是不是？这个家谱我觉得不可靠，你说八十八代，这个八十八代是怎么来的？再一个就是姓钱的，就是《钱氏宗谱》。标题说是"曾巩凭吊，苏轼作序，崇祯之封，康熙嘉奖"（待查）。我觉得不可能，首先我就用两句话判定它是假的。它说曾巩来凭吊，曾巩和谱主年代相当，当然他去世来凭吊，凭吊的时候就讲到说"孝同曾敏，学贯朱程"，朱程大家知道本来应当是程朱，程朱理学嘛，是不是？那么就说明他很有学问。前面一句话没关系，问题就是第二句学贯朱程。程朱理学是大家比较熟悉的，指程颐、程颢兄弟俩，那么朱是指朱熹，而你这个钱姓谱主是北宋人，北宋的曾巩怎么知道南宋的朱熹呢？你说这个是不是大笑话啊？

还有一个我要跟大家讲的就是，出笑话的还是比较多的。大家知道岳飞《满江红》词，50年代我读书的时候，杭州大学的词学专家夏承焘先生，已经考证，认为《满江红》词不是岳飞作的。说实在我那个时候虽然是读书，但是我是愤愤不平的，我说夏先生怎么好把这个岳飞的《满江红》词否定掉呢？但是毕竟是事实了，这是明代人依托岳飞所作的。后来突然在浙江江山县搜集到一部叫《须将郎峰祝氏族谱》，它里面就讲谱主叫祝臣，跟岳飞好像是同时代的同事。祝臣的儿子叫祝允哲，说岳飞这个《满江红》就是跟祝允哲两个人来对作的。有人写了一篇文章，标题叫《岳飞〈满江红·写怀〉新证》。结果《南开大学学报》发表了，《人民日报》海外版全文刊登。刊登大概是半个月以后吧，上海师范大学宋史专家朱瑞熙教授一篇文章出来了，他的文章标题是《〈须将郎峰祝氏族谱〉是伪作》。怎么伪作呢？他就讲祝臣和祝允哲在宋代根本就没有这两个人，吏部尚书起码是二品官，二品官在《宋史》里面是要上传的，即使说《宋史》不上传，其他的宋代史料也应该有的，蛛丝马迹应该有的，但都没有，这是一。第二个它讲的是兵马大元帅，当时也没有这个事情，同时在那个时候，宋代也没有发生大规模的战事需要宋高宗亲征这个事情。都没有的这个事情你哪来的？这个大元帅是谁给他的？再一个里面所提到的官职，好多官职都是明代才产生的，你说这个假造得好吧？我们新闻媒体稍微慢一点，不要太急，你像《人民日报》海外版登得多被动啊，这个事情。

还有一个事情在我们浙江，两部家谱，两个姓，但是居然世系名字是一样的，就是姓不同。一个是《吴氏宗谱》，一个是《陈氏宗谱》。这两个宗谱世系从始祖到传下来的，名字都一样，就是姓不一样，你说这两部家谱，你相信哪一个呢？那其中总有一个是抄。是不是？我遇到这些我就把它剪下来收藏，放在那里。我是搞方志学的，这些资料我遇到就把它收起来。你比如说还有浙江有个报纸就登了，说三国时期的三国后代全部在浙江哪个县。我说我到北方随便哪个县也可以找到三个姓，姓曹的，姓刘的，还有姓孙的。这三个姓我随便哪个县都可以找到，你说人家那个不是三国后代吗？你不要牵强附会，为了说明你这个地方好，你就这样。

由于时间关系，有一些我就简单地提一提。讲得不妥当的地方，或者错误的地方，大家提出批评。

（原载《山东图书馆季刊》2008年第2期）

刘孝标与《世说新语注》

《世说新语》是南朝宋刘义庆所写的记述汉末、三国、两晋士族阶层遗闻轶事的一部笔记小说，反映那个时代特殊的社会现象和风俗，由于它的记述形式非常特殊，完全是片段的讲故事的方式，前后内容并不连贯。因此，涉及的人和事就非常之多，头绪自然也就很繁，这就给读者带来一定麻烦。为了帮助后人阅读这部著作，刘孝标就为之逐一作注，采用的书籍达数百种之多，而所引之书如今亦已大多失传，吉光片羽，靠此而传，为后人研究这些著作的流传情况提供一些信息和线索，特别是家谱和地记，在很大程度上就是要靠这些注文来研究，其功劳同样是应当肯定的。

刘孝标（463—522），南朝齐梁间学者，本名法武，后更名刘峻，字孝标，平原（今山东平原西南）人。八岁时陷于魏，家贫好学，寄人篱下，自课读书，常自夕达旦。齐永明中奔江南，博求异书读之，闻有异书，必前往祈阅，崔慰祖谓之"书淫"，虽有才而不得重用。梁天监初，方任典校秘书。安成王萧秀引为户曹参军，给其书籍，使抄录事类，名曰《类苑》。曾讲学于东阳紫岩山，从学者甚众，梁武帝普通三年去世，门人谥玄靖。文章甚美，平生最大贡献就是为《世说新语》作注，因为他一生博览群书，学问渊博，因此征引史书、地记、家传、家谱、文集等数百种，其中大多数书籍都早已散佚，由于他的征引，这些书籍的片言只语保存了下来。这为后人了解这些著作的概况提供了帮助，研究当时家谱的发展，靠的就是这些注文；而研究魏晋南北朝时期的地记发展，同样是要靠这些注文。地记是方志发展史上一个重要阶段，因此笔者在二十年前撰写《方志学通论》中的地记内容时，就曾大大得益于《世说新语注》的相关注文，对于刘孝标的功劳自然不会忘记。

我们先谈对于研究家谱的贡献。众所周知，魏晋南北朝是我国历史上谱牒学发展的鼎盛时期，而私家之谱的编写，更是非常普遍，笔者已发表了专篇文章作过论述。那么，刘孝标在《世说新语注》中征引了多少部私家之谱呢？根据我们的研究，还是潘光旦先生早年在《中国家谱学略史》一文中提出的39种比较靠谱。我曾先后查阅了多次，大体如此。读者也许要问，为什么统计数字会有不同呢？我可以肯定回答，那就是所采用的标准不同。到目前为止，统计数字最多的要推台湾学者盛清沂在《试就〈世说新语〉管窥魏晋南北朝之谱学》①一文中提出的有54种之多。由于该文作者将家传亦作为家谱统计，有《谢东骑家传》、《荀氏家传》、《袁氏家传》、《裴氏家传》、《李氏家传》、《褚氏家传》、《顾恺之家传》等；又将世家亦列入家谱，计有《王氏世家》、《王祥世家》等；还有《挚氏世本》、《袁氏世纪》、《陶氏叙》和《太原郭氏录》各1种。共凑成54种。

我们要告诉广大读者的是，研究分析该书保留下来的家谱残存零星记载，是想探索当时家谱编修的概况，包括体例、内容等，至于留下多少部并不是关键。可以肯定，当时编修的家谱很多，我们在许多文中都已讲了，由于当时的社会因素，使得谱学已经成为社会的"显学"，家家要藏有家谱，人人要懂得谱学。因此，在当时来说，家谱是非常普遍的，当时许多谱学家都集有《百家谱》，由于时过境迁，几乎所有家谱都因各种原因而未能流传下来，因此，我们现在查证出数字多少，都无重要意义。所以，不必为多少种而进行争论。问题在于，究竟什么是家谱还是得说个清楚。很显然，当年潘光旦、杨殿珣两位先生都不承认家传就是家谱，这完全是正确的，而不是盛文所说"乃疏于谱学之流变者也"。众所周知，著名学者章学诚，既是杰出的史学评论家，又是方志学的创始人，同时还是谱牒学家，他还多次为人修过家谱，自然知道什么是家谱，我们不妨看看他的说法，他在《和州志氏族表序例上》一文中就曾明确指出：

  自魏晋以降，迄乎六朝，族望渐崇，学士大夫辄推太史世家遗意，自为家传。其命名之别，若王肃《家传》、虞览《家记》、范汪《世传》、明粲《世录》、陆煦《家史》之属，并于谱牒之外，勒为专书，以俟采录者也。（《文史通义新编》外篇四）

---

① 联合报文化基金会国学文献馆编印：《第四届亚洲族谱学术研讨会会议纪录》，台北联经出版事业股份有限公司1989年版。

这里讲得非常清楚，《家传》、《世录》等这些著作，"并于谱牒之外，勒为专书"，而不是和谱牒放在一道，而他所编的《史籍考总目》中，则将家传、别传之类都放入传记部，而不是谱牒部，可见章学诚非常明确地将家传等著作，全都列在谱牒之外。如果读者已经读过《试就〈世说新语〉管窥魏晋南北朝之谱学》一文，可以发现，该文作者实际上已经阅读过章学诚这篇文章，只不过为了证实自己的观点，仅仅摘引了文章的前面几句："自魏晋以降，迄乎六朝，族望渐崇，学士大夫辄推太史公世家遗意，因（章氏原文是'自'字）为家传。"以此来证实"盖世家亦家传之流"。需要指出的是，章氏后面重要内容全都丢了，这样断章取义的引文，实际上是在曲解章氏的本义。这种做法是非常不可取的，因为这样做法表面上是证明了自己的说法，其结果却欺骗了广大读者，为了坚持学术研究的道义与诚信，笔者不得不如实指出。我们还可以告诉读者，章学诚在《刘忠介公年谱叙》中还曾讲过："魏晋以还，家谱图牒，与状述传志，相为经纬，盖亦史部支流，用备一家之书而已。……而前代文人，若韩、柳、李、杜诸家，一时皆为之谱，于是即人为谱，而儒杂二家之言，往往见之谱牒矣。"（《文史通义新编》外篇二）这里讲得就更加明确，"家谱图牒"与"状述传志"，并不同属一类，而是并列关系，两者"相为经纬"，而于年谱，则归之谱牒，可见泾渭分明，毫不含混。为了批评学术界在家谱研究中眉毛胡子不分的乱象，1996年上半年海峡两岸学者在扬州举行谱牒研讨会上，笔者提交了一篇《关于谱学研究的几点意见》[①]，文中的第三个问题就是"家谱、族谱是否也该有个谱"，主旨是希望大家在研究家谱时，是否应当尽量做到靠些谱，千万不要过于离谱，因为大家毕竟都是在做学问。写到这里，我想对盛先生文章还要提点意见，该文所考证出的第52种《太原郭氏录》，据笔者所用中华书局1984年出版的《世说新语校笺》491页，在《太原郭氏录》下注曰："李详曰，此何法盛《中兴书》也，传写遗其书名，法盛《中兴书》于诸姓各为一录，如《会稽贺录》、《琅玡王录》、《陈郡谢录》、《冯翊薛录》、《浔阳陶录》，凡数十家，此《郭氏录》当衍'氏'字。"我们知道，李详（审言）是民国时期知名学者，著有《世说新语笺释》一书，按理讲，该文作者曾广泛查阅了相关著

---

① 仓修良：《关于谱学研究的几点意见》，《历史研究》1997年第5期。

作，应当可以见到此书，即使没有见到，徐震堮先生的《世说新语校笺》也应当可以看到。如果都没有见到过，这里我又不得不向广大读者介绍一下何法盛的《晋中兴书》。何法盛是南朝宋历史学家，著有《晋中兴书》七十八卷（一说八十卷），记述东晋一代史事，是一部纪传体史书，刘知几称其为东晋史书中最佳者。虽然已经散佚，但有清汤球辑本，收入《广雅书局丛书》；还有清黄奭辑五百二十余则，收入《汉学堂丛书》；再有近人陶栋辑二卷，收入《辑佚丛刊》。特别是汤球所辑，共有七卷，卷一为《帝纪》、卷二为《悬象说》、卷三为《征祥说》、卷四为《后妃传》、卷五为《百官公卿表注》、卷六为《威番录》、卷七分郡记录大族姓氏，如《琅玡王录》、《陈留阮录》、《范阳祖录》、《浔阳陶录》、《吴郡顾录》、《丹阳纪录》、《陈郡谢录》等共三十多个大族都有记述。根据笔者研究，实际上相当于《史记》中的世家一样，因此，无论你有多少论据，也无法将其当作家谱来统计，关于这点，清人章宗源的《隋书经籍志考证》中亦有详细论述。可见，做学问、写文章，还是细心一些比较好，千万不要主观臆断，强词夺理，硬凑数字，有何意义！还要指出的是，何法盛《晋中兴书》在当时影响是比较大的，因此，凡是研究魏晋南北朝历史和学术思想的人都应当知道的。

总之，我们上文已经讲了，我们现在研究魏晋南北朝家谱流传下来一些片段，主要是想从中探索一些当时所修家谱的内容、编写体例等情况。这个目的应当说是达到了，这些注所保留下来的资料是相当丰富的，从中可以看出当日所修家谱内容还是比较详细的，无论男女，每位家庭成员都有记载，特别是妇女都有不同形式记载，相比于宋以后私家之谱对妇女的记载那是有着很大的区别，我们以下举例来说明：

《王氏谱》曰："导娶彭城曹韶女，名淑。"

《谢氏谱》曰："安娶沛国刘耽女。"

《王氏谱》曰："献之娶高郗县女，名道茂，后离婚。"

《吴氏谱》曰："坦之字处靖，濮阳人，仕至西中郎将功曹。父坚娶东苑童佥女，名秦姬。"

《谢氏谱》曰："朗父据，娶太康王韬女，名绥。"

《羊氏谱》曰："辅字幼仁，泰山人，祖楷，尚书郎。父绥，中书郎，辅仕至卫军功曹，娶琅琊王讷之女，字僧首。"

《庾氏谱》曰："庾亮子会，娶恢女，名文彪。"

《羊氏谱》曰："羊楷字道茂。祖繇，车骑掾。父忱，侍中。楷仕至尚书郎，娶诸葛恢次女。"

《诸葛氏谱》曰："恢子衡，字峻文，仕至荥阳太守，娶河南邓攸女。"

《王氏谱》曰："坦之子恺，娶桓温第二女，字伯子。"

《王氏谱》曰："王坦之娶顺阳郡范汪女，名盖，即宁妹也，生忱。"

《王氏谱》曰："逸少，羲之小字，羲之妻太傅郗鉴女，名璿，字子房。"

《庾氏谱》曰："友字弘之，长子宜，娶宣武弟桓豁之女，字女幼。"

《袁氏谱》曰："耽人妹名女皇，适殷浩。小妹名女正，适谢尚。"

《谢氏谱》曰："尚长女僧要适庾和。次女僧韶适殷歆。"

《温氏谱》曰："峤初娶高平李晅女，次娶琅琊王诩女，后娶庐江何邃女。"

《桓氏谱》曰："桓冲后娶颍川庾蔑女，字姚。"

从以上所列十七部家谱来看，在魏晋南北朝时期所修私家之谱，对于妇女的许多方面都作了详细记载，当然，每条所记详略不等，大多数还是以男子为主体，并且都是从娶的角度出发。亦有不少以女子为主体，嫁到某方。从这些字里行间，人们还可发现，当时的妇女，不单有名，而且也有字，同时也要排行辈。可见当时的妇女在家谱中还是有一定地位的，虽然还不可能与男子同等地位，但与宋代兴起的私家之谱相比，已经有着天地之别了。特别要指出的是，在当时，离婚、再娶都照样写进家谱，并不看作是不光彩的事。

《世说新语注》所征引的当时私家家谱的材料中，有的是在说明自己姓氏的来源情况，这就说明，当时的家谱编修中，姓氏来源是其重要组成部分。最典型的则是温姓。《温氏家谱序》曰："晋大夫郤至封于温，子孙因氏，居太原祁县，为郡著姓。"（《世说新语·品藻》注）

特别要指出的是，在这些零星的资料中，有些资料还反映了当时家谱编修中，是善恶皆书的，像这样的家谱资料其史料价值自然就很高了。《桓氏谱》曰："道恭字祖猷，彝同堂弟也。父赤之，太学博士。道恭历淮南太守，伪楚江夏相，义熙初伏诛。"（《世说新语·规箴》注）又《袁氏谱》曰："悦字元礼，陈郡阳夏人，父朗，给事中，仕至骠骑咨议。太元中，悦有宠于会稽王，每劝专览朝权，王颇纳其言，王恭闻其说，言于孝武，乃托以它罪，杀悦于市中，既而朋党同异之声播于朝野矣。"（《世说新语·谗险》注）诸如此类，在当日的私家之谱中，竟然都能如实地加以记载，不作任何回避，究其原因，与家谱修成后，要上交政府有关部门有关，因为，"有司选举，必稽谱籍，而考其真伪"，对此，笔者在《魏晋南北朝谱学发展》等文章中已经讲过。现在看到这些征引的各种资料，就可以进一步说明，当时的私家家谱所记内容可信程度是相当高的。这与后世所修家谱，无论在体例上还是内容的可信程度上都是无法相比的。因此，我们说通过查阅这些残存的零星资料，其目的是完全达到的。

我们在上文中已经讲了，潘光旦先生《中国家谱学略史》一文中的统计数字是较为靠谱的，他在文中还列表说明，并在表格之后接着说："他若《陶氏叙》、《袁氏世纪》、《太原郭氏录》等，疑其不为严格之家谱，故未列入。《王氏谱》与《王氏家谱》疑不为一书，今分列为二，前者为琅玡临沂王，以王祥、王览为宗；后者为太原晋阳王，以魏司空王昶为宗。章宗源《隋志考证》并为一谈，于太原谱不另著录，殆出误解，章氏并提及《文选·王文宪集序》注中所引之《王氏家谱》，此确为琅玡谱，盖至唐时，'家谱'二字流行已久，而《文选》之注者（李善）不复为名词上推敲也。"① 这个分别是非常需要的，因为当日的王姓是分为好多宗派的，比较有名的则为琅玡王和太原王。另外，我们曾经在文章中讲到过门第比较低的晋陵王，以王敬则为代表，此人南朝宋、齐两朝均任大官，入齐后为司空，但是这一支由于郡望低，尽管官位很高，但在社会上还是得不到认可，因此在家谱中也很少提及。还要指出的是，在潘先生所列的表中，《王氏谱》共出现25次，按潘先生分法，这些应当都是琅玡王谱，但在笔者阅读中发现恐怕并非都是如此，如《规箴》第十注引《王氏谱》曰："绪字仲业，太原人，祖延，父乂，抚军。"又如《容业》第十四注引《王氏谱》曰："讷字文开，太原人，祖默，尚书，父祜，散骑常侍，讷始过江，仕至新淦令。"可见，这25种

---

① 潘光旦：《中国家谱学略史》，《东方杂志》1929年第26卷第1号。

《王氏谱》，看来并非全是琅玡王氏所修，从其内容看，明显还有太原王家谱，当然，是否会有晋陵王氏家谱呢？也未可知。

综上所述，《世说新语注》中所引数十家家谱保留下来的残存资料，虽然都是片段的，残缺不全的，但是，将其汇集起来研究，就可以为我们揭开蒙在私家之谱头上的神秘面纱，根据这许许多多的条文，我们就可以勾画出当日私家之谱的概貌，看到当日私家之谱的体例和内容。这自然就是刘孝标所作的贡献。

我们早已讲过，刘孝标《世说新语注》还有一个显著的贡献，就是它为我们研究魏晋南北朝时期地记发展，提供了较为丰富的资料。笔者在《方志学通论》中已经讲了，地记是我国方志发展的第一个阶段，由于西汉以后，地方经济的发展，门第制度的形成，因而为地方经济势力服务的著作也就纷纷产生，地记就是其中主要形式，因为这些著作都是为本地服务，所以刘知幾在《史通·杂述》篇早已讲了"郡书者，矜其乡贤，美其邦族，施于本国，颇得流行，置于他方，罕闻爱异"，接着又批评说，这些著作，"人自以为乐土，家自以为名都，竞美所居，谈过其实"。正因如此，在各地都有编著。可是随着隋唐统一局面的形成，中央集权的加强，许多制度产生了改变，也引起了社会风气的变化，这样一来，作为地方著作的功能也相应发生了变化，于是，地记编修逐渐减少，而图经得到普遍发展。因为地记是适应地方政治、经济势力发展需要而产生、发展的，而图经则是中央集权的产物，它是为巩固中央集权服务的。所以，隋唐以后，地记的编写就逐渐消失了。尽管在魏晋南北朝时期，各地都编过大量的地记。但是到如今，连一部完整的也未流传下来，我们今天要研究，也只有借助于前人在注释各类著作中保留下来残存的片言只语，刘孝标在注《世说新语》时，就曾引用过大量的各地地记，为我们保存了许多非常宝贵的资料，现将该书征引的地记按顺序表列如下：

书名	作者	时代	《世说新语校笺》（中华书局1984年版）页码
襄阳记	习凿齿	晋	36，396
冀州记	荀绰	晋	44，46，249，276
丹阳记		南朝宋	50，85，199，207，326，443

续表

书名	作者	时代	《世说新语校笺》（中华书局1984年版）页码
扬州记	刘澄之	南朝宋	71
南徐州记	山谦之	南朝宋	74，320，434
荆州记	盛弘之	南朝宋	79，461
会稽郡记			82
凉州记	张资	南北朝	83，85
吴纪	环济		91，417
吴录			91
东阳记	郑缉之	南朝宋	101
汉南纪			34，105
兖州记	荀绰	晋	135，277，278
会稽后贤记	钟离岫	晋	180
钱塘县记	刘道真	南朝宋	201
汝南先贤传	周裴	三国魏	1，227
陈留志	张敞	晋	232，365
会稽记			264
豫章旧志			314
会稽典录	虞豫	晋	318
寻阳记	张僧鉴	南朝宋	359，483
永嘉记	谢灵运	南朝宋	454
隆安记	周祗		25，54，485

表中共计抄录了书名各异的地记23部，第一部习凿齿的《襄阳记》，全称应为《襄阳耆旧记》，此书还曾有人作过辑佚，《豫章旧志》曾有过两种，一为三国吴徐整所编写，另一部则为晋时熊默所编写，书中所征引者为哪一部已无法确定，又《会稽记》写过的人就更多了，有晋时孔晔、贺循，南朝宋孔灵符，南朝齐虞愿，书中征引者为何人所作也无从确定。还有《会稽郡记》、《吴录》、《汉南纪》三书的作者不知何人，只好存疑。而在这二十多部地记中，被征引的次数也是多少不等，为了便于读者查找，特将页码注在后面。总的来说，所引内容非常丰富，现归纳为以下几个方面加以介绍：

1. 表彰本地之人物。

记载人物，对于地记来说，在魏晋南北朝时期可以说是它的首要任务，为了标榜自己门第的高贵，势必要把本族做过高官的人一一予以表彰，这是当时政治的需要。这一内容正体现了时代的精神，自然也反映了地方志的时代性。我们上文引了刘知幾对这种著作评论的特点就是要"矜其乡贤，美其邦族"，以夸耀其门第。到了后来，凡是本地的名人都一律记载，从古至今，并不局限于某一家族。最典型的莫过于《会稽典录》，《捷悟》第十一注征引《会稽典录》曰："孝女曹娥者，上虞人……"这一故事，流传很广，因为涉及"绝妙好辞"的解释，孝妇女曹娥也就出了名。由于《会稽典录》一书在唐宋时期还在流传，《隋书·经籍志》和两唐书都还著录二十四卷，直到宋代还在社会上流传，以后则慢慢消失。鲁迅先生在《会稽郡故书杂集》中还搜辑逸文，尚得七十二人。最早的一位是范蠡，接着有计倪，东汉时的严光、王充和《吴越春秋》作者赵晔都在其中，因为《会稽典录》作者为虞豫，所以虞姓就有八人之多，还是有一定的倾向性。但是，总的来说，已经跳出了家族范围，做到"矜其乡贤"，为今后地方志编修树立了典范。

2. 记载地理之沿革。

地记具有地理书之性质，首先要记载各地的地理沿革，特别是郡县建置的沿革，自秦统一以后，全国推行了郡县制度，但因朝代更替不断，各地郡县大小多少，变化也非常频繁，对于这些变化情况，不仅本地人需要了解，对于地方官吏来说，了解这些自然更加重要，因此，每部地记对这些内容都必须记载。如《扬州记》曰："冶城，吴时鼓铸之所，吴平，犹不废。王茂弘所治也。"（《世说新语·言语》注）而在山谦之的《丹阳记》所记就更加详细："丹阳冶城，去宫三里，吴时鼓铸之所。吴平，犹不废。"又云："孙权筑冶城，为鼓铸造之所，既立石头大坞，不容近立此小城，当是徙县治，空城而置冶尔。冶城疑是金陵本治，汉高六年，令天下县邑（城），秣陵不应独无。"（《世说新语·轻诋》注）又如盛弘之《荆州记》曰："荆州城临汉江，临江王所治。王被征，出城北门而车轴折。父老泣曰：'吾王去，不还矣！'从此不开北门。"（《世说新语·言语》注）

3. 描绘山水之秀丽。

美化家乡之山水，乃是地记之特点，实际上有许多也并非故意夸张，如会稽郡由于有着得天独厚的自然条件，所以长期以来就以山清水秀、风景宜人而著称于世，《会稽郡记》曰："会稽境特多名山水，峰崿隆峻，吐纳云雾，松栝枫柏，擢干竦条，潭壑镜彻，清流写注。王子敬见之，曰：'山水之美，使人应接不暇。'"（《世说新语·言语》注）又如长江三峡，自古闻名，对这一壮丽奇景，不仅为历代诗人竞相讴歌，而且许多地记也都尽情描绘，盛弘之《荆州记》曰："峡长七百里，两岸连山。略无绝处，重岩叠嶂，隐天蔽日，常有高猿长啸，属引清远，渔者歌曰：'巴东三峡巫峡长，猿鸣一声泪沾裳。'"（《世说新语·黜免》注）以上两条，应当说都很典型，作为地方志来说，对于自己家乡的风景名胜，理所当然都尽量加以记载。

4. 叙述地名之由来。

我国地名之由来，似乎十分复杂，但仔细推求，仍有规律可循。有的因山而得名，如山东、山西、山阴、山阳等；有的因水而得名，如淮阴、淮南、泗州、泗阳等；有的因长江而得名，如江左、江西、江阴等；有的以黄河而命名，如河内、河南、河东、河西等。更有许多是由地形、物产和神话故事而得名，这些地名往往就无规律可循，特别是后者，如果不了解典故和神话传说，就无法得知某地名之由来。关于这些，地记就会给你以满意的解释。如关于"乌衣巷"的得名，山谦之在《丹阳记》中说："乌衣之起，吴时乌衣营处所也，江左初立，琅玡诸王所居。"（《世说新语·雅量》注）又如钱塘之得名，《钱塘县记》曰："县近海，为潮漂没，县诸豪姓敛钱雇人，辇土为塘，因以为名也。"（《世说新语·雅量》注）又历史上曾产生过许多地名，亦大多要靠地记为我们保存下来，如："东府城西有简文为会稽王时第，东则孝文王道子府。道子领扬州，乃住先舍，故俗称东府。"（《世说新语·言语》注）因为"东府"之名在历史上比较重要，能够知道它的来历便容易了解这个名称的含义，但史书大都没有记载，故后人作《晋书考异》时就进一步作了说明："此在元帝未即位以前，帝以镇东大将军领扬州刺史，故称东府也。其后以京都所在，刺史不加征东、镇东之号，而东府之名犹存。故扬州治所称东府也。"历史上还有北府之名，故山谦之在《南徐州记》中又说："旧徐州都督以东为称，晋氏南迁，徐州刺史王舒加北中郎将，'北府'之号，自此起也。"（《世说新语·排调》注）可见这些地记在记载各地名称及与地名相关问题的名称来历时，无论对研究历史还是历史地理都具有重要的参考价值。

5. 介绍各地之水利交通和风俗。

各种地记对于各地水利交通和风俗民情大都有详细记载，因为这些内容都与国计民生有着密切关系，发展生产、物资交流还都关系到官员的政绩，因此，大都注意记载，只不过流传下来还不太多，现列举以下数例：

《襄阳记》曰："汉侍中习郁，于岘山南，依范蠡养鱼法作鱼池，池边有高堤，种竹及长楸、芙蓉、菱芡覆水，是游燕名处也。山简每临此池，未尝不大醉而还，曰：'此是我高阳池也。'襄阳小儿歌之。"（《世说新语·任诞》注）

《吴兴记》曰："于潜县东七十里，有印渚，渚旁有白石山，峻壁四十丈，印渚盖众溪之下流也。印渚以上至县，悉石濑恶道，不可行船；印渚以下，水道无险，故行旅集焉。"（《世说新语·言语》注）

《南徐州记》曰："徐州人多劲悍，号精兵，故桓温常曰：'京口酒可饮，箕可用，兵可使。'"（《世说新语·捷悟》注）又曰："城西北有别岭入江，三面临水，高数十丈，号曰北固。"（《世说新语·言语》注）

这里的北固是一处名胜古迹，指的就是今天镇江市北固山，在魏晋南北朝时还是三面临水，如今就在长江边上，相传刘备曾在此"招亲"，南宋爱国词人辛弃疾在镇江任知府期间，曾为此写过两首词：一是"永遇乐"《京口北固亭怀古》，另一首则是"南乡子"《登京口北固亭有怀》。特别是后一首影响比较大："何处望神州？满眼风光北固楼。天下兴亡多少事？悠悠。不尽长江滚滚流。年少万兜鍪，坐断东南战未休。天下英雄谁敌手？曹刘。生子当如孙仲谋。"很不起眼的"北固"两个字，其实是蕴藏着非常深厚的历史内涵，否则伟大的爱国词人辛弃疾，为什么对其怀有如此深厚的情感而一再前去凭吊，并写下气势豪迈的千古绝唱！这都是当年地记为我们留下的宝贵材料，这又不能不归功于刘孝标所作《世说新语注》，尽管我们今天看到的多为片段的残缺不全的材料，但是拼凑起来，就能看出总的概貌。当年的家谱是什么样，当年的地记又是什么样，笔者通过内容丰富的零星材料，都已经将其勾画出来，所以早在民国年间，潘光旦先生已经提出刘孝标"实间接为谱学一大功臣","刘孝标《世说新语注》非直接为谱学之作品,而为根据谱学之作品,其足证作者为谱学专家则一也"。[①] 笔者以为我们可以用同样理由,说明刘孝标"实间接为地记一大功臣",并且为当时的方志学专家。当然,《世说新语注》所用书籍多达数百种,除家谱、地记而外,还有史书、文集、家传等,而大多亦早已失传,如果要研究,也只有通过这种方法,还得依靠刘孝标当年的注文,就像采矿一样,慢慢开采,总有所得。

2015年初夏写于浙江大学独乐斋

(原载李振宏主编:《朱绍侯九十华诞纪念文集》,河南大学出版社2015年版)

---

① 潘光旦:《中国家谱学略史》,《东方杂志》1929年第26卷第1号。

辨伪学家胡应麟

胡应麟是明代中叶一位学识比较渊博的学者，在文学、史学等方面都有所建树。由于某种关系，他很早就结识了主宰文坛三四十年之久的王世贞，王世贞对其学识也的确颇为赏识，曾多次致书赠诗述钦佩意，这与其能够很快成名自然有一定关系。当然他对王世贞也少不了作了吹捧，因而当代学者中有人称他为王世贞的"狂热崇拜者"。也正因为如此，身后便留下了为人责骂的把柄。明末清初的学者钱谦益就曾责骂他的吹拍作风，比作是文坛上的"行乞"手段。吹拍作风自然应当责骂，因为它是学术发展的大敌。问题在于胡应麟的作风是否真像钱氏所责骂的那样严重呢？吴晗先生曾著有《胡应麟年谱》，较为详细地记载了胡氏生平，特别是其学术生涯。《年谱》在胡氏27岁这年中有一段话颇值得人们注意，现摘引如下：

> 先生父僖与世贞弟世懋为同年生，又与世贞有交谊。先生之得交世贞，一是由曹子念殷无美的揄扬，二是由世懋的绍介，三是由于先生自身读书博学，和世贞同声气，在《少室山房全集》和所著《诗薮》中，虽多推崇琅玡之论，亦由世贞之学问渊通，笼罩一世，心诚悦服，非出矫情也，《明史》说他："携诗谒世贞，世贞喜而激赏之。所著《诗薮》二十卷，大抵奉世贞《卮言》为律令而敷衍其说。谓诗家之有世贞，集大成之尼父也。其贡谀如此。"实非持平之论。①

以上两种评价，可以说完全相反。可见对历史上每位学者的评价，都应当尽可能做到客观公正，不能只凭个人的好恶而随意责骂，否则所作结论不可能令人信服，特别是关系到人品道德问题，结论更应审慎。本文并不对胡

---

① 吴晗：《胡应麟年谱》，载《吴晗史学论著选集》第1卷，人民出版社1984年版。

氏学术成就与贡献作全面的评论，而仅就其在辨伪学上的贡献作些探讨。因为有关胡应麟的文章虽然有过几篇，但专门论述其辨伪学文章尚不多见。

生平与治学精神

胡应麟，字元瑞，晚更字明瑞，尝自号少室山人，后慕其乡人皇初平叱石成羊故事，更号曰石羊生。又号曰芙蓉峰客，壁观子。生于明嘉靖三十年（1551），卒于万历三十年（1602），享年仅52岁。祖父名富，官至礼部主事，父名僖，官至云南副宪。应麟本人万历四年（1576）中举，此时已是26岁，以后虽参加过会试而不第。从其经历来看，似乎与科举无缘，据《年谱》所载，38岁那年（万历十六年），"奉父命北上就试，至杭而病寒疾，惊风喘息，犹黾勉前发，十月舟次瓜步，饔飧并废，绝食五旬，药饵遍尝，积久不愈，自疑不起，会王世贞屡邀相过，因丐作小传，世贞慨然属草，信宿文成，淋漓万言，咸谓极笔，揽诵沉疴顿减，已稍进七箸"。45岁那年又会试下第。"沈德符记先生是年场后事迹云：'是年场后试内阁司诰，敕中书官例取乙榜二人，胡与首揆赵兰溪（吉皋）密切深交，面许必得。时论亦服胡声华，咸无异议。既题请钦定试日，胡忽大病不能入，而粤东张孟奇（萱）得之，张盖纳赂于首揆纪纲祝六者先为道地矣。张入中秘，出为户部郎，榷税于吴，橐金巨万，今以养母乞告，其自奉王公不能过也。张亦以词赋自命，人伟岸有福相，不似胡之枯瘠云。或云张预声言：胡倘见收，当嗾言官并首揆弹治之。故胡托病辞不试，未知然否？胡性亦高亢，不屑随时俯仰，既失意归，旋发病卒。'"以上两则史料可以说明胡应麟对于科举考试并不十分看重，38岁还是"奉父命北上就试"，因病未能如愿。45岁这次，已经"题请钦定试日"，竟然是"忽大病不能入"，沈德符所说因故"托病辞不试"，不论是否真实，总归事出有因。又据《年谱》记载，49岁那年，又"北上就试，卧病清源禅寺。以久未得副宪公音问，复暂归"，这又是去就试因病而未能试。这些资料都说明一个问题，关于胡应麟赴京会试的记载，有案可查的共5次，前两次皆为"下第"，后三次皆因病而未能试，因此，我们就不能笼统地说"屡试不第"，因为这与历史事实不符。尽管"屡试不第"

亦不足以表明一个人学问的高低，况且有些人对那种考试并不适应，虽有学问而不能中举者历史上并不少见。清代乾嘉时期的戴震，已近40岁方才中举，后多次赴京会试不第，直到《四库全书》开馆，受荐被召入馆，充纂修官，负责经部，凡经部之书，多由他最后校定。其著作内容十分广泛，包括算学、天文、地理、声韵、训诂和哲学等各方面。当时名重京师，成为乾嘉时代第一流学者。人们并没有因为他多次会试不第而认为他没有学问。论学问，胡氏在明代中期自然是位学识渊博的学者，王世贞的推许与评论或许有人认为多有偏见，与王世贞、李攀龙同时交往的学者汪道昆，对他的学问同样非常推崇，并将他与杨慎、王世贞相提并论，在为《少室山房类稿》所作序中竟有这样评述："近则成都（杨慎）博而不核，弇山（王世贞）核而不精，必求博而核，核而精，宜莫如元瑞。"而陈文烛在《少室山房笔丛》的序中，更推许胡氏为当日之良史："刘子玄谓史有三长，才也，学也，识也。元瑞才高、识高而充之以学者乎，窃谓元瑞为今之良史。……儒有博学而不穷，笃行而不倦，幽居而不淫，上通而不困者，其元瑞之谓乎！"这些评价显然都是相当高的。就连《四库全书总目提要》卷124《少室山房笔丛》提要的最后亦不得不指出："明自万历以后，心学横流，儒风大坏，不复以稽古为事。应麟独所索旧文，参校疑义，以成是编，虽利钝互陈，而可资考证者亦不少，朱彝尊称其不失读书种子，诚公论也。"当王世贞诸人相继去世后，他居然也主起诗坛，足见其也并非平庸之辈，否则也就无从列入"末五子"了。吴晗先生在其《年谱》中有这么一段文字颇值得我们注意："先生髫龄事学，即已驰誉两都，长而跋涉南北，所与游多一时名下士，达官巨卿，均折节与交，中年与王世贞兄弟汪道昆游，盛得奖掖，益自力于著述，虽间以病废，且性好游，足迹遍南北，而其著述之富，犹复前无古人。王世贞、汪道昆殁后，先生称老宿，主诗坛，大江以南皆翕然宗之。"看来正因为如此，长期以来人多把他看作是一位文学家、诗人，其实他还是位历史学家，据王世贞所撰之《胡元瑞传》载，应麟还作过《史评》10卷，今流传者尚有《史书佔毕》6卷，该书开头便云"余少而好史"，书中也确实提出了不少值得注意的见解，如唐代刘知幾提出史家必须具备才、学、识三长，他则认为即使具备"三长"，还不足以称良史，因此，"三长"之外，还必须加以"公心"和"直笔"，并将两者称为"二善"，指出"秦汉而下，三长不乏，二善靡闻"，这个意见，显然是针对秦汉以来许多史书由于私心作怪而出现的许多曲笔现象而发，实际上是希望史家要加强史德的修养。所以到了清代，章学诚便直接提出在三长之外，史家必须具备史德。另外，书中还提出，古代帝王的政绩不同，皆因时代不同，"异哉，其时乎"，"古今升降之会也，其世有隆污，故其号有等差"，"皆时也"，因此，他反对以成败论英雄，"世率以成败论，惜哉！"遗憾的是，他和王世贞一样，在史学方面的论述与贡献，长期来很少为人们所注意，还在当时早就为其文学声浪所淹没，以致直到今天，大多把他们视作单纯的文学家。其实王世贞还是有明一代不可多得的一位大史学家，对此，笔者也已发表了专篇论述。事实上胡应麟本人也并不以诗词文人而自居，并且提出词章学问本为一途，两者不可偏废，对于李梦阳的偏激之论，就曾提出不同的看法，在《黄尧衢诗文序》中云：

古之世之称材者词章问学出于一，而今之世之称材者词章问学出于二。夫诗而枚曹也，杜李也，古之人有不必文兼也者，乃其诗藻绘蕃葩，故未尝废问学也，自南渡严氏之说兴，而诗自三唐外汰百家矣；文而左马也，扬韩也，古之人有不必诗兼也者，乃其文渊综富硕，故未尝废问学也，自北郡李氏（梦阳）之说兴，而文自两汉外屏百代矣。夫汰百家而一于唐以为诗，似也，顾百家汰而后世之诗卒无能登枚曹杜李之坛而夺其帜；屏百代而一于汉以为文，似也，顾百代屏而后世之文卒无能驰左马扬韩之垒而角其锋；而徒俾词章问学，判若两途，而懋懋乎其弗相入，是何古之立言者为术之工，而今之立言其为计若是之左也。（《少室山房类稿》卷86）

这种以为文章学问本非二途的看法，显然是很正确的。有些文人史学根基很差，因而经常笑话百出，他在《丹铅新录》中多次指出，杨慎所以会产生那些不应当错的错误，正是因为"不熟史学之故"。不仅如此，他还提出在做学问方面，要注意处理好"博"与"精"的关系，学必求其博，义必求其精，学问要深但首先要广，没有广为前提，也就无所谓深了，所以就在上述那篇文中曰："入之九渊而毋堕于魔，放之八极而毋荡于幻，举之千仞而毋激于峭，按之万钧而毋滞于粗，博而核之，精而莹之。"（《少室山房类稿》卷86）至于为什么一定要既博且精呢，他解释说："凡著述贵博而尤贵精，浅闻眇见，曷免空疏，夸多炫靡，类失卤莽，博也而精，精也而博，世难其人。"（《诗薮·内编》）这一番话，将博与精的重要性作了简明的论述，在明代中叶学术界不尚读书的风气中，能有此举，已经是非常难能可贵了，尽管理论不多，毕竟把问题提出来了。当然，真正论述清楚博与约的关系，自然还是清代杰出史学评论家章学诚了。他在其代表作《文史通义》中专门写了《博约》上中下三篇和《博杂》一篇，详尽论述了博与约的关系，可以说把博约的辩证关系论述得十分透彻。按照章学诚的说法，博本来就是为了约而设，为约而求博，则博的目的性才更加明确。反之，约也只有在博的基础上才能实现，孤陋寡闻，三家村陋儒，自然也就无约可谈。可见胡应麟在治学方面主张要处理好博与精的关系是很重要的。不仅如此，他还指出，从事学术研究和著述，应当具有客观的态度，不要带有任何成见或偏见，否则人家再好的东西你也无法接受，自然就更谈不上吸收了。他在《经籍会通二》里说："凡著述最忌成心，成心著于心中，则颠倒是非，虽丘山之巨，目睫之近，有蔽不自知者。"（《少室山房笔丛》卷2《经籍会通二》）书中还以郑樵为例作了批评。众所周知，郑樵是主张编写通史，反对断代为书，所以他对孔子和司马迁非常推崇，因为他们两人为"会通"工作做出了典范。可是从班固开始，便以断代为史，致使前后失去相因之义，而古今遂成间隔，会通之道既失，人们也就莫知其损益了。因此，郑樵把班固视作罪魁祸首，并多方加以诋毁，这种做法显然是不妥当的。所以胡应麟便以此为例，希望人们引以为戒："郑渔仲平生不喜班固，其论已过，不已则訾其《古今人表》可矣，至谓其胸中全无伦类，不当取扬雄《太玄》、《法言》、《乐箴》三书，总列儒家。余考固《艺文志》，雄之前，刘向六十七篇，则《七略》旧目也，下注《新序》、《世说》、《说苑》、《列女传》四家，亦不分析，固正沿其旧耳，乃以固步趋刘氏，尚可挽入《七略》所无，便失之，然则向书《新序》、《说苑》，子类也；《世说》、《列女》，史类也。必訾其失，当归于歆，固何与邪？"（《少室山房笔丛》卷2《经籍会通二》）至于如何才能做到博洽呢，那就要大量地阅读书籍，加强记诵，努力钻研，这些观点无疑都是针对当时学术界不尚读书、好发空论的不正之学风而发。诸如此类，都是非常宝贵的治学经验，看来都很平凡，真正做到却又并不那么容易。胡应麟所以能够成为一位学识较为渊博的学者，重要原因自然就在于他能专心致志地读书和做学问了。

建立辨伪学的因素

胡应麟在学术上最大的贡献，以笔者之见，是他在辨伪学上的建树，撰著辨伪学专著《四部正讹》，从理论上较为系统地论述了伪书产生的原因及辨别伪书的方法。我们可以这样说，这部书的产生，为我国辨伪学的建立奠定了基础，这无论是对史学、文学的研究还是对古籍的整理都是功不可没。那么他为什么能够系统地提出这套理论、写出这部辨伪学专著呢？看来也确实有其特定的因素或条件吧。首先，他是明代江南地区著名的藏书家，家有藏书四万多卷，这就使他有机会大量接触各种著作和不同版本，这无论是对考证还是对辨伪都是一个非常有利的先决条件；其次则是他自幼爱好阅读杨慎著作，杨慎著作的"疏卤百出"和喜爱制假作伪从反面为他提供了教材；再者就是吸取和总结前人在辨伪方面所取得的经验。由于他一生从未做过官，因而便一心一意扑在藏书、读书、交游和做学问上面。

胡应麟自幼受其父亲影响，就爱好书籍，稍长，便开始他的藏书生涯，最终竟成为浙江著名的藏书家。但是在整个搜集过程中，自然是历尽艰辛。吴晗先生所作《年谱》22岁这一年，专门记述了胡应麟"性嗜古书籍"的情况：

夏，束装南返，便道还里中。宋宜人顾从宦日久，田园芜。又先生体素羸，因请留处家，而副宪公入楚督漕粮。命下束装日，宦橐无锱铢，而先生妇簪珥亦罄尽，独载所得书数箧，累累出长安。自是先生奉母宋宜人里居十载，中间以试事入杭者三，入燕者再，所涉历金陵吴会钱塘皆通都大邑，文献所聚，必停舟缓辙，搜猎其间，小则旬余，大或经月，视家所无有，务尽一方乃已。市中精绫巨轴，坐索高价，往往视其乙本收之。世所由贵重宋梓，直至与古遗墨法帖并，吴中好事者悬赏购访。先生则以书之为用，枕藉揽观，今得宋梓而束之高阁，经岁而手弗敢触,其完好者不数卷,而中人一家产立尽,亡论弗好,即好之胡暇及也。至不经见异书,倒庋倾囊,必为己物,亲戚交游上世之藏,帐中之秘,假归手录,卷帙繁多,以授侍书,每耳目所值有当于心,顾恋徘徊,寝食俱废,一旦持归,亟披亟阅,手足蹈舞,骤遇者率以为狂,而家人习见,弗怪也。自先生为童子至今,年日益壮而嗜日益笃,书日益富,家日益贫。副宪公成进士,剔历中外滋久,乃敝庐仅仅蔽风雨。而先生所藏书,越中诸世家顾无能逾过者,盖节缩于朝晡,展转于称贷,反侧于寤寐,旁午于校雠者二十年于此矣。

这段文字告诉人们,胡氏的藏书实在是来之不易,其中酸甜苦辣,鲜为人知,为了书籍,宁可节衣缩食。而搜集选购书籍的标准,全在实用,这与一般藏书家大不相同,藏书的目的在于阅读,在于求得知识,而不在于观美。因此,他在《经籍会通》一书中,批评了历史上许多藏书家其实都只是"好事家"而已,他说:"博洽必资记诵,记诵必藉诗书。然率有富于青缃而贫于问学,勤于访辑而怠于钻研者,好事家如宋秦田等氏弗论,唐李邺侯何如人,天才绝世,插架三万而史无称,不若贾耽辈之多识也。扬雄、杜甫,诗赋咸征博极而不闻畜书。雄犹校雠天禄,甫僻居草堂,拾橡栗,何书可读?当是幼时父祖遗编,长笥胸腹耳。至家无尺楮,藉他人书史成名者甚众,挟累世之藏而弗能读,散为乌有者又比比皆然,可叹也。若刘氏父子张陆诸人,庶几兼之矣。"为此,他把藏书家分为"好事家类"与"赏鉴家类"二种,"画家有赏鉴,有好事,藏书亦有二家。列架连窗,牙标锦轴,务为观美,触手如新,好事家类也;枕席经史,沉湎青缃,却扫闭关,蠹鱼岁月,赏鉴家类也。至收罗宋刻,一卷数金,列于图绘者,雅尚可耳,岂所谓藏书哉!"(《少室山房笔丛》卷4《经籍会通四》)这里不妨看看李邺侯何许人也。文献记载,唐李泌积书三万余卷,经史子集,分别用红、绿、青、白四色牙签标之,韩愈有诗云:"邺侯家多书,插架二万轴,一一悬牙签,新若手未触。"这样的藏书究竟有什么价值呢?自己不看,当然更不会给别人看了,所以胡氏在《经籍会通》最后曰:"书好而弗力,犹无好也,故录庐陵《集古序》;夫书聚而弗读,犹无聚也,故录眉山《藏书记》。夫书好而聚,聚而必散,势也……"(《少室山房笔丛》卷4《经籍会通四》)藏书的目的在于阅读和研究，聚而不读，迟早是要散失，这是古往今来许许多多藏书家兴亡史所证实的。而他的《经籍会通》一书，正是论述书籍的撰著流传与收藏的情况。他毕生收藏图书42384卷，其中除日积月累收藏的以外，还有万卷是从金华藏书家虞守愚后代所购得。筑室山中，名曰二酉山房藏书楼，王世贞为之作《二酉山房记》一篇，不仅记载了胡应麟搜集藏书的过程及收藏情况，更记下了他爱书、读书的情况：

> 元瑞自言，于他无所嗜，所嗜独书，饥以当食，渴以当饮，诵之可以当韶濩，览之可以当夷施，忧藉以释，忿藉以平，病藉以起色。……性既畏客，客亦见畏，门屏之间，剥啄都尽，亭午深夜，坐榻隐几，焚香展卷，就笔于研，取丹铅而雠之，倦则鼓琴以抒其思，如是而已。……元瑞既负高世之才，竭三余之晷，穷四部之籍，以勒成乎一家之言，上而皇王帝霸之猷，贤哲圣神之蕴，下及乎九流百氏，无所不讨核，以藏之乎名山大川，间以余力游刃，发之乎诗若文，又以纸贵乎通邑大都，不胫而驰乎四裔之内，其为力之难，殆不啻百倍于前代之藏书者，盖必如元瑞而后可谓之聚，如元瑞而后可谓之读也。噫，元瑞于书，聚而读之几尽矣。（《少室山房笔丛》卷2《经籍会通二》）

这些材料都说明胡应麟的藏书，是完全为了读书，由于读书多，见识广，加之又勤于校雠，精于考证，因而就有可能发现伪书，他在明代藏书家中是以藏书富而又以鉴别精享盛名的。由于他对古籍版本有很高的鉴别能力，所以谢在杭就曾这样说："求书之法，莫详于郑夹漈，莫精于胡元瑞。"（《五杂俎》卷13）我们叙述这些内容，实际上就在向人们展示，胡应麟的大量藏书、读书和校书，就成为他建立辨伪学的首要条件。当代著名文献学家张舜徽先生在其著作《中国文献学》一书第六编第五章"辨伪"一节中指出："辨伪工作，一开始便和校雠工作结合在一起。汉代学者们，原来也是通过校书来考定古书的真伪和时代的。《汉书·艺文志·诸子略》农家，有《神农》二十篇。颜师古注引刘向《别录》云：'疑李悝、商君所说。'可知刘向在西汉末年校定图书时，便疑此书是伪托的，并且这书内容是谁所说，也假定出来了。我们根据这一线索，去探寻由刘向的儿子刘歆删《别录》而写成的《七略》，也还可考见不少有关辨伪的言论，《七略》虽早已佚，但绝大部分保存在《汉书·艺文志》中，班固根据《七略》写为《艺文志》，凡班氏自注之辞，多半是从《七略》中节取来的；也就是刘歆从《别录》中删略下来的，无疑这是刘班二家共同的结论。我往年写《广校雠略》时认为：'审定伪书之法，至刘班而已密。'"可以想见，假使胡应麟也和许许多多藏书家一样，只是藏而不读、不校，伪书自然也无从辨别出来，更谈不上建立辨伪学了。

杨慎在明代中叶的文坛上也称得上是位大家，著作多，影响大，"牢笼当世"。但是，不仅"疏卤百出，检点不堪"（王世贞语），而且还故意作伪，制造混乱，给学术界造成许多不必要的麻烦，为此当时不少人都有批评，陈耀文的《正杨》最为典型，书中罗列150条，"皆纠杨慎之失"。而胡应麟自云受杨慎著作影响很大，"少癖用修书，求之未尽获，已稍稍获，又病未能悉窥。其盛行于世而人尤诵习，无若《艺林伐山》等数十篇，则不佞录丹铅外，以次卒业焉"（《少室山房笔丛》卷19《艺林学山一》）。在阅读过程中，也就发现了杨慎著作中存在的问题，加之又受到陈耀文《正杨》一书的启发，遂先后作《丹铅新录》、《艺林学山》各8卷，根据杨慎两部著作，逐条加以驳斥。对于杨慎所以会产生这么多错误，他在《丹铅新录序》中作了概括性指出："余尝窃窥杨子之癖，大概有二：一曰命意太高，一曰持论太果。太高则迂怪之情合，故有于前人之说，浅也凿而深之，明也汩而晦之。太果则灭裂之衅开，故有于前人之说，疑也骤而信之，是也骤而非之。"（《少室山房笔丛》卷5《丹铅新录一》）以这样的态度，这样的手段来研究学问，自然就是非失主，真伪莫辨了。所以胡应麟在书中尤其对其主观性、随意性都作了严肃的批评。鉴于杨慎对朱熹的著作，往往断章取义就作议论，他在《丹铅新录六》里批评说："凡用修指摘紫阳语，皆割截首尾，不会全文，今详考录之，则文公之意，千载可白，用修诸诬，不辩自明"，"杨摘其发端未尽之词，而骤讥讪之，岂天下皆可欺乎！"作为一位学问渊博的资深学者，对于前辈学者的著作和观点，应当很好研究，作全面理解，而不能根据自己的需要便断章取义，或抓住一点不及其余，这绝不是单纯的"识"的问题，这已经涉及道德人品问题，看来杨慎或许正是后者，因为他还伪造了好几种书籍，这在《四库全书总目提要》中都是有案可查的。在卷172《升菴集》这样说杨慎："论说考证，往往恃其强识，不及检核原书，致多疏舛，又恃气求胜，每说有窒碍，辄造古书以实之，遂为陈耀文等所诟病，致纠纷不可解。"至于伪造之书，据《四库提要》所列就有《石鼓文音释》、《异鱼图赞》、《汉杂事秘辛》、《广夷坚志》等。如《汉杂事秘辛》："杨慎序称得于安宁土知州万氏，沈德符《敝帚轩剩语》曰：'即慎所伪作也。'叙汉桓帝懿德皇后被选及册立之事，其与史舛谬之处，明胡震亨、姚士粦二跋辨之甚详。其文淫艳，亦类传奇，汉人无是体裁也。"（《四库全书总目提要》卷143、144）又如《广夷坚志》："其为依托，已无疑义，及核其书，乃全录乐史《广卓异记》，一字不异，可谓不善作伪矣。"（《四库全书总目提要》卷143、144）这就太可悲了，"不善作伪"，却又爱作，于是每作必被行家捉住，看来作伪似乎也会成瘾。胡应麟既然自少就"癖用修书"，这些伪书自然也在其中，这就从反面教育他辨别伪书的重要性，加之陈耀文《正杨》一书的启发，便萌发了对杨慎著作进行纠谬和对其他书籍的辨伪，他在《与王司寇论〈丹铅诸录〉》一文中就曾明确地说："曩读用修书，绝叹以为国朝不可无。比读晦伯书，则又绝叹以为用修不可无。惜绳纠所得，仅十之三。因取厥义例，增而广之，得失是非，方册具列。不敢俾用修之误，复误后人。"（《少室山房类稿》卷112）众所周知，纠谬与辨伪是文献整理与研究上相互关联的两种手段，它们之间往往起到互补作用，因此，我们认为，胡应麟对杨慎著作进行大量的纠谬正误工作，其中自然少不了有许多就是在辨伪，这就是我们说胡氏爱读杨慎著作成为他建立辨伪学的因素之一。

据文献记载，我国古代学者早就对伪书引起了注意，汉代刘向父子因校书而辨伪，唐代大文学家韩愈在平日读书过程中，还认真进行辨伪工作，他在《答李翊书》中就曾说过："……然后识古书之正伪，与虽正而不至焉者，昭昭然白黑分矣。"到了宋代，辨伪风气就颇为盛行，这也从某种意义上反映出宋代学者治学风尚。著名的如朱熹，曾指出伪书达六十余种，他曾感叹道："天下多少是伪书，开眼看得透，自无多书可读。"（《朱子语类》卷84）他还谈了自己辨别真伪的经验："熹窃谓生于今世，而读古人之书，所以能别其真伪者，一则以其义理之所当否而知之，二则以其左验之异同而质之，未有舍此两途而能直以臆度悬断之者也。"（《朱文公文集》卷38《答袁机仲》）这里既讲了途径，又讲了方法，他还曾想写一部辨伪专书而未能如愿。

又如南宋洪迈在《容斋随笔》中为我们留下了许多辨别古书真伪的宝贵经验，为辨伪学作出很大贡献。书中分别从书目不载、文字不类、内容不确、称谓不妥、别人不引、避讳不当诸方面进行评论，通过辨正，被确定为伪书者有十余种之多。《周礼》一书，长期来被说成是周公所作，《容斋续笔》卷16有《〈周礼〉非周公书》一篇，用十分肯定语气否定了《周礼》为周公所作。主要理由是："《汉书·儒林传》，尽载诸经专门师授，此独无传。"这就是说，既然为周公所作，为什么汉代无"专门师授"？在汉代许多儒家著作都被推上经典神圣宝座，就连《论语》方且首立学官，至光武帝命虎贲之士皆习《孝经》，而周公所作之《周官》居然无人问津，这简直是不可思议。如果真是周公所作，能够被如此冷落吗？《容斋三笔》卷10《孔丛子》条，首先指出："《汉书·艺文志》不载，盖刘向父子所未见。"因为刘向父子受命整理皇家图书馆藏书，不仅作了提要性的序，而且分类编目，因此，这个书目自然就成为辨别汉以前书籍真伪的重要依据。洪迈接着指出："今读其文，略无楚汉间气骨，岂非齐梁以来好事者所作乎？"众所周知，语言文字的时代性是很强烈的，每个时代语言文字都具有自己的特点，这个时代烙印，常为人们用来衡量书籍真伪的重要依据，而洪迈则是运用比较早的学者。关于《尹文子》，《容斋续笔》卷14讲此书不仅《汉书·艺文志》有著录，而且刘歆讲得很肯定，"其学本于黄老"，但后来流传的本子已是东汉末年仲长统所编定过的，"其文仅五千字，议论亦非纯本黄老者"，"详味其言，颇流而入于兼爱"。"兼爱"乃墨家思想，其书真伪也就无须多辩了。又如社会上流传的《别国方言》，皆曰为扬雄所作，因为书后还附有汉成帝时刘子骏给扬雄之信及扬雄回信，好像确有其事，洪迈在《容斋三笔》卷15指出：《汉书·扬雄传》于"雄平生所为文尽于是矣"，并不言及《方言》，《汉书·艺文志》亦不载《方言》，而所谓答刘子骏书，其避讳方式与扬雄《法言》等著作所称不类，再从语言看，更是"汉人无此语也，必汉魏之际好事者为之云"。《三笔》卷1《武成之书》条，则从义章称谓及其用词，论其书不可尽信。诸如此类，都说明洪迈在古籍辨伪方面做了许多有益的工作，所采用的方法，已达六七种之多，虽然未能作条理化和理论化工作，但为后人建立辨伪理论和辨伪学毕竟创造了条件。当然，我们可以这样说，自汉以来，许多学者，对于辨伪工作提出了许多问题，做了不少工作，取得了很多成绩。但却没有人把那些辨伪方法系统化起来，更没有总结成规律性知识，当然，没有体系，没有规律，也就形成不了一门学问。胡应麟正是在总结前人丰富的经验基础上，使之系统化、条理化、规律化，写成专门著作，建立起专门学问——辨伪学。我们所以举朱熹、洪迈两人为例，不仅因为他们在辨伪工作上成绩显著，而且在于胡应麟对他们的著作研究似乎也更为深入，他在《丹铅新录》中，对杨慎歪曲或误解朱熹的语录逐条加以辩驳就是明证。为了寻求洪迈《夷坚志》全本，曾"遍寻诸方"，"至物色藏书之家"，好不容易获得的《容斋随笔》，自然不可能不阅读不研究，这完全是意料之中的。综上所述，我们从三大方面进行研讨以后，可以这样说，胡应麟能够建立起辨伪学，实属情理之中了。

《四部正讹》和辨伪学

任何一部历史文献著作，凡言辨伪者必定要举到胡应麟的《四部正讹》，因为这是我国历史上首部辨伪学专著，并且从此才开始有较为系统的辨伪理论，还提出了辨伪的规律。至于为什么要研究辨伪学，他在该书引言中说："赝书之昉，昉于西京乎？六籍既焚，众言淆乱，悬疣附赘，假托实繁。今其目存于刘氏《七略》、班氏九流者无虑十之六七，嘻！其甚矣。然率弗传于世，世故莫得名之。唐宋以还，赝书代作，作者日传，大方之家，第以挥之一笑，乃衒奇之夫，往往骤揭而深信之。至或点圣经，厕贤撰，矫前哲，溺后流，厥系非渺浅也。余不敏，大为此惧，辄取其彰明较著者，抉诬摘伪，列为一编，后之君子，欲考正百家，统宗六籍，庶几嚆矢，即我知我罪，匪所计云。"（《少室山房笔丛》卷30《四部正讹引》）在这短短的小引中，表达了他对伪书的流传感到忧虑，若不将其辨清，将永远贻误后人，因为一些大家，往往一笑了之，而那些浅薄之徒，则又用之来招摇过市。因而决心对许多古籍，进行一番辨伪工作，并著此书，留传后世，是非得失，亦任后人作定评吧。这就是他撰著此书进行辨伪的目的。可以说他在为保存传统文化典籍的真实性而努力，要把一切伪书统统揭露出来，以保持古籍的纯洁性，这种求真求实的精神，今天仍需发扬光大，单就这点而言，他也可称为我国文化典籍的功臣。

《四部正讹》三卷,卷上考辨经部,卷中考辨子部,卷下考辨史部和集部。辨别之书达 104 种之多。通过对这些书籍的辨别,总结出伪书致伪的因素和辨别伪书的方法,为辨伪学理论的建立奠定了基础。为什么会产生这么多伪书呢?他认为情况也比较复杂,该书开卷便说:"凡赝书之作,情状至繁,约而言之,殆十数卷。"接着就列举二十一种伪书的不同情况:

"有伪作于前代,而世率知之者,风后之《握奇》,岐伯之《素问》是也。"

"有伪作于近代,而世反惑之者,卜商之《易传》,毛渐之《连山》是也。"

"有掇古人之事而伪者,仲尼倾盖而有《子华》,柱史出关而有《尹喜》是也。"

"有挟古人之文而伪者,伍员著书而有《越绝》,贾谊赋鹏而有《鹖冠》是也。"

"有传古人之名而伪者,尹负鼎而《汤液》闻,戚饭牛而《相经》著是也。"

"有蹈古书之名而伪者,汲冢发而《师春》补,《梼杌》纪而楚史传是也。"

"有惮于自名而伪者,魏泰《笔录》之类是也。"

"有耻于自名而伪者,和氏《香奁》之类是也。"

"有袭取于人而伪者,法盛《晋书》之类是也。"

"有假重于人而伪者,子瞻《杜解》之类是也。"

"有恶其人伪以祸之者,僧孺《行纪》之类是也。"

"有恶其人伪以诬之者,圣俞《碧云》之类是也。"

"有本非伪,人托之而伪者,《阴符》不言三皇,而李筌称黄帝之类是也。"

"有书本伪,人补之而益伪者,《乾坤凿度》及诸纬书之类是也。"

"又有伪而非伪者,《洞灵真经》本王士元所补,而以伪亢仓;《西京杂记》本葛稚川所传,而以伪刘歆之类是也。"

"又有非伪而曰伪者，《文子》载于刘歆《七略》，历梁、隋皆有其目，而黄东发以为徐灵府；《抱朴》纪于《勾漏本传》，历唐、宋皆志其书，而黄东发以非葛稚川之类是也。"

　　"又有非伪而实伪者，《化书》本谭峭所著，而宋齐丘窃而序传之；《庄注》本向秀所作，而郭子玄取而点定之之类是也。"

　　"又有当时知其伪，而后世弗传者，刘炫《鲁史》之类是也。"

　　"又有当时记其伪，而后人弗悟者，司马《潜虚》之类是也。"

　　"又有本无撰人，后人因近似而伪托者，《山海》称大禹之类是也。"

　　"又有本有撰人，后人因亡逸而伪题者，《正训》称陆机之类是也。"

（《少室山房笔丛》卷30《四部正讹》上）

　　胡应麟通过对历史上许多有争议、有疑问悬而未决的书籍，从不同角度进行研究、分析和辨证，将伪书作伪的情况分为二十一种类型，说明这些伪书的产生原因，有主观，有客观；有的是主观故意作伪，当然这中间又有多种因素；有的则是认识判断错误而致伪。辨清真伪，自然需要深入仔细研究和考辨，这不仅需要深厚的学识基础，更需要一定的鉴识能力，并非人人都能做到。为此，史学评论家刘知幾在《史通》中特地写了《鉴识》一篇，指出："夫人识有通塞，神有晦明，毁誉以之不同，爱憎由其各异。"这就是说人的鉴识水平高低不一，因而就出现本非伪书而被说成伪书，而原本伪书却变成非伪书了。所以胡应麟在书中说："世或以非伪而信之，或概以伪而疑之，皆弗深考故也。余故详为别白，俾撰者不湮其实，非撰者弗蒙其声，于经籍或有补云。"（《少室山房笔丛》卷30《四部正讹》上）当然，将伪书辨别清楚，固然对某些个人可以做到"不湮其实"或"弗蒙其声"，并且有补于经籍，但更重要的还在于有利于学术发展，排除殊多令人烦恼的干扰。通过对四部之书的考辨，他还得出这样的结论："凡四部书之伪者，子为盛，经次之，史又次之，集差寡；凡经之伪者，易为盛，纬候次之；凡史之伪者，杂传记为盛，璅说次之；凡子之伪，道为盛，兵及诸家次之；凡集全伪者寡，而单篇列什借名窜匿者众。"（《少室山房笔丛》卷32《四部正讹》下）这个比例，是他在长期对古籍进行深入研究中所得到的规律，真可谓宝贵的经验之谈，不作全面深入的研究，自然就无此经验可谈。尤其可贵的是，他对伪书的真伪成分还作了认真的考定,有的是全伪,有的则是真伪交错,也有的则是"其名讹也,其书非伪也"。他能够大胆地将前人已定的伪书结论推翻,这就更加难能可贵了。但是,他这种否定前人研究的结论,并非意气用事,而是经过审慎地研究辨别后才提出的,这与那些爱唱反调的学者心理状态全然不同。如与胡氏同时的杨慎和清代早期的毛奇龄就是以爱唱反调而著称的学者,尤其是毛奇龄,对通过几代人研究而定案的伪《古文尚书》,他还要写一部《古文尚书冤词》,欲为之翻案,这种治学的心态,显然是不可取的。

通过长期对古籍的研究和考辨,特别是对伪书的辨别,书中还提出了考辨伪书的八种方法,即他所讲的"凡核伪书之道":

> 核之《七略》,以观其源;核之群志,以观其绪;核之并世之言,以观其称;核之异世之言,以观其述;核之文,以观其体;核之事,以观其时;核之撰者,以观其托;核之传者,以观其人。(《少室山房笔丛》卷32《四部正讹》下)

在胡应麟看来,"核兹八者,而古今赝籍亡隐情矣"。这八条方法,自然是他长期和古籍打交道的经验之谈,其中也凝聚着前人辨伪成果和有效经验。对于辨伪工作能从理论上使之系统化并总结出带有规律性的条文,应当说还是前无古人,他的许多总结性的条文,不仅为后人考辨古籍提供了范例,而且为辨伪学理论和方法奠定了基础。这八点方法实际上就是从书目著录、世人称引、后世传述、书的文体、所书事实、所处时代、作者确否、传者人品诸方面作考察。胡应麟正是运用了这些方法,考辨了一百多种有疑点的书籍,取得了十分可观的成绩。这里需要指出的是,有人认为胡氏这八种方法在他的《四部正讹》中并未得到充分使用。但是有的著作则提出相反的看法,认为"《四部正讹》中所辨的每一条,都不同程度地使用了这些原则"。其实依笔者之见,这两种说法都无关大体,因为都不会直接影响该书价值的高下。前者结论成立,也不过说明这八种方法并不完全出于他实践经验所得,有的则是总结前人的效应。而后者则旨在强调这八条全是胡氏辨伪原则的总结和归纳,事实上这种总结和归纳,自然不可能把吸取前人的辨伪经验成果排除在外。问题关键只要大家都承认这八条辨伪原则的重要价值，自然也就肯定了胡氏在辨伪学上的重大贡献了。当然辨别一部伪书，一般只需一两种即可定案，比较复杂者所用辨别方法显然也就得多些。如书中辨别杨慎宣扬的《仪礼逸经》，辨别文字就很简洁，真可谓干净利落。"杨用修《谭苑醍醐》云：'《湖广一统志》载刘有年于永乐中，上《仪礼逸经》十有八篇，若然，则《仪礼》之亡者全矣。不知有年何从得之？意者圣经在世，如日月终不可掩耶，然一时庙堂诸公，不闻表章传布之请，今求之内阁，亦不见其书，出非其时，此书之不幸也。世人大言，动笑汉唐，汉唐求逸书，赏之以官，购之以金，焉有见此奇书，而付之漠然者乎？'"刘氏所上之伪书，经杨慎之议论，似乎确有其事，其实杨慎并未见到此书，竟然大发议论，其治学之审慎与否，于此可见。胡应麟在此议论之后，紧接着说："案：《仪礼》篇亡者，自汉已无从物色，宁有历唐至宋，复出于今之理，必刘氏《连山》、《鲁史》故事，伪作欺世，用修好奇而信之，非也。余家藏有元吴幼清《仪礼逸经》八篇，传十篇，经则取诸大小戴及郑氏注，传则吴氏本紫阳遗意而纂次之，其书名篇数，与刘所上正合，岂即此书也耶。"（《少室山房笔丛》卷31《四部正讹》中）既然所亡之篇，从汉代已经无从物色，历唐宋也从不见著录，明代何以又会出现呢？何况刘氏又有作伪之劣迹，人品不佳，加之胡氏藏书又多，将其篇目与《仪礼》有关著作两相对照，其作伪以欺世，自然就显露于世。我们只要通观《四部正讹》，就不难发现，胡氏在书中对伪书或有争议的悬而未决的书籍，就是这样一部部鉴别评定的。当然，由于时代条件所限，他所作的鉴别结论有些也未必都很准确，对此，人们自然也都会理解的。

综上所述，人们可以清楚地看到，胡应麟的辨伪学理论是非常丰富的，他是我国辨伪学建立的一位关键人物，说他是我国辨伪学的奠基人，这是毫不夸张的。他的辨伪学理论和方法，对后世从事辨伪的学者影响是深远的，如清代学者在辨伪工作上曾做了大量的工作，他们从师从关系、思想渊源、文体句式、典章制度、内容材料等方面，来辨证一部书的真伪，这些方法显然是受到胡应麟的理论和方法的影响，当时贡献最大的自然是清初的姚际恒了，他著有《古今伪书考》二卷，所辨之书也仅七十种，分经、史、子三类，由于篇帙过于简单，理由未能充分论述，与胡应麟相比，他虽是后来，但却未能居上。近代学者梁启超，著有《古书真伪及其年代》一书，把作伪之书分为"有意作伪"和"非有意作伪"两个方面，实际上是根据胡氏所列现象来归纳；而梁氏所区分的伪书十种类例，与胡应麟的二十一类之分，亦大体相同；胡应麟提出辨别伪书之八条方法，梁氏则概括了"鉴别伪书之公例"十二条，显然是在八条基础上加以补充而已。可见梁启超的辨伪理论和思想，是完全在胡应麟的辨伪理论基础上发展起来的，只要把两者作一比较，就可证明我们这个说法绝不过分。由此可见，胡应麟的辨伪学理论和思想，在我国辨伪学的发展史上，确实处于非常重要的地位。胡应麟在辨伪学的建立上所起的作用，正像章学诚在我国方志学建立上所起的作用，具有同样重要地位。

不过，我们还要指出的是，胡应麟的辨伪学理论也有其不足之处，那就是说，他所概括的八种方法还不够全面。如避讳，乃是我国古代书籍在文字上常有的现象，掌握它以后，对研究我国古代历史和典籍都有重要的作用。著名学者陈垣先生在所著《史讳举例·序》中说："避讳为中国特有之风俗，其起源于周，成于秦，盛于唐宋，其历史垂二千年，其流弊足以淆乱古文书，然反而利用之，则可以解释古文书之疑滞，辨别古文书之真伪及时代，识者便焉。"他又在《通鉴胡注表微》的《避讳篇》说："避讳为民国以前吾国特有之体制，故史书上之记载，有待于以避讳解释者甚众，不讲避讳学，不足以读中国之史也。"避讳对于研究我国古代历史与典籍之重要性于此可见。事实上古代许多学者已经利用避讳识辨了不少疑难历史问题和伪书，上文我们已经谈到的南宋学者洪迈，已经用避讳来考辨书籍的真伪，清代钱大昕等学者，也都利用了避讳，在许多史事的正误和辨伪上作出了贡献。胡应麟没有注意自然是个很大缺陷，但是更加令人不解的是，后来的梁启超已经将胡氏的八条扩充到十二条，仍旧未将避讳列入，这不能不令人感到遗憾。许多事实证明，避讳在研究我国古代典籍的真伪、史事的正误上，是起着其他任何手段无法代替的作用。众所周知，自东汉赵晔作《吴越春秋》以后，直至唐代，以《吴越春秋》为名的著作竟有八九种之多，然而经过近两千年的发展，流传至今的仅一种而已，于是现今流传的这个本子作者、版本也就成为众说纷纭、悬而难决的问题了。最近上海古籍出版社出版了由周生春教授校点的《吴越春秋辑校汇考》一书，周君正是用了避讳这把钥匙，不仅解开了不少难以读通的字句之谜,而且用此手段论证了今本究竟为谁所作及其著作成书时间。可见作为辨伪学上的"公例"也好,"原则"也好,"办法"也好,绝不应当缺少避讳这一重要内容。

(原载《浙江学刊》1998年第5期。收入《史家·史籍·史学》)

阅读古籍应当注意选择版本

中华书局1985年出版了黄宗羲的《明儒学案》，这部书不仅在校点方面做到字斟句酌，精审允当，而且装帧美观大方，给人以美的感受（这一点十分重要，希望各出版家能引起重视），更重要的还在于校点者沈芝盈先生通过比较研究，选择了一种好的版本，这就为广大读者阅读和研究黄氏这部学术巨著提供了十分有利的条件。每当我翻阅此书时，往往感到很内疚，因为拙著《中国古代史学史简编》对这部书的介绍由于当时未注意选择版本，而向读者传播了错误的说法，总想找个机会，向广大读者表示道歉。

20世纪80年代初，在修改《中国古代史学史简编》书稿时，由于时间紧迫，在评介《明儒学案》时，又由于相信《四库全书》所收之书，没有注意研究该书的版本，以致铸成了错误。事实上从黄宗羲在84岁时所作的自序中可见，作者在世时已有许氏刻本、万氏刻本和贾氏刻本三种。不过前两种刻本均未刻全，贾氏刻本虽全而宗羲本人却未曾见过。至于抄本流传之多，那就可想而知了。雍正十三年（1735），慈溪郑性承接万氏刻本，"续完万氏之未刻"，于乾隆四年（1739）刻完，这就是后来流传比较广的"二老阁本"。光绪八年（1882），冯全垓再刻"二老阁本"，并在所作跋中说，对该本仅作了"修其疏烂，补其缺失"的工作，所以内容并无不同。道光元年（1821），会稽莫晋根据家藏抄本，参校万氏原刻，重加订正。他在序中说："予家旧有抄本，谨据万氏原刻，重加订正，以复其初，并校亥豕之讹，寿诸梨枣。"光绪十四年（1888），南昌又根据莫氏刻本刊刻。这样万氏刻本就有两个系统的本了流传下来。这两个系统的刻本在内容上也确实有些不同，故范希曾在《书目答问补正》中说"会稽莫晋刻本善"。所以这个刻本流传最广。而流传于北方的便是贾氏刻本。贾润盛赞该书学术价值之高，决定刻印，但尚未开始便去世了。其子贾朴继承父志，历14年于康熙四十六年（1707）刻完，因贾润斋名紫筠，故亦称紫筠斋本。这个刻本问题较大，一直被认为有失黄氏原意。郑性在序中说："康熙辛未，鄞万氏刻本其原本三分之一而辍。嗣后故城贾氏一刻，杂以臆见，失黄子著书本意。"莫晋在序中更具体指出："是书清河贾氏刻本行世已久，但原本首康斋，贾本改为首敬轩，原本《王门学案》，贾本皆改为《相传学案》。与万立河原刻本不同，似非先生本旨。"可见贾氏所刻，未能忠实于原作，编排顺序既已变动，著作意图自然就无从反映。不仅如此，正如沈芝盈、陈祖武二位所指出，就连他们约请黄宗羲所撰写的序言亦作了改动，以致造成许多不应发生的混乱。万贞一与黄宗羲关系密切，刻本自属可信。《四库全书》所收《明儒学案》，用的是山东巡抚采进本，从《提要》介绍可知是为贾氏刻本。《提要》曰："初周汝登作《圣学宗传》，孙钟元又作《理学宗传》，宗羲以其书未粹，且多所缺遗，因搜采明一代讲学诸人文集语录，辨别宗派，辑为此书。凡《河东学案》两卷，列薛瑄以下十五人。《三原学案》一卷，列王恕以下六人。《崇仁学案》四卷，列吴与弼以下十人。《白沙学案》二卷，列陈献章以下十二人。《姚江学案》一卷，列王守仁一人，附录二人。《浙中相传学案》五卷，列徐爱以下十八人。《江右相传学案》九卷，列邹守益以下二十七人，附录六人。《南中相传学案》三卷，列黄省曾以下十一人。《楚中学案》一卷，列蒋信等二人。《北方相传学案》一卷，列穆孔晖以下七人。《闽越相传学案》一卷，列薛侃等二人。《止修学案》一卷，列李材一人。《泰州学案》五卷，列王艮以下十八人。《甘泉学案》六卷，列湛若水以下十一人。《诸儒学案上》四卷，列方孝孺以下十五人；《诸儒学案中》七卷，列罗钦顺以下十人；《诸儒学案下》五卷，列李中以下十八人。《东林学案》四卷，列顾宪成以下十七人。《蕺山学案》一卷，列刘宗周一人。而以《师说》一首冠之卷端。"很明显，这个排列顺序，确实如莫晋所说，与万氏刻本不同，自然就有违黄宗羲著作之本意。因为作者原著之排列，不仅考虑到时代先后之顺序，而且注意阐述学术思想的流派发展分合关系。笔者在《中国古代史学史简编》一书中仅根据上述这种编排进行客观介绍，所作结论，既无法说明黄宗羲如此编排的意图，又无法阐述明初儒学两大派在学术上发展之大势。

《明儒学案》所列学案的排列顺序是有着密切的内在联系的，实际上体现了作者的著书宗旨与意图，而不是任意罗列。从全书所列19个学案看，大致可分为三个时期，四个部分。明初九卷，以程朱之学为主，陆象山派为次，故先立崇仁、白沙两学案，将两个学派对峙局面一开始就向人们作出交代，如同摆开两方之阵势。崇仁以吴与弼为首，这个学案的小序说："康斋倡道小陂，一禀宋人成说，言心则以知觉而与理为二，言工夫则静时存养、动时省察，故必敬义夹持，明诚两进，而后为学问之全功。其相传一派，虽一斋、庄渠，稍为转手，终不敢离此矩矱也。白沙出其门，然自叙所得，不关聘君，当为别派。於戏！椎轮为大辂之始，增冰为积水所成，微康斋，焉得有后时之盛哉！"此论正是饮水思源，说明吴与弼乃是有明一代学术思想之先导，上承宋人成说，有继往开来之功，"微康斋，焉得有后时之盛哉！"故将《崇仁学案》列为首位，自然是名正则言顺。只此一点，就足以证明贾氏刻本确实有违了作者本意。次即《白沙学案》，以陈献章为主，此则为陆学一派，开后来王学之基，故其小序曰："有明之学，至白沙始入精微……至阳明而后大。"又于《姚江学案》小序曰："有明学术，白沙开其端，至姚江而始大明。"在黄宗羲看来，陈献章实际上是陆王之学的中介人，所谓"白沙开其端"，就是指陆学在明代开始传播之端，所以这个学案就被列在第二。至于《河东学案》，皆属程朱之学。明初九案之中，还另有《三原学案》，小序云："吴学大概宗薛氏，三原又其别派也。其门下多以节气著，风土之厚，而又加之学问者也。"这就是说，这个学派本出河东薛氏，但其学术宗旨又不尽相同，乃成为派生出来的别派。这些事实说明，此书对各个学派的源流委曲，是条理得非常分明的。而在分立学案之时，既照顾到各个学派各家之间相互关系与影响，又尽量区分出各派各家之间学说宗旨之不同，如果对于这些学者的著作、思想特别是其学术宗旨不是了如指掌，要做到这样脉络分明是不可能的，这也足见作者学问之博大精深。中期则专述王学，首立《姚江学案》，叙述这一学派创始人王守仁的学术思想，以下依次分立浙中、江右、南中、楚中、北方、粤闽各学案，并皆冠以"王门"二字，以见其传授之系统。同时还另立止修、泰州、甘泉三个学案，虽都出于王学，但各有其不同宗旨，故别立学案，以示区别。如止修学派，虽出王门，已另立宗派，与王学是同中有异。而泰州学派，亦出于王学，但对王学提出了重大的修正，别立宗旨，成为王学之左派，既已另打旗号，与王学宗旨分道扬镳，自然也就不能再统属于王学之门下了。至于《甘泉学案》之立，黄宗羲认为，湛若水亦曾从学于白沙，而"王、湛两家，各立宗旨，湛氏门人，虽不必王氏之盛"，但"其后源远流长，王氏之外，名湛学者，至今不绝，即未必仍其宗旨，而渊源不可没也"（《甘泉学案·序》）。这三个学案，尽管渊源均与王学有过不同关系，但因各自别立宗旨，已不同于王学，故学案之上皆无"王门"字样。末期则立东林、蕺山两学案。东林以顾宪成、高攀龙为首，蕺山则仅刘宗周一人，此人乃宗羲之本师。在中期与末期之间，又另立《诸儒学案》，以收各学派以外之学者，这正是他在凡例中所提出"此编所列，有一偏之见，有相反之论"者，"正宜着眼理会"原则的体现。综观整个编排顺序，完全是按照有明一代理学发展之趋势而定，确有较为严密的内在联系，一经变动，其内在联系自然就要受到影响。

　　谈到《明儒学案》，人们不约而同地都会肯定这是黄宗羲所作的有明一代学术思想史专著，至于它在史学发展上究竟应当居于何种地位，由此书的产生而创立的"学案体"应作何评价，至今仍很少有人涉及，近年来新出版的中国史学史众多著作中，甚至连"学案体"都不曾提及，其他论著就更可想而知了。因而在许多评介史籍的论著中，大多将《明儒学案》与《宋元学案》附在传记一类，这不仅是很不恰当的，而且是无视这种文体的存在，否定了黄宗羲在史学上的重大贡献——创造了一种新的史体。基于上述情况，笔者曾写过一篇《要给学案体以应有的历史地位》短文[①]，希望学术界能够重视黄宗羲创造"学案体"的重要性，而在各种有关学术论著中都要给它以应有的历史地位。最近美国有位访问学者又问我："《高僧传》为什么不能看作是学案体？"这是针对海外有的学者将《高僧传》视作"学案体裁的远祖"而提出的。至于国内有的学者将朱熹的《伊洛渊源录》称作最早的学案体，自然更不妥当，笔者当另撰文论述。对于上面这一问题，我的回答还是否定的，因为这种说法既忽略了产生一种史学体裁的时代背景，更未考虑作为一种史书体裁是必须具有一定的结构组成形式。首先应当看到，这种史体，是以学派为前提而"立案"，在我国长期的封建社会中，学术发展中真正形成学派要从宋代才开始，而历史著作是要反映社会现实的；其次从史体而言，每一种史体都必然有特定的组织结构形式，司马迁所创立的纪传体，一般来说，必须具备纪、表、传、志四个组成部分。政书体、纪事本末体、纲目体

---

① 刊于《光明日报》1988年3月23日第3版。

等,也都有各自的组成形式。就"学案体"而言,它的编次顺序是,每一学案之前,先作小序一篇,简述这个学派的源流及宗旨,接着便是案主各学者的小传(有的案主不止一人),对每个人的生平经历、著作情况、学术思想及学术传授,作扼要评述。然后便是学者本人著作节录或语录选辑,间有作者自己的按语。可见这种"学案体"既不同于普通的学术思想史,更非各种简单的人物传记所能比拟。因为它是由三种体裁有机地结合在一种文体之中,形成了一个独特的完整的新体系。很显然,这种结合是经过黄宗羲的精心安排,使三者之间相互配合,发挥各自不同的功能和作用,这自然是一种创造。后来全祖望在续补《宋元学案》过程中,对这种史体又进一步加以补充而使之更加完善。在每个学案之首,先立"学案表",备列该学派师友弟子,以明其师承关系及传授情况,有的学者在书中已立案,则于表中注明"别见某学案",或已附于他学案者,则注曰"附见某学案",这就给读者了解这些学派、学者在学术上的来龙去脉提供了方便。又在学案之中设立"附录",载录学者的轶闻逸事,尤其是记述当时或后世人的评论,为后人研究和判断某位学者的得失提供了丰富的参考资料。遗憾的是,时至今日,这种史体在我们的各种史学论著中或目录学著作中尚未取得应有的独立地位。这一则是因为这种史体著作为数太少,除上述两种外,只有徐世昌招收门客所编的《清儒学案》一书是真正的学案体;再则便是对这种新的史体结构并不了解,因而就出现了近来有些著作将江藩的《汉学师承记》、《宋学渊源记》也称之为《清儒学案》了。总之,黄宗羲著《明儒学案》所创立的"学案体"不能再任意抹杀了。当然,用这种史体来写学术史难度很大,非功底深厚的人所不能为,因为要为一人立案,非通读此人全部著作不可,一个学派、一个朝代就更可想而知了。这也是影响"学案体"流传的重要原因。

(原载《书品》1990年第1期。收入《史家·史籍·史学》)

李天根与《爝火录》

《爝火录》是一部编年体的南明野史,清朝乾隆初年李天根纂辑。

李天根原名大本,自号云墟散人。生卒年已无从确考,大约生活在清康熙、乾隆年间。关于他的生平事迹,由于从未入仕,故其名既不见于史传,也无人替他作过墓志,虽有一些零星记载,而说法又多分歧。诸如他的籍贯,有人说江阴,有人说无锡;他的名字,有的作大本,有的作大木,又有作本、天根的。我们认为以沈德潜所撰《李芥轩墓志铭》[①]所载为可信。芥轩是天根父亲李崧的字,他与德潜为好友,交往"垂四十年",常以诗词相唱和。乾隆元年(1736)十一月,李崧去世,享年81岁。翌年秋,天根奉"先人遗命",请德潜作墓志铭。关于籍贯,《墓志铭》中说:"芥轩上世河间人,讳嘉郎,为元统军帅,子袭职世守江阴,后为江阴人。明熹宗时,忠毅公讳应昇,死阉祸,再从祖也。祖奉山公讳国纲,以国变迁无锡。"可见李氏于元时南下,最初定居江阴,至天根曾祖始以明亡而再迁无锡。《墓志铭》中还说:"芥轩先生卒,越一月,孤大本葬考妣于所封之新阡。""子二:大本,有文行;大栋,先卒。女四,皆为士人妻。孙三:仁至、履端、履吉。曾孙一:致和。"文中不提天根,两度言及大本。而《江阴续志》卷5《文苑·李崧传》末也说:"子天根,原名大本。"可见李天根的原名确为大本,本和天根是后来改的名,至于有些书中称之为大木者,似应属于笔误。我们从缪荃孙《补辑李忠毅公年谱》中还获知,天根祖先原是色目人。《年谱》说:"赤岸李氏,在江阴东乡顾山镇,本色目人,始祖嘉郎谥桓烈,至元中,官统军元帅,墓在河间宁晋县。孙李八撒儿,佩虎符镇江阴,家焉,遂以李为姓。"

李天根的生平事迹,只在《江阴续志·李崧传》附有寥寥数语:"天根,原名大本,字云墟,著《爝火录》四十卷,序明季事;《云墟小稿》、《艳雪

---

① 参见《归愚文钞》卷17。

词》。生平不妄言，不疾行，硁硁自守。人有假其名具呈当事者，知之，曰：'污我名矣。'遂易之。"又缪荃孙《艺风堂文漫存》卷4《乙丁稿四·爝火录跋》则云："《爝火录》三十二卷，《附录》一卷，吾邑李天根撰。天根字大木（当为'大本'之误），居鹅湖之浣香园，著有《云墟小稿》一卷，《紫金环》、《白头花烛》、《颠倒鸳鸯》三传奇。其父芥轩先生（崧），有《芥轩诗草》、《夕阳村诗草》、《浣香词》；母薛素琼，有《绿窗小草》、《绛雪词》。一门风雅，高尚不仕。"看来从李应昇遭阉党迫害致死后，子孙便立志不入仕途了。

《爝火录》32卷，又《附记》1卷，《论略》1卷。而《江阴续志》之所以误作40卷者，问题很可能出在缪荃孙身上。缪氏《艺风藏书再续记·传钞本》第七云："《爝火录序例》一卷，李天根撰。天根字大木，自号云墟老人（应作'云墟散人'），同邑人。汇萃胜国以来官书野史，编成《爝火录》四十卷。钞录《序例》一卷，已见大意。"其实缪氏当时所见到的仅是《爝火录》一书中《序例》部分的传抄本，而并非全书，同时他又根据传抄本《序例》而误信为是四十卷了。我们知道缪荃孙是《江阴续志》的主要编纂人，那么在该志中出现这样的错误，自然也就不难理解了。后来当缪氏见到《爝火录》的全书后，即便确指为32卷，并特作《爝火录跋》一文以记其事，在跋文中他还兴奋地说："邑志其人其书均未载入，今得见全书，亦云大幸。"这实际上是对他自己前说错误的纠正。

从《爝火录自序》可知该书的编辑，始自丁卯（乾隆十二年，1747）季秋，"凡七阅月而告竣"。但他对史料的搜集，却用了40余年的时间。从所列引用书目来看，明清之际许多重要的野史，基本上都在搜罗之中。由于早有准备，史料较为齐全，加之全书又是原始资料的摘编，所以7个月时间完成这样一部50万字史书纂辑工作，自然是可以理解的了。全书用编年体叙述了南明王朝兴亡的事迹，起于顺治元年（崇祯十七年，1644）三月十九日"庄烈帝殉社稷"，止于康熙元年（鲁监国十七年，1662）"鲁王薨于金门"。《附记》1卷，主要叙述郑成功经营台湾始末；《论略》1卷，则是作者对明朝亡国原因的剖析及明季诸重要人物的批评，其中不乏真知灼见。书中同时并用清帝和南明诸王纪年，对此做法，李天根在《凡例》中曾有说明："是编编年，顶格大书大清顺治元年，尊正统也，次行低一格，书崇祯十七年，纪明事也。乙酉以后，次行低一格，书福、唐诸王纪元，遵《纲目》列国例也。"对于该书的著作目的和所以名其书曰《爝火录》，他在《自序》中也都有明确的交代，就是要使人们通过是编的阅读，"睹孱王之庸懦，奸权之贪鄙，丁弁之骄悍，与夫盗贼之横暴，黎民之颠沛，自当切齿怒目。间见二三精忠报国、阖门殉难之臣，足与文天祥、张世杰辈争烈者，有不掩卷咨嗟，抚几而长叹者乎？然则是编也，虽不足为《明史》羽翼，未必非国史之嚆矢也矣。名'爝火'者，深慨夫三王臣庶，以明末余生，窃不自照，妄想西升东坠，速取灭亡，为可哀也。"可见作者对该书的纂辑，是相当自负的。他在《爝火录引用书目》的小序中甚至还说："欲知弘光、永历事者，观此足矣！"从全书内容来看，此言确非虚语。

　　清末学者缪荃孙和吴庆坻，对《爝火录》一书都曾作过评论。缪荃孙说："此书专纪弘光、绍武、永历、鲁监国五王事迹，附台湾郑氏，用编年体排日编纂，并冠例、表于首，体例秩然。《论略》极为公平，文亦畅达。惟引用书目在前，而出处有注有不注，未知原撰如此耶，抑系钞胥脱去耶？内有传闻失实，得失参半者，亦有两说并列，未能折中者。然出于下邑儒生，亦足见其见闻之广，编纂之勤矣。内李逊之撰《李忠毅（公）年谱》，洪士铭撰《洪承畴行状》，均不可见之书也。"（《爝火录跋》）吴庆坻说："《爝火录》三十二卷，江阴李本天根云墟散人撰，记甲申以后福、潞、唐、桂、鲁诸王事，起顺治元年三月十九日庄烈帝殉社稷，至康熙元年十一月二十三日鲁王薨于金门止，凡十有九年。后有《附记》一卷，则康熙二年至二十九年台湾郑氏始末、三藩叛后之事；有乾隆十三年六月自序。……卷首有《论略》一卷，持论极有识；又有《纪元续表》一卷。引用群书一百十七种，又采各省通志及诸家文集、年谱三十七种，其书用编年体，排日纪事，前数卷记李自成破燕京及南都立国事最繁重，后数卷记永明王事稍简略。书中多载奏疏、文檄、书牍，为他书所未见者。今亦为刘氏嘉业堂所藏。"（《蕉廊脞录》卷5）两人所论，大致相同。值得注意的是，缪荃孙乃是清代著名的学者，学识渊博，著作繁富，尤娴熟版本目录、文史掌故，在学术界负有盛名，因此他的评论，自然是很具有代表性的。

　　我们认为这部著作，在今天看来，至少有以下几点很值得重视：

　　首先，它取材丰富，引用史籍117种，各省通志、府县志17种，文集、年谱20种，这些著作，缪荃孙在当时便已经指出，有不少均为"不可见之书"，时至今日，散失的自然就更多了。众所周知，谢国桢先生的《晚明史籍考》，是一部对于晚明史籍搜罗相当完备的工具书，我们根据该书增订本作了统计，其中被谢氏列为"未见诸书"者有14种，为《晚明史籍考》所无者有47种，两项合计61种。这就是说，《爝火录》曾引用之书，有半数以上在今天已无法见到了，可是这些书的内容，却赖《爝火录》而得以留传下来。加之《爝火录》的纂辑，李天根曾明白表示，他是仿照朱竹垞撰《日下旧闻》的方法，"无一字出之于己"。唯其如此，所以更加显示出它的史料价值之重要。作者虽然生活在康、雍、乾文禁森严的时代，但是对清朝所忌讳的文字，书中却大多不作篡改或避讳，而是照录原文。如卷3甲申（1644）六月二十六日癸丑条载：

塘报：五月十六日。据闯营逃回兽医张魁明，系商丘县人，口称："闯贼于三月十八日攻开北京，贼进北门。至四月十六日出京，往边外招抚吴三桂。至二十日，两兵相遇，闯贼被吴兵杀败。次日又战，大败，闯贼救兵入京。至二十七日午时进城，分付阖城人民俱各出城避难，鞑子来的势恶。"

这里，并没有因为怕触犯文字忌讳，而把"鞑子"这类字眼加以更改，从而也就更能反映出当时的历史真实面貌。

对于抗清斗争中所涌现的英雄人物事迹的记载，不仅忠于原有史料，而且作者本人还加以热情的肯定和颂扬。相反，对于那些丧失气节的人，则大多加以贬斥和讥刺。这在剃发与反剃发斗争的问题上反映得十分突出。

清军入关，特别是下南京、破苏、杭之后，一再下达剃发令，限期强迫汉人剃发，清统治者认为：只有剃发梳辫，改为满俗，才是真心归顺，从而激起广大吏民的强烈反抗。在《爝火录》中，不但有声有色地记述了江阴等地人民"头可断，发不可剃"的大规模反民族压迫斗争的动人场面，同时对那些坚持民族气节、宁死不屈的人给予深刻的同情。如卷11乙酉（1645）闰六月初三日癸未条载：

鄞县樵者不剃发，歌曰："发兮发兮，父之情兮，母之血兮，我剃发兮，何以见我父母兮。"遂自沉死。

又卷17丁亥（1647）五月初五日乙巳条载：

永嘉诸生叶尚高不剃发死。尚高宇尔立，一字天章，义不剃发，日荷一竿，竿系一笔、一带、一镜、一网巾，示"毕竟带网巾"意，高冠大袖，摇曳市上。大清知府吴某执之，尚高吟诗曰："北风袖大惹寒凉，恼乱温州刺史肠。何以蜉蝣易生死，得全楚楚好衣裳。"

对于那些剃发争先、降清恐后的官员，则给予无情的讥讽。如卷12乙酉七月十九日戊辰条载：

大清兵破南康，知府王或被执，不屈死之。熊文举降于大清，乡人题其门曰："孝弟忠信礼义廉，一二三四五六七。"盖骂其无耻、忘八也。

又卷20庚寅（1650）十一月初二日辛亥条载：

黄士俊、何吾驺、杨邦翰、李贞、吴以连等投诚恐后。士俊年已八十二矣，有嘲之者云："君王若问臣年纪，为道今年方剃头。"

这些记载，褒贬分明，在文网森严的乾隆时代，能够如此忠实地将这些内容照录下来，应该说是难能可贵的。单从这一角度来看，它的史料价值也已不难想见了。

其次，该书所载奏疏、文檄、书牍、塘报等原始资料十分丰富，对此，清人吴庆坻在评论中早已指出。这些材料是写史的第一手资料，特别是奏疏，能够比较真实地反映出当时社会的现状。如刘宗周等人多次所上的奏章，把弘光朝的内外局势讲得十分透彻，这对于研究当时的政治形势来说，都是不可缺少的重要史料。又如甲申六月十三日己巳条所载黄澍《劾马士英十可斩之罪疏》，对马士英专擅朝政、祸国殃民的罪行，作了淋漓尽致的揭露,同时疏中还引用了金陵民间流传的"若要天下平,除非杀却马士英"之谣,反映出当时朝野上下对马士英的切齿痛恨。值得指出的是,名人的奏疏,一般都能在他本人的文集中得以保存,可是更多人的奏疏,由于多种原因却未能单独流传,幸赖此书得以保存下来,这就显得越发可贵了。同样,许多文檄、书牍的内容也十分丰富,都从不同角度反映了当时的政治局势和社会现状。如多尔衮致史可法的劝降信以及史可法的复信,均全文照录。我们曾用几种本子校对,除了文字上稍有异同外,内容完全一致,据此则其他文檄、书牍也就不难知其可信程度了。此外,书中还辑录了不少人的议论和对话,有的内容也相当重要。如农民起义领袖宋献策、李岩两人的一次对话,就充分道出了明末官场的精神状态和当时取士制度的弊端。卷 2 甲申四月初二日己未条载:宋献策出遇李岩,散步而行,适见二僧设两案供养崇祯灵位,从旁诵经礼忏,降臣绣衣乘马,呵道而过,竟无惨戚意。岩曰:"何以纱帽反不如和尚?"献策曰:"此等纱帽原是陋品,非和尚之品能趋于若辈也。"岩曰:"明朝选士,由乡试而会试,由会试而廷试,然后观政候选,可谓严核之至矣。何以国家有事,报效之人不能多见也?"献策曰:"明朝国政,误在重制科、重资格,是以国破君亡鲜见忠义。满朝公卿,谁不享朝廷高爵厚禄?一旦君父有难,各思自保,其新进者盖曰:'我功名实非容易,二十年灯窗辛苦,才博得一纱帽上头,一事未成,乌有即死之理?'此制科之不得人也;其旧任老成又云:'我官居极品亦非容易,二十年仕途小心,始得至此地位。大臣非止我一人,我即独死无益。'此资格之不得人也。二者皆谓功名爵位是己所致,所以全无感戴朝廷之意,无怪其弃旧事新而漫不相关也。可见如此用人,原不显朝廷待士之恩,乃欲责其报效,不亦愚哉!其间更有权势之家徇情而进者,养成骄慢,一味贪痴,不知孝弟,焉能忠义?又有富豪之族夤缘而进者,既费资财,思权子母,未习文章,焉知忠义?此近来取士之大弊也。当事者若矫其弊而反其政,则朝无倖位,而野无遗贤矣。"

对此,李天根特别按语说:"按此论虽出诸流贼,然议明末弊政,言言切实,固不可以人废言也。"

第三,该书还搜集了许多民谣和能够反映社会现实的诗歌,特别是前者,不仅形象生动,而且在一定程度上反映了人心的向背,传出了社会的心声。如南明弘光王朝建立不久，在马士英、阮大铖等的操权弄法下，卖官鬻爵，大肆搜刮，人民恨之入骨。李天根在书中不但具体记载了各种官职的价格：文华殿中书1500两，武英殿中书900两，内阁中书2000两，翰林待诏3000两，拔贡1000两，推知衔1000两，监纪、职方万、千不等，而且还辑录了当时流传在社会上揭露这一丑恶现象的民歌民谣。如卷6甲申九月二十五日庚戌条载：

时语云：中书随地有，翰林满街走。监纪多似羊，职方贱如狗。荫起千年尘，拔贡一呈首。扫尽江南钱，填塞马家口。

卷8乙酉春正月十三日丁酉条载：

时人语曰：金刀（刘孔昭）莫试割，长弓（张捷）早上弦。求田（田成）方得禄，买马（马士英）即为官。

同日又记南京童谣云：

一匹马，走天下。骑马谁，大耳儿。

又一对联云：

闯贼无门，匹马横行天下；元凶有耳，一兀坐扰中原。

卷10乙酉五月壬午朔条载：

是早，有书联于东西长安门柱者，云：福王沈醉未醒，全凭马上胡诌；幕府凯歌已休，犹听阮中曲变。

又云：

> 福运告终，只看驴（卢九德）前马（马士英）后；崇基尽毁，何劳东捷（张捷）西沾（李沾）。

以上谣谚充分说明了当时福王政权的昏庸腐朽，马、阮权奸集团的横行跋扈。同时，据此也足可证明，清摄政王"晓喻江南文武官员"和豫王"晓喻江南官民"两道告示的内容，并非出自虚夸。告示略云："福王僭称尊号，沉湎酒色，信任金壬，民生日瘁。文臣弄权，止知作恶纳贿；武臣要君，惟只假威跋扈。上下离心，远近衔恨。"紧接告示之后，李天根还加上了一句自己的评论："人以为实录。"（卷10）为了反映人民对马士英的痛恨，书中又引录了《甲乙事案》的一段记载："士英渡江后，黔兵逃散，乃潜居天台寺中，其家丁缚之献于贝勒，贝勒数其恶，诛之，剥其皮，实之以草。时有对云：'周延儒字玉绳，先赐玉，后赐绳，绳系延儒之头，死同狐狗之尸；马士英字瑶草，家藏瑶，腹藏草，草裹士英之皮，腐作犬羊之椁。'"（卷16）充分表达了人民群众对那伙作恶多端、败坏朝政者可耻下场的庆幸心情。

《爝火录》的编写方法，主要是将许多史籍的资料加以汇集、考订，去伪存真，然后再按年代顺序进行编排，这就是作者在自序中所说的："抽绎《明史》为经，搋拾野史为纬，讹者正之，伪者削之。"若自己有所看法，或对事件记载众说纷纭者，则加按语予以说明。如卷6甲申八月三十日乙酉条载：

> 封吴三桂交襄蓟国公。刘泽清奏，封吴襄，使三桂感恩；刘孔昭奏，吴三桂父子效忠，宜加殊礼，故封。

在这条材料之后，接着就加上自己的按语："按是时举朝皆知三桂无心于明，而诸臣故欲崇之，已寓卖国之意。"这就点出了当时朝中大臣"身在曹营心在汉"的阴暗心情，难怪后来清军一到南京，弘光小朝廷的大臣们便都纷纷出城投降。当然其中也有例外的，如史可法虽然也奏请褒奖吴三桂，但他的出发点却是在于鼓励士气，振作军心，与其他大臣的奏封吴三桂父子，自不可同日而语。又如关于崇祯帝太子的下落，吴襄、鲁王之死的原因，诸书记载不一，作者分别在卷一、卷二和卷二十四将各说并列，然后提出疑问，但不下结论，并在有关鲁王之死的按语最后，还特地再次指出：

"是编凡有歧说，不妨并载，意在传疑传信，不敢偏执一见以为是也。"凡属此类一时难以下结论的，大多在按语之末加"未知孰是""俟考""俟再考"等字样。对于那些有把握肯定的歧异之说，则在按语中毫不含糊地予以肯定。如卷 20 庚寅冬十月辛巳朔条载：

  永明王赠堵胤锡浔国公，谥文忠。钱邦芑《堵文襄公传》云："赠上柱国、中极殿大学士、太傅兼太子太师、镇国公，谥文襄，荫一子锦衣卫指挥同知，世袭。"

  这里实际上存在两说，那么究竟哪一说是正确的呢？作者就在按语中指出："赠镇国，谥文襄，《传》与史异，邦芑与胤锡同朝，其撰次必真实可据。"至于各史记载明显错误的，则更是据理加以驳正。这都说明，李天根在编纂《爝火录》时，对于所辑录的史料，不仅有所选择，而且大多经过一番审核和考订。不过，由于书中有不少地方是取材于塘报，而且无别的史料可资印证，再加上考订也还有不够精审的，因而记载失真之处自然亦在所难免了。特别是在卷 3 甲申四月十二日己巳条的论述中，竟然将爱国将领袁崇焕与跋扈权奸马士英相提并论，视作"同为误国之臣"，说明作者对袁崇焕受诬后又为他平反一事并不了解，否则是不可能出现这种错误论断的。同时还需进一步指出的，生活在康乾时代的李天根，毕竟是一位封建地主阶级的史学家，因而在书中也明显地流露出他仇视农民起义的阶级偏见。如谓"流贼所过之处，人烟断绝，鸡犬不留。闯逆破京师，凡有兵权者皆可杀人，刘宗敏立磔人柱于门，杀人无虚晷。献贼一日不杀人，则悒悒不乐，杀各卫军九十八万，又遣将四出，分屠各郡县男女六万万有奇"，"呜呼！自生民以来，好杀者有矣，未有若斯之酷也"（《论略》）。诸如此类的不实夸大之辞，时有所见。

  《爝火录》的版本，据我们所知共有三种：吴兴刘氏嘉业堂抄本（现藏浙江图书馆），《明季史料丛书》本，长白赵氏藏传抄本。谢国桢先生在《晚明史籍考》里，将嘉业堂本说成是稿本，其实这个本子的书口都写有"钞本"字样，而并不是稿本。赵氏藏传抄本我们一时未能见到，至于原稿本的下落如何，则更是无从得知。我们曾就刘氏嘉业堂抄本，与《明季史料丛书》影印本加以对校，发现它们是同出于一种母本，只不过两者卷首排列略有不同，嘉业堂抄本"引用书目"在前，而《丛书》本则《自序》在前。吴庆坻所见的，固然已明言为"刘氏嘉业堂所藏"的抄本，就是缪荃孙所见的，也同样是这个"引用书目"在前的嘉业堂抄本。《丛书》本是根据何种本子影印的，因书前没有说明，我们不得而知，但从两个本子的比较来看，《丛书》本的错误（其中大量的是属于传抄者的笔误、夺字或衍文）似乎要多一些。我们曾受浙江古籍出版社的委托，以嘉业堂抄本为底本，对本书进行了点校，列为该社"明末清初史料选刊"之一，并已于1986年出版发行。

（与魏得良合撰。原载《杭州大学学报》[哲学社会科学版] 1994年第3期。收入《独乐斋文存》）

整理《文史通义新编》的几点想法

《文史通义新编》由上海古籍出版社出版以后，引起了学术界许多朋友的极大关注和兴趣，有的在来信中予以鼓励，有的则当面给以肯定，大多认为其内容已经接近原作面貌，可称"定本"了。当然能否成为"定本"，还有待于广大专家和读者在使用中加以检验和论定。而作为整理者来说，出版以后再作些回顾，应当说还是有所补益的。

章学诚的《文史通义》是我国封建社会杰出的史学理论著作，向来与刘知幾的《史通》并称为我国古代史学理论的双璧，而在史学理论好多方面都已大大超越了刘知幾，显然它已经不是一般的史学名著。可是长期以来这部名著所流传的版本却不完整，这与作者生前没有定稿有很大关系。从章氏遗留的文稿来看，他35岁已经开始撰写此书了，由于一生中从未有过固定的职业，生活极不安定，因此许多文章都作于"车尘马足之间"，可以说直到逝世尚未完成此书的撰述计划，如《浙东学术》一篇，即成于逝世的前一年，而在文中提到的《圆通》、《春秋》等，却始终未能成篇。作者在世时虽曾有过此书的选刊本，但流传不广。章学诚生前也曾打算对自己这部书加以编定，他在59岁那年所写的《跋丙辰中山草》一文中曾经表示，自己"论锋所指，有时而激，激则恐失是非之平。他日录归《文史通义》，当去芒角，而存其英华，庶俾后之览者，犹见其初心尔"（《章氏遗书》卷28）。然而实际上未能如愿，他在临终前数月，不得不将所著全部文稿委托友人萧山王宗炎代为校定。王氏收到文稿后，匆忙中提了一个编排初步意见，后来因人事变迁，岁月蹉跎，最初的意见竟成为最后的定论，这就是他所编定的《文史通义》内容所以与章学诚著书宗旨不甚相符的症结之所在。

版本的流传

对于王宗炎的如此编排，章学诚本人意见如何已不得而知，但章氏次子华绂对此显然并不同意，所以他于道光十二年（1832）在开封首次编印了《文史通义》，我们称它为"大梁本"。华绂在序中说："道光丙戌（1826），长兄枋思自南中寄出原草并縠塍先生（即王宗炎）订定目录一卷，查阅所遗尚多，亦有与先人原编篇次互异者，自应更正，以复旧观。"这个"大梁本"，是《文史通义》正式刊行的第一个本子。嗣后谭廷献、伍崇曜及章氏曾孙季真光绪四年（1878）所刻的《文史通义》都出于这个"大梁本"。光绪年间，在江标所刻的《灵鹣阁丛书》中收有《文史通义补编》1卷，然所补并不完备。1920年，浙江图书馆得会稽徐氏抄本《章氏遗书》，铅印行世，亦尚未能包括章氏全部著作。1922年，吴兴嘉业堂主人刘承幹依王宗炎所定之目录，搜罗增补，刊行了《章氏遗书》50卷。内容大体分三部分：第一部分是《文史通义》内篇6卷、外篇3卷，《校雠通义》内篇3卷、外篇1卷，《方志略例》2卷，《文集》8卷，《湖北通志检存稿》4卷、外集2卷，《湖北通志未成稿》1卷，凡30卷，目录大体照王氏编次；第二部分为外编18卷，即《信摭》、《乙卯札记》、《丙辰札记》、《知非日记》、《阅书随札》各1卷，《永清县志》10卷，《和州志》3卷；最后是补遗及附录各1卷。后来又增补了《历代纪年经纬考》、《历代纪元韵览》两种各1卷。从此，章氏著作遂得比较完整地刊行于世。于是《文史通义》也就有了另一种版本——《章氏遗书》本（以下简标《遗书》本）。《遗书》本《文史通义》与"大梁本"的不同之处是：内篇的排列次序及分类，《遗书》本为6卷，"大梁本"为5卷；在所收篇目上《遗书》本多出《礼教》、《书朱陆篇后》、《所见》、《士习》、《书坊刻诗话后》、《同居》、《感赋》、《杂说》八篇，而少《妇学篇书后》。两种本子的外篇，虽都分为3卷，内容则完全不同，"大梁本"所收为论述方志之文，《遗书》本则是"驳议序跋书说"，两者孰是孰非，至今尚乏定论。

民国时期世界书局、新文化书社等发行的全部采用"大梁本"，就连吕思勉先生所作的《文史通义评》亦是采用此本，而上海会文堂书局虽亦排印过

《遗书》本，但流传终究不广。解放以后，所出版的《文史通义》整理本主要有两个，一个是1956年北京古籍出版社印行的，一个是1985年中华书局出版的《文史通义校注》，前者基本依据《遗书》本，后者则依"大梁本"。

两种外篇应当都是《文史通义》内容

　　《文史通义》的版本，自清季以来，尽管翻刻之本不下十数种，但主要的就是"大梁本"和《遗书》本两种，那么应当如何看待这两种本子外篇的不同呢？根据笔者研究，这两种外篇实际都是《文史通义》的内容，哪一种少了都算不上《文史通义》的完本。先以方志论文来看，章学诚一直将方志论文作为《通义》的重要组成部分：第一，他在《又与永清论文》中说："近日撰《亳州志》，颇有新得……此志拟之于史，当与陈、范抗行。义例之精，则又《文史通义》中之最上乘也。……如有良史才出，读《亳志》而心知其意，不特方志奉为开山之祖，即史家得其一二精义，亦当尊为不祧之宗。"（《文史通义新编》外篇三，本文后引该书，不注书名）第二，他在《论文上弇山尚书》中写道："欧苏族谱，殊非完善，而世多奉为法式；康氏《武功》之志，体实芜杂，而世乃称其高简，其名均可为幸者矣。鄙选（撰）《文史通义》，均有专篇讨论。"（外篇三）所谓"专篇讨论"，正是指"大梁本"外篇三《书武功志后》而言。第三，他在《释通》篇云："又地理之学，自有专门，州郡志书，当隶外史。"自注曰："详《外篇·亳州志议》。"（内篇四）由此可见，章学诚不仅将方志论文作为《文史通义》内容，而且早已明确是放在外篇。第四，在《方志立三书议》一文中说："或曰：《文选》诸体，无所不备，今乃归于风诗之流别，何谓也？曰：说详《诗教》之篇矣，今复约略言之。"（内篇四）《诗教篇》乃《文史通义》内篇一的内容，同为一书，故行文才有这样语气。第五，在《与胡雏君》信中还讲了《文史通义》中还有许多篇是他回敬那些在编纂方志上攻击他的人，"又区区之长，颇优于史，未尝不受师友之益，而历聘志局，频遭目不识丁之流横加弹射，亦必补录其言，反复辨证，此则虽为《文史通义》有所藉以发明，而屡遭坎坷，不能忘情"（外篇三）。可见王宗炎在编定时将方志论文从《文史通义》

中排除出是不符合章氏本意的。我们再从这些论文本身来看，名为某志某篇之序，实则大量篇幅在论述历史编纂学上许多重要问题，不仅对史体演变作了比较全面的论述，而且对史家、史著、史学思想、史家流派也都从不同角度进行了评论，有许多评论并做到了"发前人所未发"，内容如此丰富、如此集中的史学评论专著以前还不多见。因为章学诚认为，方志本属史体，两者不分畛域，所以就成为他著《文史通义》时论述的内容了。

至于王宗炎所编之外篇，序跋书评驳议之类，当然也属《文史通义》内容，如章学诚在《与邵二云论文书》中曾明确说过："《郎通议墓志书后》，则《通义》之外篇也。族籍名字，书法之难，本文论之详矣。"（外篇三）可见此类文字，作者自己确是定为外篇的。但正如华绂所云，王氏这类文字"所遗尚多"。如章学诚在《上朱大司马书》中说及，他从"编书体例"角度所写的《吴澄野太史历代诗钞商语》一文"亦《通义》之支翼"（外篇三），王目即不收此文。再如上引《论文上弇山尚书》一文所指"欧苏族谱，殊非完善"，《文史通义》中"有专篇讨论"，这个专篇就是《家谱杂议》，王目亦不收入。尤其是《丙辰札记》中16篇文章，有好多篇都是序铭书跋，作者也已明确讲了"他日录归《文史通义》，当去芒角，而存其英华"，可是像《跋屠怀三制义》、《答某友请碑志书》等篇都被排斥在《通义》之外，显然违背作者意图。

综上所述，我们认为，要使《文史通义》按作者撰述本意所具之面目出现，不仅上述两种版本的外篇皆需收入，而且《章氏遗书》中现存有关论述文史的篇章亦应加以选录，因为王氏编目收录并不全面，许多明显属于该书内容的也未加收录。不过，从现有材料来看，该书有不少重要内容无疑是已经散失了，如作者自己在有些文章中曾提到过的《诸子篇》、《家史篇》、《三变篇》、《列女篇》等竟不可复得。当然需要说明的是，此种看法在50多年前张祖述先生发表的《文史通义版本考》一文中已经提出了，其结论曰："综上所述，足证章氏原意，本欲将其所有著述皆汇集于一书。而王宗炎昧于此旨，编定遗稿之时，乃分出《校雠通义》、《史籍考叙录》等，别为一书，与《文史通义》并行，斯失已甚矣！而又由《文史通义》中提出论方志之文，编为《方志略例》。不知章氏史论虽精，卒未能见之行事，后人所藉以略窥涯涘者，惟恃诸志。今王氏摈其序跋义例于《文史通义》之外，将何说乎？华绂盖有见于此，故授梓之际，改以方志论文充其外篇，初非无识，惜顾此失彼，又删序铭书跋之属，遂使章氏宏旨，不得备显。故曰王氏章子，各有得失。"①可见这位张先生早已认为两种外篇均应是《文史通义》的内容了。但是说章氏"本欲将其所有著述皆汇集于一书"，要说将所有著述汇集而成文集或全集是情理中的事，若要全汇集于《文史通义》则不可能。另外，它与《校雠通义》本来就是章氏的两部著作，其内容倒是相互发明，只是《校雠通义》内容比较集中，而《文史通义》内容就更广了。

新编的原则

通过对两种本子外篇的介绍，可知无论是章氏次子华绂所定之"大梁本"，还是王宗炎所编定的《章氏遗书》本，从某种程度上来说，都还不完全代表章学诚本人著述本书的宗旨和想法，既然要尽可能恢复《文史通义》的原貌，自然就应当以其本人的意愿为准。为此，在数十年研究章氏之学过程中，笔者一直在捉摸着如何才能使该书恢复原貌。众所周知，《文史通义》没有一个严密的著述义例，加之作者撰著意图又多——笔者在撰写他的评传时，曾归纳为五大方面——因而就使得它内容庞杂，包罗万象，组织松弛。从形式上看，全是由单篇论文汇编而成，很难说是一部严整的论著。又由于作者一生中生活极不安定，其中许多篇又是"藉人事应酬以为发挥之地也"。因而各篇之间就缺乏紧密的联系。重新编定，自然也不能脱离它的这一特殊情况而另订体例，只能紧紧围绕作者意图而使之尽可能恢复原貌。事实上我们今天整理新编，既不可能也不应当改变其内容庞杂、组织松弛的状况，否则就不是章学诚的《文史通义》了。我想这是我们今天在进行古籍整理时应当遵守的准则。因此，新编的原则，不是将原来流行的两种版本打乱重新编次，而是在两种流行的版本基础上加以增补。具体而言，内篇则以《章氏遗书》本为主，增以"大梁本"多出之篇。外篇则将原来两种外篇内容合并收入，编为6卷，前3卷为"驳议序跋书说"，后3卷为方志论文。为了照顾

---

① 张祖述：《文史通义版本考》，《史学年报》第3卷第1期。

长期来已形成之习惯，每卷排列顺序亦基本依旧，仅稍作调整，而增补的各篇，则按其性质分别编入各有关卷中。

这次增补的原则，首先是章学诚生前已经确定和当时传抄本已标明者。如上文已指出的《郎通议墓志书后》、《吴澄野太史历代诗选商语》、《家谱杂议》、《跋屠怀三制义》等。后者在会稽徐氏抄本《章氏遗书》中还注有"庚戌抄存《通义》下"字样。又如《方志辨体》，会稽徐氏抄本《章氏遗书》中亦注有《文史通义》字样，《为毕制府撰〈湖北通志〉序》在灵鹣阁《文史通义补编》中已经收入，但篇名为《为毕制府拟进湖北三书序》。其次是根据章学诚著作此书之宗旨衡量各篇内容而定，内容符合，且对研究《文史通义》及学术思想有作用者则选录补入。如关于论文方面所增选篇章，许多论点，都很有价值。就以《文学叙例》而言，文中提出："文之与学，非二事也"，"学立而文以生"，"文者因学而不得已焉者也"。能将历代文体演变与当时科举考试、政治要求联系论述，最后还指出历代文风之不同。又如《文格举隅序》中说："古人文无定格，意之所至而文以至焉，盖以所有为文者也。文而有格，学者不知所以为文而竟趋于格，于是以格为当然之具，而真文丧矣。"这些论述，确实都很有见地。关于增补史学方面论文，《与陈观民工部论史学》则是其中较为突出的代表，这是章氏晚年论述史学和方志方面重要作品。又如《论课蒙学文法》一文，主题虽是论述儿童启蒙教育，但全篇都贯穿着对各种文体的评述和对《左传》、《史记》二书的分析评论，其分析细致精微，在其全部著作中也可列为上品。另外，历史哲学、方志论文、治学方法和应酬文章都有不同程度的增补。关于应酬文字如志状墓铭、家族谱序等，亦并非出于空洞的恭维应酬，而是有实在的内容，因为他经常利用这些应酬文字来发挥自己的学术主张。他在《答陈鉴亭》信中，还讲述了他对写此类文字的看法："足下自谓应酬人事中学为古文，恐无长进。此与史余村前此来书，自言欲学古文，苦无题目，同一意也。仆意则谓，文以明道，君了患大丁道有所未见，苟果有见于意之所谓诚然，则触处可以发挥，应酬人事，亦以吾道施之。""世人以应酬求之，吾以吾道与之，岂必择题而后为文字乎？"（外篇三）因此，许多看似应酬文字，实则都具有丰富的内容，即便是许多朋友间往来书信亦如此，这就是《文史通义》中早就选录了许多书信的原因。

这次新编中还选录了四篇比较特殊的文章，即《上慕堂光禄书》、《上晓徵学士书》、《与胡雒君论校胡稚威集二简》和《候国子司业朱春浦先生书》。四封信都讲述了自己著作《文史通义》的情况，似乎不应是《文史通义》之篇目。但考虑到能够使读者了解章学诚著述此书某些情况与宗旨，对研究该书的学术价值与作者学术思想著作甘苦无疑是有帮助的，而这些文章又从不同角度反映了章学诚的重要学术思想和观点。况且类似文字在《遗书》本《文史通义》中已经有过几篇。尤其要指出的前两篇还是佚文，在现今所有刊行的章氏著作各类版本中均未收录，看来就连胡适、姚名达二位编《章实斋先生年谱》时也未见过，故将之收录尤为重要。更为重要的是，在《上晓徵学士书》中章学诚还曾提出了在学术上要"成一家之言"的宏伟目标，这在学术界以前是无人知晓的，故笔者1994年在《史学史研究》第2期发表了《章学诚的成一家之言》文章，因为在史学史上自司马迁提出"成一家之言"以后，千百年来再提出此口号者还不曾有过。

这里还想说明一点，《文史通义》的内容十分庞杂，这是由于作者研究范围太广所致。他于"古今著述渊源，文章流别"，都殚心研讨，"自六艺以降，迄于近代作者之林，为之商榷利病，讨论得失"（《上晓徵学士书》），显然就不限于文史了。也许当年他已意识到研讨内容之庞杂，所以就在给钱晓徵（大昕）信中讲了自己要撰著的《文史通义》，拟"分内外杂篇，成一家言"。这封信给我们提出了一个新问题，即《文史通义》究竟是分几篇？目前流行的版本均为内外两篇，而信中分明是说"内外杂篇"。如果按照作者原意来分编此书，势必在某些方面就得打乱原流行的两种版本次序了。为了保持新编本与习见的通行本之间的连贯，也便于读者的使用，就不再另行分设"杂篇"，而将这一问题留给有关专家和读者再作研究了。

总之，这次新编以章学诚著述该书的宗旨为原则，希望以尽可能接近作者著述此书原意的面貌贡献给读者，因此，它不仅包括了原来通行的两种版本内容，而且选录了《章氏遗书》中有关篇目和部分佚文的重要篇目。故全书共收302篇，就《文史通义》来说，新增补之文为85篇，增加篇幅近三分之一。为了帮助读者了解该书的流传情况，除了将章华绂在刊刻"大梁本"时所作的序收入外，还将伍崇耀、季真、王秉恩三人为该书所写的跋和王宗炎《复章实斋书》作为附录收入。编纂中笔者深深感到，以个人力量来整理新编这样一部史学名著是很不容易的。本书编成多年，后得章氏故里集资9000元资助，才使新编本得以出版。

出版后许多朋友来信中还提出许多建议，有的建议应将书中每篇文章写作年代注出，这点容易办到。有的建议书后应搞人名、书名索引，原计划也是要做的，后因压缩字数而省略了。还有建议如果能全部详注，对读者帮助就更大了，这个建议虽好，详注后篇幅肯定增加，出版也会更加困难。这个工作也只有留待以后有机会时再做了。

（原载《古籍整理出版情况简报》1995年第11期。收入《史家·史籍·史学》）

一部研究清代学术文化不可多得的著作
——读《清人文集别录》

20世纪60年代初，由中华书局出版的张舜徽先生的《清人文集别录》一书，是一部研究清代学术文化价值很高的学术著作，由于书名比较特别，因此不大引起人们的注意，然而，随着时间的推移，它的学术价值便逐渐为人们所发现。张先生在阅读清人文集时，每读完一部，即写"叙录"一篇，此书乃是汇集所写之"叙录"而成。张先生在该书《自叙》中云："每集读毕，辄好考作者行事，记书中要旨，究其论证之得失，核其学识之浅深，各为叙录一篇，妄欲附于校雠流别之义，以推见一代学术兴替。"清人文集很多，阅读过的有一千一百余家，由于种种原因，仅得六百七十余篇，经过删汰，"姑录存六百家，汇为一书，命之曰《清人文集别录》，虽未足以概有清一代文集之全，然而三百年间儒林文苑之选，多在其中矣"。所以我们说它是一部研究清代学术文化不可多得的学术专著。至于为什么称之"别录"，《自叙》中也作了说明："别录之体，犹提要也，论其义例，复有不同。昔刘向校书秘阁，每一书已，辄为一录，论其指归，辨其谬误，随竟奏上，载在本书，后又裒集众录，谓之别录，盖即后世目录解题之始，名曰别录，谓纂辑群书之叙录，都为一集，使可别行云尔。"但是，需要指出的是，《自叙》中虽称"别录之体，犹提要也"，而刘向所作之《别录》，"盖即后世目录解题之始"。就其学术价值而论，两者毕竟还是有所区别，何况一般提要或解题，与本书更是不可同日而语。

文集的价值，各个时代并不一样，时代越晚，文集内容越加丰富，学术价值也就越高。章学诚在《史考释例》一文中就曾讲过："文集昉于东京，至魏晋而渐广，至今则浩如烟海矣。然自唐以前，子史著述专家，故立言入子与记事入史之文，不入于集，辞章诗赋，所以擅集之称也。自唐以后，子不专家，而文集有论议，史不专家，而文集有传记，亦著述之一大变也。"

（外篇一）到了清代，文集的内容就更加丰富，所以张之洞曾劝学者读清人文集，并列举有些人文集"多碑传志状，可考当代掌故、前哲事实"；有些文集"多刻书序跋，可考学术流别、群籍义例"；有些人文集则"多金石跋文，可考古刻源流、史传差误"。张先生在《自叙》中引了张之洞原话之后，充分肯定"张氏此言是矣"，但是接着又说："而犹未尽也。盖自乾嘉盛时，朴学大兴，而诂经、征史、议礼、明制、考文、审音、诠释名物之文，最为繁富。苟能博观约取，为用尤弘，又不啻为经、史、小学、群书之羽翼矣。舜徽自少治文字、故训、声韵之学，后乃进而理董群经、诸子及历代史籍，恒旁稽清人文集、笔记，以博其趣，释疑祛惑，受益实多。今于辨章学术之际，凡诸家考证之语，论断审密，信有发前人所未发者，亦特为拈出，以与学者详之。"可见张先生之阅读清人文集，是他治学内容的一个重要组成部分，并非闲处无事之翻书，而是要"辨章学术，考镜源流"。通过对各位学者的文集翻阅与审读，对每个人的生平不仅详加叙述，对每部文集的版本还作了比较和考证，更重要的是对每部文集的特点、每个人的学术思想、学术渊源和学术贡献都作了不同程度的论述，确确实实做了"辨章学术，考镜源流"的工作，值得注意的是，由于清人文集内容广泛，真是经、史、子、集之义无所不有，这在张之洞的介绍和本书作者的补充就足以说明，有许多文集若不具有经学、小学根底则无法读通，更不要说还要指出其师承渊源以及利弊得失了。因此，我们可以这样说，每篇"别录"，实际上就是一篇非常精炼的学术评传，自然就不是一般的书目解题或提要所能比拟。加之涉及范围广，所收数量多，旧时的儒林、文苑几乎都有论列，真可谓具备了学术文化的方方面面，无论是研究清代的史学、文学、哲学乃至文字、音韵、训诂等方面学问，都会从中得到益处，正如著名学者吴熊和先生所说，这是一部功力深厚、学术价值很高、很有用的学术著作。正因为张先生在清代学术文化方面有如此深厚的根底，因此还在五十年代初在兰州任教时，就已主讲"中国近三百年学术史"，晚年又著述出版了《清代学记》一书。而在八十年代以来，还先后出版了《说文解字约注》、《郑学丛著》、《清人笔记条辨》、《汉书艺文志通释》等书，足以说明以他的学力与学识完全有可能驾驭清代各家之文集，经史百家，学术流别，自然都是轻车熟路。《清人文集别录》定其流别，论其得失，每部文集都有一个定评，无疑是一部风格独特、影响深远的学术论著。每篇"别录"的篇幅长短详略，并不是按每位作者社会地位高低或影响大小而定，而是视具体情况需要进行撰写，许多大家名家，虽早有人评论或介绍，可供采摘的论著自然很多，但这些人的"别录"篇幅并不都很详细。相反，对于许多影响不大，社会地位不高，不大知名的人物，实际上在学术上确有贡献，而又长期被学术界所遗忘，"别录"却多方面加以阐述，以期达到让更多人能够得以了解。可以说做到了人详我略，人略我详。每篇"别录"的撰写，都是出自个人阅读文集的心得体会，不仅论述其贡献、特色，而且直关其利弊得失，尤其是弊病，无论是哪位学者，在学术思想或学风上只要有缺陷或毛病，总是直率地加以批评，绝无任何忌讳。

《清人文集别录》卷1《田间文集》的"别录"撰写得比较典型，文集作者钱澄之，是一位很有见解的学者，但是，长期以来，学术界只是把他当作一般诗人或文学家看待，直到目前，仍是如此。实际上他是一位才华出众的思想家。"别录"在介绍了他的生平与文集版本后，指出"澄之少负奇气，有用世志，故发之于文，浩乎沛然，而明白宣畅，无难解之句，无晦涩之辞"。这个结论显然是从文集许多论述中得出。为了说明钱氏的学术观点，接着便摘引了几段典型论述："澄之论文，深以依傍古人为病，其言有曰：'凡文之可传者，不妨有可议。而欲无可议，其文决不传。盖由其于圣贤之理，古今得失之数，无所独见，不能自持一论，惟是依傍经传，规模前人，其理不悖于常说，其法一本诸大家，周旋顾忌，苟幸无议而已。宁有一语发前人之未发，使向来耳目之久锢者，能一时豁然者乎？若是，则何以传也。'又曰：'不读书，则词不足以给意；不穷理，则意不足以役词；若读书而不穷理，则见解为章句所牵，志趣为先儒所阻，其为文也，依经傍传，不能自出一语，遵大家之矩矱，袭古人之陈言，是其言非己之言，而人之言也。'又曰：'今之能文者，其读书徒以为词而已，以副墨雒诵为勤学，以掇拾饾饤为博雅，而亦有规模大家，取法先辈，一步一趋，尺寸不遗，其为论也，依经傍传，不能自出一语，此犹被木偶以衣冠，而周旋揖让，谓之像人可也，而实非人，何则？无其气也。理者，气之源也，有真理而后有真气，而因之以有真词，舍理以为气，虚气也，舍理以为词，浮词也。'此皆名通之言，足以矫俗士模拟之陋。"这些议论，出现在明末清初，自然是不太寻常的，他要求知识分子发表议论，必须要有自己见解，写文章必须具有自己个性，这样才有生命力，若是一味依经傍传，袭古人之陈言，不仅毫无价值，更谈不上传之后世。可见他所提倡的就是独创精神，所反对的则是模拟前人，特别是要冲破经传的束缚，把那些只知模拟、亦步亦趋之士，指责为"犹被木偶以衣冠"，"谓之像人可也，而实非人"。如此激烈的措辞，在当时也实不多见。"别录"接着便发表议论："今持澄之斯论，以衡其所自为之文，信乎无所依傍，自辟蹊径，孤怀高识，创见极多。若卷二《三国论》，力斥自来毁誉失平之弊，而为曹操辩诬；卷三《大吏论》，详申庄子上无为而下有为之旨，以谓大吏之要，在于察吏；卷五《答池州喻太守书》，阐明因革损益，随时变通之理，若寒暑之代推，顺乎自然，而非人力所能强。皆非深达政理之本者，不能道也。至于言野史之可信，高于国史，兢兢以方志为重，则卷十二《明末忠烈纪实序》、卷十三《汉阳府志序》诸篇，尤数数道之，非博观载籍，深造有得者，殆未易窥涉及此矣。"的确，像这样一位"深造有得"、"创见极多"的学者，确非一般文学家、诗人所可比拟。至于他在文学方面的成就，也确实有其长处，故"别录"云："余观澄之之文，才气骏发，不可控抑，非特一扫明季之陋，即清初诸大家，亦鲜有能与抗衡者，由其学养深醇，气积势盛，有诸中形诸外，不期工而自工。即以文论，亦自不废大家。当时有此雄厚之气者，惟大兴王源，庶几近之。澄之不以文名，而文章之事，莫之或先。"这一评论，自然又使人们联想到张先生学识根底之深厚，精通经史百家，小学音韵，一般单治史学或哲学者，对钱氏之文，恐怕就很难作出如此精辟的论断，虽说自古以来文史不分家，可如今显然已是壁垒森严了。在论文之后，"别录"进而指出，"余以为其尤大过人者，不在文章而在学识"，并在分析其治经重点、途径与方法后，特别指出，对于"注疏传注诸儒之说，未尝专徇一家，亦各从其是者而已"。"别录"中还叙述了钱氏曾获交当时名流如顾炎武、钱谦益、唐甄、吴任臣、方以智以及徐乾学兄弟，论学与顾炎武多不合，他们在谈论阳明之学，"至不欢而散"。钱氏曾明确指出"炎武之学，详于事而疏于理，精于史而忽于经"。张先生认为此言"皆切中其病痛"，并接着谈了自己的看法："盖顾氏之学，根柢在史，故于经学无专门著述，而澄之颇以经学自负（卷十《西田庆记》有云：吾所望于子孙者，但能明白义理，通达古今之事势，传吾之经学，以不愧为田间子孙足矣），观其平生专力致精，足践所言，治经之功，似非顾氏所能逮,不知近人考论清初学术者,何以忽之?"值得注意的是,在顾炎武同时代人中能够如此批评其学者确实还不多见,而钱氏能提出这样切中要害的批评,也足见其学识之非凡,正如"别录"所云,不知近人考论清初学术者,为什么对钱氏的学术思想,竟无人问津,就连梁启超、钱穆两人的《中国近三百年学术史》两书均不著录,其他学术思想史也就可想而知了。

梁玉绳,研究史学的人或许知之,因为他作过《史记志疑》36卷,对于这位不太知名学者的文集《清白士集》,一篇不太长的"别录",却将梁氏学术贡献之精髓及其治学精神点了出来。"钱大昕称其书为龙门功臣,盖用力于《太史公书》,至专且久,故其所得独多。""《瞥记》考证经史,自多精义,不失为说部中之铮铮者,又足与《蜕稿》相发明也。""乾嘉诸儒,大率竭智虑以从事于训诂名物,群凑于说字解经,玉绳独潜研史子,深造自得,发明实多,在当时自是不囿于风气而能卓然自立之士,生平不欲以空文自见,故文之存者无多。"(《清人文集别录》卷8,本文后引该书,不注书名)

对于大家、名家之文集,"别录"篇幅尽管有的并不太长,但对其学术精义大都能体现出来。如顾炎武的《亭林文集》,"别录"曰:"明末诸儒多守理学藩篱,喜言心性。炎武乃欲一洗而空之,志锐气勇,惟兢兢严出处去就辞受取与之辨,振衰起废,有转移风气之功。至其博学之教,最著者,尤在音学五书及《日知录》,其后乾嘉诸儒,得其一体,衍为朴学,群奉炎武为开山之祖,而不知炎武之学,至为博大,考证一端,固不足以限之也。炎武著述甚富,而文集卷帙无多,盖其一生耻为文人,非有裨明道淑世,或攸关国计民生者,皆不徒作。"(卷1)这短短数语,先指出顾氏的学风在于"振衰起废,有转移风气之功",再指出顾氏之学博大精深,与乾嘉考据之学全然不同,况且他的述作之宗旨在于"有裨明道淑世,或攸关国计民生"。对于清初另一大家黄宗羲的文集,"别录"曰:"宗羲之学,虽渊源于蕺山,然其趣径,实已廓而大之,非复明人讲心性理气、讲诚意慎独之旧规矣。"这就是说,宗羲之学,虽渊源于蕺山,但后来已经"廓而大之",如果不了解这一点,就无从讲清宗羲学术思想的真正价值。"别录"又说:"宗羲治史,尤留意于当代文献,及乡邦掌故,实开浙东学派之先。是集文字,以碑、志、传、状之作为最多,信足以补正史传。其后万斯同、全祖望、邵晋涵、章学诚相继以起,而浙东史学乃臻极盛,皆宗羲倡导之力也。""别录"中特别指出：宗羲"不仅欲合文与学而为一，且不欲离学术事功而二之，可以想见其意量之宏，规为之大，后人徒推重其深于史学，抑亦不足以尽之矣"（卷1）。钱大昕虽不像顾、黄诸人被推为大家，但在乾嘉时代的影响也是众所周知，《潜研堂文集》的"别录"指出，"论者推其考史之功，为有清第一"。进而又曰"梁玉绳尝谓今之竹汀，犹古之郑康成也，其经学为时人推服复如此，非偶然矣。论者或谓大昕之学，浩博无涯涘，自是顾炎武后一人。……其论学大旨，固与顾氏同揆，特其研精经史，视炎武尤加邃密耳。""大昕之学，既精且博，自不愧居清代学者中第一流。"（卷7）如此评价，自然是令人耳目一新，况且又将一代大师顾炎武与之比较，这样的研究、这样的结论还是不多见的。又如毛奇龄，从阮元到梁启超对其评价都很高，阮元甚至以乾嘉学术开山之功，推诸毛奇龄。《西河文集》的"别录"，通过对该文集的阅读而撰成，其结论则又全然不同。"余则以为学者用力之端，自广衢趋于狭径，弃磊落而注虫鱼，奇龄亦不能辞其咎。观集中文字，隽辨不穷，纵横浩博，足以发人神智者虽多，然其沾沾自喜，好肆讥诃，不可为训之处，亦复不少，后人无其才识，而徒效其疏狂，则又启学者轻薄之渐矣。奇龄考古之功，未能邃密，援引既广，而多失于持择，又不核检原书，故不免舛误错出。"（卷2）这种治学精神，与顾炎武、钱大昕诸学者相比，真不可同日而语，就是梁启超在《清代学术概论》中也不得不指出："但于学者道德缺焉，后儒不宗之宜耳。"《清人文集别录》一书给人印象最深的就在于创见极多，对于每位学者、每部文集，都能发表自己的看法，既不因循前人的见解，也不囿于大家的"结论"，许多评论，确实做到了发前人所未发，即使对于学术界的一些公案，也都毫不含糊地发表自己的看法。如影响颇大的杭世骏"剽窃"全祖望文一事，该书卷6《鲒埼亭集》"别录"中就作了比较公允又令人信服的议论："祖望与杭世骏生同时而交密，然两人营道殊方，学术异趋，人各有志，所规不同，固不害其为论学之友也。祖望贫病早卒，世骏处境差亨，又年至老寿。祖望既没，其门人董秉纯，尝乞世骏为志其墓，且序其集。今《道古堂集》中竟无其文，斯固可疑之事。其后鄞人徐时栋《烟屿楼文集》中有专篇论之，乃谓祖望身后萧条，《鲒埼亭集》稿本，为世骏取去，未几而《道古堂集》已付雕板，其中窜祖望文为己作者六七篇，斥其卖死友，行剽窃，至目为有文无行之小人。余则以为徐氏此言，未可保信，且世骏学足自立，著书满家，亦何至攘人之文以为己作。祖望为人刻峭寡和，负气忤俗，喜雌黄人物，其恃才傲物之状，固可想见，晚与世骏，亦容有不惬于怀者，宜世骏于其身后恝然置之也。吾观祖望一生，非第睥睨当世，且好讥弹前人。"值得注意的是，对于此事，这里讲了以后，而在《道古堂集》和《烟屿楼文集》两"别录"中都只字不提，可见张先生在撰写此书时，很注意文字的简洁精炼。至于对全祖望及其文集，评价同样很高："集中所载明季诸公碑表，详尽核实，足补史传之缺。其次于清初儒学，若顾炎武、黄宗羲……诸人行事，皆详加稽访，分撰碑、表、传、志以张之，考论三百年来学术流别者，又不可不探索及此也。全集都〔凡〕85卷，而碑传之文，多至35卷，亦云富矣。大抵祖望之学，长于征文考献，于南宋残明遗事，尤极贯串，有阐幽表微之功。尝博采群书，补辑《宋元学案》，又七校《水经注》，三笺《困学纪闻》，皆足见其汲古之深，自《经史问答》外，虽于说经无专书，然集中文字……识议卓然，皆与经学大有关系。"（卷6）

综上所述，可见《清人文集别录》是一部学术价值很高，又有自己特色的学术专著，我们可以这样说，这是一部研究清代学术文化不可不读之书。全书600部文集别录，分成24卷，而卷数的区别和排列，一以出生之先后为序，在全书卷末又附有文集作者人名索引，检阅亦很方便。

（原载《书品》1998年第3期。收入周国林主编：《张舜徽百年诞辰纪念国际学术研讨会论集》，华中师范大学出版社2011年版；《史家·史籍·史学》）

文献工作者必读之书

——读杨绪敏先生《中国辨伪学史》

当今世界假冒伪劣泛滥成灾，这不仅是商品市场的普遍现象，而且也是文化市场的普遍现象。有感于此，不久前去台湾参加史学史研讨会，我所提供的论文便是《辨伪学家胡应麟》，希望当今学术界多出几位辨伪学家，以便对学术界的假冒伪劣加以清除。我在宣读论文的时候，还特地向台湾学术界推荐了杨绪敏先生的新著《中国辨伪学史》。该书对广大文献工作者特别是青年文献工作者和广大历史爱好者来说，确是一部不可多得的知识性很强的学术著作。它不仅可以帮助我们学得辨伪学的知识，而且可以帮助人们掌握做学问的某些必要手段和途径。正如作者在《前言》中所说，在流传下来的"浩如烟海"的古书中，"除伪书外，在一些古书中还掺杂着伪史、伪说。比如关于'三皇'、'五帝'的传说，其中有着不少的虚拟成分，倘若对这些伪史、伪说不进行考辨，将会给我们的研究工作带来很大的危害"。作者还征引了著名学者刘起釪先生在《古史续辨·序言》中的一段论述，指出有的人"直接称用传说中的古帝、古神作信史人物来立论，有用晋代的《帝王世纪》之说去驳诘先秦资料的，有引用伪《古文尚书》文句为说的，有把不同历史时期出现的资料并列地使用的，有把属于不同历史时期或不同部族的古帝先王，在论文中不区分其先后混同地称引和阐说的"。紧接着作者便说："这不仅是一个学风的问题，而且说明，在一些年轻的学者中，对中国辨伪学的知识知之甚少，一些本该阅读的辨伪学著作，却没有坐下来认真去读，因此出现了以上所说的现象。"这个结论我认为很有道理。研究历史文献的人，或经常与历史文献打交道的人，若是不懂一些辨伪学知识，不仅在研究中要遇到很多问题和困难，而且还要闹出大笑话。所以我特地向大家推荐这部《中国辨伪学史》。

为了说明我之所言并非虚语，下面不妨援引近几年来发生在学术界的一些不该发生的闹剧，就足以为戒。去年我在《历史研究》第 5 期上发表的《关于谱学研究的几点意见》一文中，有《使用家谱资料应当审慎》一节，列举了近时许多地方对新发现的家谱中的材料未经慎重考证和辨伪，便大肆宣扬某某问题有新发现、有重大发现等等。"如有人只根据从浙江江山县搜集到的《须江郎峰祝氏族谱》，便认为'发现了一首岳飞在绍兴三年赠祝允哲大制参的《满江红》及祝允哲的和诗（词）'。未经考证真伪，即认定这对进一步探讨岳飞《满江红·写怀》词的真伪提供了新的重要文献。（《岳飞〈满江红·写怀〉新证》，《南开大学学报》1986 年第 6 期）《人民日报》海外版转载此说，一度在学术界引起极大反响。不久，朱瑞熙先生发表《〈须江郎峰祝氏族谱〉是伪作》一文（载《学术月刊》1988 年第 3 期），用大量历史事实说明，宋代根本就没有族谱中所讲的'祝臣''祝允哲'这两名官吏，族谱中载祝允哲之父祝臣是'北宋绍圣年间兵部尚书、太子少保、都督征讨大元帅、上柱国、宣国公'，而祝允哲则是'靖康元年钦宗敕授大制参，督理江广粮食饷，提督荆襄军务'。朱先生指出：'如果宋哲宗绍圣年间真有祝臣其人，他的差遣之一兵部尚书是从二品，《宋史》便不可能不为之立传，此其一。即使《宋史》不为立传，作为这样身负重任的高级官员，祝臣的政治活动必然会在《宋史》、《宋会要》、《续资治通鉴长编》以及其他数百种宋代史籍、文籍中留下蛛丝马迹，不至于影踪全无。'文章还从宋代官制规定，揭露制假者的破绽，最后论证了《祝允公和岳元帅述怀》与所谓岳飞《调寄满江红·与祝允哲述怀》两词全是伪作，而作伪者是明代或清代的祝氏后人。""1994 年《文学遗产》第 3 期发表了《宋江征方腊新证》一文，文章是根据新发现的民国丙寅《五云赵氏宗谱》卷 18 李纲《赵忠简公（期）言引录》而写，文章附录了《赵忠简公言引录》，指出'就全文文字、内容考察，不可能出于后人伪托'。著名宋史专家徐规先生指出，所谓李纲撰写的《赵忠简公言引录》，当属不熟悉宋事的后人所伪托，故谬误迭见，毫无文献价值，当时亦无赵期其人。（《取证族谱必须审慎》，《文献》1995 年第 4 期）以上两件误用伪造年谱资料所造成的不良影响是相当大的，教训应当说也是深刻的，研究者自当审慎。"

我所以要不厌其烦地征引已经发表的两段文字，目的在于告诉大家，伪书、伪说还不时地会冒出来，若能掌握一些辨伪学的常识，了解一些辨伪学家辨伪的方法和手段，即便遇上了伪书、伪说，也不会听之任之，让其流传，自己更不会被俘虏而为其广为宣传。当然，你还可以用它来抵制、批评那种不良的学风，现在有些人为了达到某种目的，常常制造一些耸人听闻的消息，以起到所谓轰动效应，其实所传的都是虚假的，当你识破以后，方才认识到是个骗局。还有把传说中的人物作为自己的始祖，这本来是不可信的，可是目前竟有教授先生还在大肆鼓吹。吴越王钱镠所制之《大宗谱》，将彭祖定为自己的始祖，一个私盐贩子出身，这样编造已属离奇，遗憾的是，有人却热衷于此，大做考证文章，论述彭祖确系钱氏始祖，而台湾彭氏家族修谱中，理所当然将彭祖列为自己始祖，于是出现了钱姓与彭姓争夺始祖的情况。又如浙江绍兴大禹陵附近有姒姓家族，自称为禹的后代，并以晚清所修的族谱为凭，前几年在公祭大禹时，上海、浙江一些报纸还曾据此作了显著的报道，笔者认为此谱记载绝不可信。诸如此类，作为文献研究工作者来说，都有责任对其辨个水落石出，而不应当让伪书、伪说广为流传。既然如此，学点辨伪学的知识也就是情理之中的事了。这也正是我向大家一再推荐杨先生的《中国辨伪学史》的原因之所在。

　　关于这部书的学术价值，我非常同意卞孝萱先生在为该书写的序中所作的评论："全书资料丰富，论证充分，新见迭出，精义纷呈，是一部不可多得的辨伪学专著，具有很高的学术价值。"我和卞公是多年交往的老朋友，他所写的也正是我要讲的，可见我们两人"所见之略同"。

　　下面我从三个方面再略谈自己对该书的看法：

　　第一，该书对中国辨伪学的历史作了全面而系统的论述。像这样的著作在中国还是第一部。该书将中国辨伪学划分为四个时期：（1）疑古思想的萌芽及辨伪学初起时期——先秦汉魏南北朝。（2）辨伪学的发展时期——唐宋。（3）辨伪学的成熟时期——明清近代。（4）辨伪学的再发展时期——现当代。回顾我国辨伪学的发展过程，人们会觉得这样的分期是符合历史实际的，这样划分完全取决于辨伪学在每个时期所反映的特点，作者在考虑时并未为朝代所局限，最明显的是第三个时期，不是断在清末，也不是按1840年鸦片战争为限，而是将近代与明清放在一道，这种划分的办法，无疑是具有独创性，是其他各类专史所未有过。因为撰写历史，特别是各种专史编写，分期向来是一项比较复杂的问题，它既要考虑到整个社会历史发展的规律，又要照顾到本学科发展的自身特点，只有处理好两者之间的关系，才能够做到更加科学，更能充分反映出该学科的发展规律和特点。所以决不能小看这不为人们所注意的分期问题。它实际上是撰写史书首先要解决的大问题。

上面我已讲了，这是第一部系统全面地论述中国辨伪学发展历史的学术专著，我之所以这样讲，是因为像这样的著作以前还不曾出现过。正如卞公序中所讲，"约在20世纪30年代中叶，顾颉刚曾计划写一部辨伪学史，但由于种种原因，始终未能如愿。他所写的《崔东壁遗书序》，后经改易，题为《战国秦汉间人的造伪及辨伪》。……80年代初，王煦华同志将顾先生未完成的草稿联缀补充成书，续补了从三国到清代的辨伪史略。至此才有一部简明的'中国辨伪史略'，然而它只是'要把二三千年中造伪和辨伪的两种对抗的势力作一度鸟瞰'，不免有简略、粗浅、罅漏之处"。1986年，台湾学生书局出版了郑良树的《古籍辨伪学》一书，但是该书研究范围仅局限在古籍的辨伪，作者在《自序》中开宗明义便说："古籍辨伪学所研究的应该是古籍的作者、成书时代及附益等三方面课题，通过这三方面的研究来鉴定古籍的真和伪。所谓真，是指古籍与作者或成书时代相符；所谓伪，是指其传闻者和它确实的作者、成书时代相乖，甚至有附益的篇章和文字。"显而易见，该书宗旨，仅在述古籍之辨伪，而于伪史、伪说则不是其论述范围，这从整个辨伪学角度来说，显然是不够全面的。因为伪史、伪说之危害有时更甚于伪书，因为这些内容，大都是掺杂在史书或其他古籍之中，往往不为人们所注意。如欧阳修等人所修之《新唐书》，自然是一部真实的史书，但其中《宰相世系表》谬误很多，主要是作者轻信家谱之言而造成的。钱大昕就曾批评说："《唐书·宰相世系表》虽详赡可喜，然记近事则有征，溯远胄则多舛，由于信谱牒而无实事求是之识也。"（《十驾斋养新录》卷12《家谱不可信》）实际上还在南宋时洪迈在其《容斋随笔》卷6就专门列了《唐书世系表》一目，对其错误作了严肃批评，指出"新唐宰相世系表皆承用诸家谱牒，故多有谬误，内沈氏者最可笑。"而这"最可笑"者，正是身为历史学家的沈约所编造，称沈氏乃"金天氏之后"，"秦末有逞者，徵丞相不就"，"其后入汉，有为齐王太傅敷德侯者，有为骠骑将军者，有为彭城侯者"。洪迈都一一作了批驳，而笔者也查了《汉书》，不仅无敷德侯、彭城侯之封号，亦无沈达其人；虽有骠骑将军，却与沈氏无关；全部《汉书》仅载沈姓四人，三人为春秋时人，一人为王莽时人。沈约如此编造，难怪洪迈严厉批评："沈约称一时文宗，妄谱其上世名氏官爵，固可嗤诮"，而"欧阳公略不笔削为可恨也"。无独有偶，洪迈对史学家魏收编造祖上世系的做法，在书中也进行了揭露。诸如此类，这些伪造历史的现象自然不能听之任之，要揭露其伪造，自然就得做辨伪工作。所以辨伪学不仅是要辨清古籍的真伪，而且要对伪造的历史和伪说作出认真的考辨，而《中国辨伪学史》则全都包容了这些内容，所以我才断言它是全面系统论述中国辨伪学史发展的第一书，作者在充分研究并吸收了前人研究成果的基础上，做到了后来居上。

第二，突出重点，反映特点，尽力反映中国辨伪学史发展全过程。从该书"目录"我们就可以发现，只有章、节，而没有子目。其中二、三、四章的第一节的"概观"，也就是我们平时所说的概述，通过"概观"，将这一时期辨伪学发展的趋势、特点及主要辨伪学家所取得的成就作一全面的论述，使人读了可以获得一个总的概念。而对那些具有代表性的著名的辨伪学家，则设专节加以论述，这就做到了全面论述与重点评论相结合。当然同样设有专节的其地位也并不等同，就以宋代而言，虽然欧阳修、郑樵、朱熹、叶适四人列了专节，他们在辨伪学上也确实都作出了重大贡献，相比之下，朱熹的成就毕竟更大些，他曾指出伪书60余种，并有自己的辨伪理论和方法。明代列了宋濂、梅鷟、胡应麟三人，三人中显然又以胡应麟为主，因为胡应麟不仅有丰富的辨伪学理论和方法，而且还撰著了我国封建社会首部辨伪学专著《四部正讹》，为我国封建时代辨伪学的建立奠定了基础。而清代崔述、姚际恒、阎若璩、刘逢禄诸人，在辨伪学上虽然都堪称大家，但就其贡献与影响来说，阎若璩则居首位，因为他花了30年精力，写出了《古文尚书疏证》，揭发了东晋时期梅赜所献《古文尚书》之全系伪作，加之后来惠栋的《古文尚书考》，这就结束了长期以来《古文尚书》争论不休的一大悬案。这就是说，该书编写上做到重点突出，不单是表现在章节目录上面，更体现在具体内容的叙述之中。该书作者，对于每位辨伪学家成就的特点，很注意揭示，有的则在节的标题中就得以体现，如《王充的"疾妄求实"思想及对伪说、伪书之考辨》、《刘知幾疑古惑经思想及对伪史、伪说、伪书之考辨》。这两人在辨伪学上的共同特点，是他们辨伪的重点都在伪说与伪史上；《欧阳修对儒家经传的考辨》，表明欧阳修辨伪的重点在于"儒家的经传"；

《朱熹考辨古书的成就、方法及影响》，表明朱熹辨伪重点虽是著作，但涉及面十分广泛，经、史、子、集都有，他还总结出自己的辨伪方法，"一则以义理之所当否而知之，二则以其左验之异同而质之"，前者是讲理论，后者是讲证据，舍此二途，就无法定其真伪，他的辨伪理论对后世的影响是深远的；《胡应麟对伪书的考辨及对辨伪学理论的总结》，这就无疑肯定了胡应麟在中国辨伪学史上特殊的地位，他对辨伪学的理论进行了一次全面的大总结，并且写出了辨伪学专著；《阎若璩与伪〈古文尚书〉的定案》，说明由于阎氏这部著作，而使争论1000多年的悬案得以解决，他所考订的虽然仅是一部书，但其意义却十分重大。诸如此类，自然无须多举，已经足以说明。由于作者对这些辨伪学家的研究比较深入，才有可能抓住每位学者在辨伪学贡献上的长处和特点，这就为广大读者学习和研究创造了条件。

第三，实事求是地评论，深入浅出地叙述，是一部雅俗共赏的学术专著。正如卞公序中所说，该书"深入细致地分析总结了历代辨伪学家的辨伪思想和方法，并作了客观、公允的评价"。对古人的学术思想和学术贡献进行评价，过分的夸大和不切实际的贬斥都是不对的，但要做到实事求是、恰如其分，也的确很不容易。要做到实事求是，不仅需要对每位学者的成就作深入研究，而且要把他们的贡献置于历史发展的长河之中进行比较，当然又不能够脱离每位历史人物的时代条件。而该书做到了这一点，确属难能可贵。只要通读全书，自然就会发现我和卞公所言，绝非虚言。上文所言作者能将每位辨伪学家的特点予以充分反映，其实就是实事求是的重要表现之一。该书还有一个重要特点，那就是在文字叙述上做到了深入浅出，通俗易懂，许多重要内容都是经过作者消化后，用自己的语言叙述出来，而很少见到大段大段地引文，这对青年读者来说，尤其显得重要，因为青年人古文基础较差，读书中最怕遇上大段引文，这也是可以理解的。所以我说这是一部雅俗共赏的学术专著。

最后，对该书还存在的不足之处提些看法。因为任何一部著作都不可能是十全十美，该书自然也不例外。比如西汉大学者刘向刘歆父子在辨伪学上的贡献没有能够得到足够的重视，虽然在《两汉的造伪及辨伪》中已经论述到，但没有把他们列入专节似乎欠妥，因为他们在辨伪学上的贡献及对后世的影响都是很大的。当代著名文献学家张舜徽先生在《中国文献学》一书中就曾指出："审定伪书之法，至刘（向）、班（固）而已密。"可见刘向绝非一般辨伪学家所可比拟。唐代的韩愈，在辨伪学上也常为人们所谈论，能否将其与柳宗元并列一节？南宋洪迈，在辨伪学上的贡献据我看并不亚于郑樵和叶适，只不过以前很少有人研究，因而从未引起人们注意，他在《容斋随笔》中，对于伪书、伪史、伪说作了大量的考辨工作，并且提出了许多很好的方法，我作了初步归纳，总有六七种之多，虽然未能作条理化和理论化工作，但为后人建立辨伪学理论和辨伪学毕竟创造了条件，他在书中直接提出了"《周官》非周公所作"的论断。因此，在辨伪学著作中，应当给他一个应有的位子。阎若璩对于《古文尚书》的定案是起到重要作用，但惠栋的《古文尚书考》，同样起了不可忽视的作用，因此，建议应将阎、惠两人放在一节中，并都出现在标题上，因为是否见于标题，这里就反映了一个等级问题。以上粗浅看法，仅供参考。

（原载《徐州师范大学学报》[哲学社会科学版] 1999 年第 1 期。收入《独乐斋文存》）

我与中国史学史

1933年，我出生于苏北泗阳仓集的农家，幼时读过两年私塾，除了背诵过几种启蒙读物外，还诵读了《论语》、《孟子》和《千家诗》等。塾师只教背诵，不讲其义，虽当时不可能理解，后来当我从事史学的教学与研究时却很受用。因而曾想当年若能多读几部，如今肯定受益匪浅。可惜由于战乱，虽也读过小学，总是读读停停，小学六年，总共加起来也只读了两年书。初中因跳级也只读了两年，只有从高中到大学才按部就班读完。

1958年大学毕业后，我分配在杭州大学历史系任教，先是从事中国古代史和历史文选的教学工作。1961年开始，当时的高教部规定，综合性大学历史系都要开设史学史课程，于是系领导决定让我改教中国史学史。我在大学读书时，未读过史学史，而我的指导老师黎子耀教授是两汉史专家。因此，我既无家学影响，也很难讲什么师承关系。这里有一件事情给我印象很深，我改教中国史学史后，了解到北师大白寿彝先生在讲授中国史学史，我曾向系里要求，到北师大听一个学期课，结果系党总支不同意，令我不解的是，当时到外地、外校进修的人很多，进修一般都是三年，而我只要求外出听一个学期课竟得不到许可，这对我刺激很大，从此暗下决心，必须在这个学科做出点成绩，为什么人家能够做到而我做不到呢？当然，我的指导老师黎先生有两点对我影响还是比较深的，一点是他在讲课时爱谈自己的看法与见解，而不是人云亦云，我觉得无论是教学还是研究，这都是很重要的，自己不作深入研究，就无从谈自己的看法；另一点是他要我一年内除教学外，通读《四库全书总目提要》，经、子、集三部泛读，史部精读并做笔记。这实际上是黎先生教给我治学的途径与方法，后来读王鸣盛《十七史商榷》才恍然大悟，书中曾云："凡读书最切要者，目录之学。目录明，方可读书；不明，终是乱读。"又说："目录之学，学中第一紧要事，必从此间途，方能得其门而入。"后来，黎先生又要我翻阅浙江图书馆和杭大图书馆所藏全部宋人文集，并将有关史学方面文章做成索引。先生虽未明言，但显然，这都是打基础的必要做法，也可以说是为今后做学问而练基本功。在教学和研究过程中，逐步发现方志学和谱牒学原来都是史学发展过程中分出的两个旁支，尤其是对章学诚进行深入研究后，了解到章学诚不仅是一位杰出的史学评论家，而且是著名的方志学家，是中国方志学的奠基人，加之又是浙东史学的殿军，于是他就成为我研究的重点，并于1962年初发表了《章学诚和方志学》一文。不料在80年代初全国掀起修志高潮时，该文竟被看作修志必读而被到处翻印。

1964年下半年，对我个人来说，真的是风云突变。全国农村开展"四清运动"，大专院校师生都要参加，参加之前，还要进行思想上的清理。万万没有想到，我竟成了清理的重点对象，整整批了三天三夜，批我整天钻故纸堆，鼓吹封建文化，美化封建人物；经常追随资产阶级知识分子之后（我确实喜欢向老一辈师长们学，除了本系外，中文系和校外，如陈训慈先生——陈布雷弟弟、夏定棫等先生处，常去请教，甚至谭其骧先生来杭或我去上海，总要去拜访）；反对毛泽东思想。最后一条在当时来说，可了不得。人们也许会问，我怎么会反对毛泽东思想呢？1963年5月，我在《江海学刊》上发表了《顾祖禹和〈读史方舆纪要〉》，文中有这样内容："正因为他考订精详，故书中有些记载，竟比经过实地考察所得结论来得正确。众所周知，徐霞客是以实地调查考察而著称，如西南诸川的源流，他就曾实地进行考察，但他却没有能纠正《大明一统志》有关记载的错误，而顾祖禹没有身历其境，目所未击，就靠他依据文献记载所作精详考订，所作结论反比徐霞客身历其境进行实地探索的记载来得正确。"这是历史事实，况且谭其骧先生在纪念徐霞客逝世三百周年的文章中早已指出。批判我的人们，就是抓住这个内容，作为重磅炮弹，硬说这"是违反实践论的"，"是反对毛泽东思想"的。当时连辩驳权也被剥夺了。这是否真的违反实践论呢？这里有必要多说几句。谭其骧先生在80年代初期，已经发表文章指出，研究历史地理，依靠历史学的研究方法是很重要的，因为历史时期的地理，时间一久，经过千变万化，早已面目全非，靠实地调查是难以解决问题的，只有依据文献资料，而事实上许多文献资料，正是前人实践经验之记录，对这一事实许多人往往就忽略了，实际上这就无疑是只承认自己的调查访问，而否定了人家实践经验之总结，这自然是不应当的。伟大的历史学家司马迁所写的《史记》，其中许多材料正是来自实地调查和访问。这次批判以后，就给我戴上了"白专道路典型"的帽子。在当时读古书竟成了犯法行为，今天看来简直不可思议。通过这次批判，我似乎立刻变成另一种人了，不是吗？"四清"结束后，各工作队都评出"五好队员"，在工作队里我明明也被评上，可是回校后的庆功大会上，宣布"五好队员"名单时，我的名字却没有了。后来我对朋友说，"文化大革命"是 1966 年开始的，而对于我来说，1964 年已经开始了。而"文化大革命"一开始，我又是首当其冲，大字报铺天盖地，说我是"复辟封建主义的吹鼓手"、"复辟封建主义的急先锋"。因为我研究史学史、方志学，自然就整天"吹捧古人、死人，美化封建文化"。

  1974 年夏，我接到通知去北京参加《历史研究》的复刊工作，因"文革"开始后该刊便停了，毛主席提出要复刊。不久江青便指使由科教组的爪牙接管控制，于是"复刊"变成了"创刊"。在编辑部期间，由于在讨论许多重大问题时，我发表意见常常与当权者相悖，有的更触犯了"四人帮"的忌讳，这显然都成为我的"罪状"。我就是在这种逆境中离开了编辑部返回杭州。可是，粉碎"四人帮"后我系某些人又借机来整我，说我在《历史研究》时是"四人帮"的黑爪牙，因而连学报约我写的批判"四人帮"的文章也被压下不给发表。北京学术界许多朋友得知我当时处境，都很关心。为了使我尽快摆脱困境，《光明日报》和《历史研究》都以很快的速度为我发表了《从章学诚的史德谈起》和《顾祖禹生卒年新证》两篇文章，等于让我在政治上亮相。尽管如此，在江青反党集团被粉碎后，我还是被下放干校劳动。所幸干校两位领导通情达理，我身体不好，便分配我专门养鸭子，当起了"鸭司令"，这样倒也清静，白天赶鸭子时还可看书，晚上研究又非常安静，后来发表的好多文章，都是此时草成。就在我还在干校期间，全国十所院校中国古代史编写会议在我校召开，系党总支通知我参加会议并参与编写，我理直气壮地拒绝了，"我现在是干校编制"，言下之意，你们无权抽调我。这就说明系里某些人的蛮横无理做法引起我的对抗情绪，很久都未平静下来。不过我从干校特地请了三天假，赶回杭州看望了参加会议的几位老朋友。当时，有位朋友建议我不要再研究史学史了，说这是一门花费功夫大、收效慢而微、吃力不讨好的学科，并说要我随便选上一个朝代，花上三五年功夫，成果肯定就会出来。当然，对于朋友的关心我是十分感激的，因为从1964年起，在精简大学课程声中，史学史被精简掉了，我已改教中国古代史和历史文选课了。但是，我对朋友说，要我不研究史学史看来已经做不到了，因为我对这门学科不仅产生了兴趣，而且已经有了深厚的感情，我认为这是一门很重要的学问。文学有文学史，哲学有哲学史，军事有军事史，各门学科都有自己的史，为什么历史学反而不要自己的历史呢？即使今后大学历史系不再开这门课，我课余也要研究。事实也正是这样，尽管1964年我已受到不公正的批判，但对史学史的研究却从未中断。大学恢复招生不久，这门课也就恢复了。

  1979年春在桂林参加学术会议，黑龙江人民出版社同志得知我研究史学史，并且还曾写过一部讲稿，于是约请我对讲稿进行修订和充实，尽快交给他们出版。回杭后我便集中精力，花了不到两年时间，于1980年国庆前夕，便完成四十七万字的《中国古代史学史简编》的定稿工作，1983年上半年正式出版。此书出版后得到学术界的好评，被认为是"迄今为止篇幅最多、内容最丰富的中国史学史专著"（1984年第10期《中国史研究动态》）。尤其是受到广大青年读者的欢迎，原因是书中大段引文不多，重要内容大多用通俗语言叙述。十五年过去了，在今天看来，虽有不少不尽如人意处，但其自成体系，内容丰富，并未过时。我在《后记》中有这样一段话："史学史和其他学术史一样，有它自己的特点和规律。中国史学史，就是要研究中国史学发生、发展的过程，并找出它发展的规律，不仅表现在形式上（如史体的演变、史著的产生、史料范围的扩大等），而且表现在内容上（如史学思想、史学流派、史学传统等）。可是过去一些史学史著作，大多只注意了前者，而忽略了后者，实际上只不过是历史编纂学史。本书企图从两大方面进行探索。"而在分期上也尽量避开完全用朝代划分，而是"按照中国封建社会的发展和中国古代史学本身发展的特点"，分成四个时期，这就把中国古代史学的发展，放到中国封建社会发展的长河中进行研究，史学思想与其产生的社会背景就自然地联系在一起。还要指出的是，过去史学史著作，对于明清两代大都比较简略，而《中国古代史学史简编》则着力于明清两代，全书四十七万字，明清占五分之二的篇幅。书中把一向被看作是文学大家的王世贞，置于与王夫之、顾炎武同等重要的地位；明清之际的野史非常发达，但以前史学史却很少有人问津。浙东史学、乾嘉史学等，作为重要史学流派，也都列为专章。这都是力图改变明清史学过于简略的局面所作的努力。由于对许多史家和史著已经分别作过研究，并陆续发表过文章，所以我才有可能在不到两年时间完成定稿工作。

方志学是我研究的重点内容之一，与史学研究同步进行，因而收到了相得益彰的效果。因为方志乃是史学的一个旁支或分支，是随着史学的发展而产生发展起来的，那么要研究它的产生和发展，就必须把它放到史学发展的长河中进行探索，才能正确找出产生的原因，发现每个阶段的不同特点。因此，可以肯定地讲，若是对史学一无所知，要想研究好方志学是很困难的。我和方志打交道也已四十年了，还在60年代，就曾写过二十万字的方志学初稿。不料多年心血结晶连同资料卡片竟都毁于十年浩劫，尽管很感痛惜，但仔细回想起来，又觉得似乎未尝不是一件好事。因为我原来所写，观点论述都沿袭了传统的说法，现在虽说是"重操旧业"，但这么一来就逼得我必须一切白手起家，从头来起。经过一番努力，当思考撰写体系时，便发现原来那种研究方法显然是错误的。马克思主义经典作家早就指出，一定的学术文化是一定的政治经济在观念形态上的反映，同时又反转过来作用并影响一定的政治和经济。因此，不同时代总是要出现为这一时代服务的学术文化思想体系、学术流派以及相应的各种学术著作，这就是人们常说的文化反映论。我正是用这种观点，才在中国古代史学史上建立起自己的思想体系。研究方志学自然也离不开这个观点。后来又是用了这个观点，很快就探清了方志的起源和发展规律，特别是方志发展的三个阶段及每个阶段的特点。于是通过数年努力，在1986年春节前，终于完成了四十六万字的《方志学通论》的定稿工作。出版后，新华社消息称其为"我国首部方志学巨著"。我可以不客气地讲，在这部书中，我真正的功劳就在于第一次讲清了我国方志发展的历史及其发展规律，特别是三个阶段和每阶段的特点，这就是方志的发展是经过地记、图经、定型方志三个阶段。至于为什么在发展不同阶段会出现不同名称，可以说从来无人问津，似乎各种名称都是理所当然，并无研究之必要。事实上，方志既然是独立的一门学科，自然也有其自身的发生、发展规律，要想离开社会条件和时代精神而去研究特点和规律，自然是不可能的。只要大家稍作留意就可发现，地记、图经和成型方志固然有明显的区别，即便成型后的各方志，亦都不同程度带有各自产生的时代烙印。正像我们今天所编修的新方志一样，它必然反映出我们这个时代的精神。这不仅要体现在观点上，而且要反映在内容、体例各个方面。唯其如此，要想探索出方志产生和发展的规律，总结出不同阶段的特点，必须把它放到特定的社会历史条件下进行比较研究和分析，才有可能收到比较理想的效果。就以研究方志起源而言，直至今天，方志学界不少人还在抱着《禹贡》、《周官》、《山海经》等某部书坐而论道，而大量史籍记载说明，方志的名称，较早时候，史家都称为"郡书"、"郡国之书"、"郡国地志"等，这就说明，它是记载以地方行政区划郡县为范围的一种著作。后来的发展，也正是沿着这样的道路，所以随着行政区划的变更，就有府志、州志这一类名称。既然如此，我国的郡县制度是在秦始皇统一六国后才在全国确立推行的，那么在郡县制度尚未确立之前，自然就不可能产生反映这种制度的著作，否则将是不可思议的。因此，我们说在春秋战国时代要产生这样性质的著作是不可能的，西周当然就更不必说了。还有人异想天开地说，方志在原始社会就已经产生，这简直是天方夜谭。我们采用了文化反映论的观点，根据我国秦汉以来社会发展概况的研究，得出的结论是方志起源于两汉的地记。著名的历史地理学家谭其骧、史念海先生都持这种看法。当然，关于方志起源于两汉地记，我们除了从产生的社会条件进行分析外，还有确切的史书记载为依据。《隋书·经籍志》"杂传类"小序曰："后汉光武，始诏南阳，撰作风俗，故沛、三辅有耆旧节士之序，鲁、庐江有名德先贤之赞。郡国之书，由是而作。……推其本源，盖亦史官之末事也。"这段记载说明，地记这类著作，还是从统治者所提倡开始，光武帝刘秀，为了表彰家乡之盛，诏撰了《南阳风俗传》，而所记内容，就是本地人物、风俗、山川、物产等，这么一来，各地纷纷仿效。值得注意的是，作者总结性地指出："郡国之书，由是而作。"这就是说，地方性的郡县著作，从这个时候便开始了。我们认为，做学问，科学研究，就是在追求真理，别人研究出正确结论，我就坚决服从，这才是做学问应有的态度。令人遗憾的是，方志学界很大部分同志，对方志起源问题，还在抱残守缺，闭起门来搞文字游戏，别人的研究结论拒不接受，史书的明文记载视而不见。这与"坚持真理，修正错误"的精神实在相距太远。

我对章学诚的研究几乎持续四十年之久，从研究史学史以后，就一直以他为主轴而向外辐射，因为他不单是位史学评论家，而且又是我国方志学的奠基人，他对文学、哲学、校雠学、谱学亦多有所建树，在我国封建社会里，他的史学理论与刘知幾齐名，按白寿彝先生所讲，他的史学理论比刘知幾还要高一个层次。他的一生非常坎坷，使我很同情；他的品德非常高尚，使我很敬佩；他的治学精神非常认真，使我很感动；他的敬业精神和学术贡献，又使我非常推崇。他的一生"不作违心之论"，"生平惟此不欺二字，差可信于师友间也"。他四十一岁方才考取进士，九年后冬间，"已垂得知县"，可是为了自己所爱好的文史校雠计，忽决计舍去。若为生活计，一个知县养家活口自不成问题，然而一旦做了县官，自己所好之文史校雠之业将如何处置？经过比较，他最后还是弃了县官职务，以继续自己的文史校雠之业。仅此两点，今天能够有几人可以做到？由于他所从事的是文史校雠之业，因而就养成了"好辩"的习惯，当然也就得罪了一些人，以致死后也得不到公正的评论，直至新中国成立后，也未得到改变。诚如美国学者倪德卫在其所著《章学诚的一生与思想》一书中对中国学术界许多人所作的批评："他们有的只是认识到章学诚学术的一部分，有的甚至误解。章氏一直没有被很好地理解，对大多数人而言，章氏只是一个有学问的人，而不是一个需要认真研究的思想家。"这个批评，自然值得我们很好地思考。对于章学诚，我曾写过一系列文章，其中有多篇是为其辩白，有人说章学诚因为在考据上斗不过戴震，所以就贬低戴震，我便写了《章实斋评戴东原》，指出章学诚对戴震是褒大于贬，在当时真正认识戴震学术价值之所在的也是章学诚；有许多人对章学诚的"六经皆史"说产生误解，我则写了《也谈章学诚"六经皆史"》，说明章学诚当时论述"六经皆史"说的社会意义；有人说章学诚不是浙东学派（史学）的成员，我便写了《章学诚和浙东史学》，指出章学诚是浙东史学的殿军；有的学者认为章学诚提出的"史德"，已经包含在刘知幾的"史识"之中，我又写了《"史德"、"史识"辨》一文，指出两者属于不同概念，"德"是指行为规范、道德品质，"识"则是指对历史发展、历史事件、历史人物是非曲直的观察、鉴别和判断能力。根据多年研究的积累，1984年我在中华书局出版了《章学诚和〈文史通义〉》一书，这是国内首部关于章学诚的研究著作，虽然仅有十七万字，但毕竟有了专门论著。在研究过程中发现，由于章氏代表作《文史通义》版本不一，给学术界带来很多麻烦，主要的两种版本外篇内容竟全然不同,一个是序跋书评驳议,另一个则全是方志论文,若引文不注明版本,读者真无法查对。况且从某种程度上来说,这两个本子所定,又都不代表章氏本人之想法。为此,我早就决心要对该书进行整理新编,使之既能符合章氏著述该书的宗旨,尽可能接近作者著述的原意面貌,又使广大读者阅读和研究得到方便。1983年初编完成,1985年修改定稿,因为出版业不景气,迟至1993年方得出版,国内外许多师友都认为可以作为该书的定本了。全书共收三百零三篇,其中原两种版本内所收之文合计二百一十八篇,新增补之文八十五篇,新增篇幅三分之一强。其中还收了两篇佚文,在至今所有刊行的章氏著的各类版本中均未收录,就连胡适、姚名达二位编《章实斋先生年谱》时也未见过。文中反映了章氏著述《文史通义》的重要学术思想和观点,明确提出"拟为《文史通义》一书,分内外杂篇,成一家言"。这在学术界可以说是鲜为人知的。正当该书临近出版之际,接到匡老(亚明)主持的中国思想家研究中心来信,约我撰写《章学诚评传》,于是便不揣浅薄,欣然应命。为了更好地完成这部评传,便约叶建华同志和我共同撰写,因为青年人对于新观点、新事物都更为敏感。他是我首届研究生,勤奋好学,已经发表、出版学术论著七十余篇(部)。该书的出版是迄今为止国内第一部全面系统阐述章学诚生平事迹和学术思想成就的专著,分别从生活时代、生平事迹和著述、社会政治思想、哲学思想、史学理论、方志学理论、校雠学理论、谱牒学理论、文学理论、教育思想以及与浙东学派的关系等方面,多角度系统地进行了论述,对他在中国古代学术文化史上的地位和影响,作出了实事求是的评价。书中也决不回避矛盾,敢于旗帜鲜明地提出自己的学术观点,与各种不同看法展开争论。诚如南大思想家研究中心给匡老所写对书稿评审意见中所说:"本书稿具有很大的争辩性。""直到现在还有人把章看作'乡曲之士'、'读书少的人好发议论'。基于此,本书稿在突出章学诚主体思想的同时,常为章氏辩诬。如章氏的'六经皆史'说与王守仁相比其说新在何处,章氏批评戴震是否是坚持宋学、是否就是章氏'六经皆史'之糟粕,章学诚是对我国学术发展起着重要影响的学问家和思想家还是'乡曲之士'及'读书不多而好发议论'的人等等,本书稿皆以先人和时人的观点为对象,以章氏本人著作为根据,参照有识之士(包括外国人)的论述,给予有力的辩驳。所以读本稿能够闻到章氏本人所特有的'好辩'的气息。"就在这部评传撰写即将完稿之时，突然接到李侃先生来信，约我为《中华历史文化名人评传·史学家系列》撰写《章学诚评传》。当即回信说明不宜再写，况且当时眼疾还在发作之中。然而，虽多次书信往来，想请李公另请高明，但最终还是承李公之厚意以"非阁下莫属"而使我不得不接受下来，否则将有失于朋友之道。这就是我所以在差不多同时撰写两部《章学诚评传》的原由。当然李公所言也很在理，他所约的是评论一个史学评论家，字数也仅在十余万而已，而思想家评传丛书的要求侧重面显然有所不同。根据我当时的实际情况，征得李公同意，由小女仓晓梅帮我一道撰写，于是才有可能按规定时间完稿。非常巧合的是，两部评传竟都是在 1996 年出版。

曾有朋友这样对我说，由于我长期对章学诚的著作进行研究，因而章氏治学精神中的某些特点也影响了我，如"善于辩"，这自然是客气的说法，说白了不就是"好辩"吗？记得二十多年前有个刊物的编辑同志正是冲着我这"善于辩"而要我给他们一篇稿子。我认为，从做学问的角度来看，"好辩"未必是件坏事，对学术界的历史悬案提出自己的看法，对学术界有意见分歧的问题提出自己的看法，对别人的研究结论自己有不同看法等等，通过辩论搞个水落石出，有什么不好呢？做学问就是要能发现问题，去解决问题，否则老是作无病呻吟的文章，有何价值？我十分坦诚地承认，我在做学问过程中每遇问题确实"好辩"，这不仅表现在对章学诚的研究上面，而且集中表现在好多问题上。如由黄宗羲创立、全祖望完成的"学案体"，是我国封建社会史学家所创立的最后一种史书体裁，但自诞生以后，一直未得到学术界应有的重视。海外有些学者却先后发表不少文章，但是，他们着眼点偏重于从学术思想史内容去找源流，很少考虑这种学案体的结构组成，因而把《庄子·天下》、《荀子·非十二子》、《淮南子》一一罗列，而不是从历史编纂学进行研究。而美国一位学者又仅从"学案"这一名词来探源，因而把明万历年间刘元卿所作《诸儒学案》看作是学案体的首创。为此，1988 年 3 月 23 日我在《光明日报》发表了《要给学案体以应有的历史地位》一文（1989 年《新华文摘》第 7 期全文转载），后来又发表了《黄宗羲与学案体》等文，明确指出，学案体史书是属学术史，但是所有学术史著作未必都是学案体，因为作为史书一种体裁的学案体是由特定的几个成分所组成，正像纪传体史书组成一样，那种在分类上把学案体附在传记一类的方法也是很不妥当的，因为这种史体与人物传记绝不相同。

对于司马光和《资治通鉴》的研究，我也发表了几篇和别人辩论的文章。在庆祝建国三十周年时，我校曾举行了大型学术讨论会，当时我写了一篇《〈资治通鉴〉编修的全局副手——刘恕》，副标题是《兼谈〈资治通鉴〉编修分工的几个问题》。关于《通鉴》的编修分工，在60年代曾因翦老（伯赞）一篇文章引起争论，对这个历史悬案，我也想谈点看法。不料前来参加学术研讨会的一位北京学者，在看了拙稿后以非常快的速度在某刊物发表了一篇文章，以讥讽挖苦的口气对拙稿进行批评。学术讨论和批评，应当本着与人为善的态度，这是最起码的常识，即使我错了也不该讥讽与挖苦，何况我并没有错，本着"来而不往非礼也"的原则，我自然要写一篇答辩文章。我发现这位先生的错误在于对司马光给刘恕的那封信理解有误，我想还是一道来读这封信吧，于是便写了《读司马光〈贻刘道原书〉》，文章本着心平气和地说理，而不是你来一枪，我必回敬一刀的态度。我认为学术研究中的争论，必须平等相待，以理服人，决不允许盛气凌人，只要双方把司马光这封信都理解正确了，问题自然就会迎刃而解。司马光是封建时代一位正直的历史学家，然而也曾有位先生写了文章批评司马光在其著作《资治通鉴》中曲笔，我看了文章后觉得并非事实，于是便写了《从〈通鉴考异〉看司马光的求实精神》，目的在于告诉大家，司马光修《通鉴》，凡所征引的材料，大都作过考证，往往一事用三四种资料纂成。他曾撰《通鉴考异》三十卷，目的就是把史实取舍的经过全部告诉大家，他所编写的史书，都是有根有据，若有疑问，有《考异》可查。这也说明他作史光明磊落，不怕别人挑剔。有的著作中讲司马光是位宿命论者，我不同意此种说法，因而又写了《司马光无神论思想剖析》一文。这都是对司马光研究中有争议的地方发表自己的看法。

最近几年，我觉得自己在《越绝书》问题研究上颇有心得，1990年曾在《历史研究》上发表了一篇《〈越绝书〉是一部地方史》短文。针对学术界（主要是方志学界）有些人把这部史书硬说成是地方志，文章从著书宗旨、著作体例、编纂形式、记载内容等多方面论述了《越绝书》只是一部地方史，而绝不是地方志。文章发表后，新华社还发了消息，中央人民广播电台在早间新闻里作了广播，《人民日报》（海外版）、《光明日报》、《解放日报》等多家报纸分别以不同的标题加以转载。其影响自然可想而知。文章附带讲了该书应成于战国后期,其作者自然也就不是东汉人袁康和吴平了,其实此说宋人陈振孙和近代余嘉锡都早已讲过,只是没有引起学术界的重视而已。前年,为了替周生春教授《吴越春秋辑校汇考》一书作序,不得不再与《越绝书》打交道,因为两书内容有其互补性,后来历史发展,使它们似乎如同姊妹篇了。在此过程中,尤其是看到《吴越春秋》作者赵晔,不仅正史《后汉书》有传,地记《会稽典录》中有记载,而且历代谈论或记载《吴越春秋》时,也总必然提到赵晔,这本是理所当然之事。再按此道理来查被誉为"百年一贤"的袁康、吴平,自东汉至明中叶以前,竟然蛛丝马迹全无,于是使我感到这两人全然不像历史人物,实际上乃子虚乌有。去年初便在台湾《历史》月刊3月号发表了一篇文章《袁康、吴平是历史人物吗?——论〈越绝书〉的作者》,指出袁康、吴平不是历史人物,而是明中叶学者杨慎臆造的人物,由于《四库全书总目提要》采用其说,遂使之得以流传数百年而不被人们所察觉。此文因发在台湾刊物,大陆还很少有人知道。鉴于方志学界有些人至今仍坚持《越绝书》是最早的地方志,加上《越绝书》的作者、归属、内容、书名等问题,今年初又发表了《〈越绝书〉散论》一文,对上述问题一一加以论述。文中有这样一段话:"学术研究,存在意见分歧乃是正常现象,但是在讨论中必须本着坚持真理、修正错误的原则,当别人已经指出你的看法是错误时,理所当然地应当审视自己的观点和结论,真的错了就不必惋惜而必须果断放弃,若是觉得并没有错,则应当勇敢地进行辩论,千万不要做失理也不饶人的'你打你的,我打我的'人物。笔者那篇文章发表已将近八年,从未见到有辩论的文章,然而坚持认为《越绝书》是最早地方志的文章却从未间断,这显然是很不正常的。"文章中对袁康、吴平不仅不是该书的作者,而且连历史人物也不是的观点又作了进一步论述,同时还指出炮制这两个臆造人物的杨慎,竟是一位"制假老手",作伪之书很多,《四库全书总目提要》都有揭露,陈耀文、胡应麟并有专书批驳,这样的人所析隐语,其可信程度有多少自然可想而知。文章对于该书内容、归属和名称也都作了论述,特别是关于归属,从来未有人谈过,因为《越绝书》向来被认为是浙江最早的史籍,或浙江最早之方志,从未有人提出过疑义,可见习惯势力影响之深远。书中明明讲了,这是吴、越两国贤者所作,所记内容又分明为吴、越两国之事，并且几乎各占其半，以今天而言，显然应是江、浙两省所共有，并非浙江独有。在科学研究上，来不得半点客气好讲。多年来一笔糊涂账，应当讲讲清楚。由于所论述之事较多，比较琐碎，但又都非常重要，故名之曰"散论"。

方志学既然是我研究的重点内容之一，对于方志学界的情况，我不仅要了解，而且也参与许多修志活动，特别是新编志稿的评议。从80年代开始修志以来，从未中断过，从中我也吸取了不少新的养料。加之看了许多已出版的新修方志，发现不少问题，感到应当引起高度重视。许多新志书过分强调经济部类，从而削弱了其他内容；半数以上的新修方志"艺文志"都被砍掉了；民国时期的内容不仅很少，而且有的还把民国时期政府机构打入附录中去了；许多新方志，序成了排位了、拉关系的装饰品，三序四序不足为奇，有的竟达七八序之多；方志本是资料性著作，有的则大谈宏观，大讲规律；等等。这些问题的出现，又与方志理论研究工作者的误导有着密切关系。不仅如此，而且出现了一些奇谈怪论，有人说修志中"存史、资治、教化"六字功能已经过时了，"据事直书"今天已经不适用了，编造出"横排竖写"是方志的"特点"，等等。还有不少论著将历来公认的舆地著作如《元和郡县志》、《太平寰宇记》等也都列入方志行列，诸如此类，甚是不少。为此，我于1994年在《中国地方志》上发表了《对当前方志学界若干问题的看法》，对十三个问题提出了自己的看法。写这类评论文章，要批驳错误观点，势必牵涉到人，甚至可能得罪一大片，但考虑到事关新一代方志编修的质量，又关系到社会主义新方志理论的建设和发展，如果这点胆量和精神都没有，还谈什么做学问呢？谱牒学和方志学一样，也是史学发展的分支，理所当然是我研究的内容之一，因此，还在80年代初，就已发表了《试论谱学的发展及其文献价值》一文。近年来在阅读海内外一些学者有关谱学论著时，发现不少问题很值得商榷，因而去年在《历史研究》第5期发表了《关于谱学研究的几点意见》，这又是要评论那些错误的说法与观点。对错误的说法和观点，听之任之吧，是对学术发展不负责任，发了文章，必然给人一个感觉，似乎我这个人到处在批评人家，就像一个消防队员。因而深感学术评论之不易，文学、史学如此，方志学、谱牒学又何尝不是如此。

1984年，山东教育出版社委托我们中国历史文献研究会组织编纂一套《二十五史辞典丛书》，而学会又将此事交由我来负责，我自己除了主编其中《史记辞典》、《汉书辞典》外，还得组织、指导其他各史辞典的工作。全套辞书共分十四套，每部辞书编委会开会我都得参加，由于这套丛书花费了我大量的时间和精力，因而使我自己十多年前就计划撰写的《浙东史学》一书，迟迟不能脱稿。不过由于自己直接主编了两部辞书，也深深体会到辞书编纂工作的艰巨性，必须慎重从事。当然对于目前社会上有些人把编纂辞书作为生财之道的不正之风，深感有必要严加制止。

从事学术研究工作已整整四十年了，回顾以往，有两点体会：第一，做学问不能赶风头，因为风向是常在变的，你永远也赶不上。章学诚说得很有道理：做学问必须专心致志，切忌三心二意，要做到"世之所重，而非吾意所期与，虽大如泰山，不遑顾也；世之所忽，而苟为吾意之所期与，虽细如秋毫，不敢略也。趋向专，故成功也易；毁誉淡，故自得也深"（《文史通义新编》外篇三《与朱沧湄中翰论学书》）。这些都是经验之谈，做学问必须按照自己的志趣、爱好和条件去努力，千万不可随波逐流，以趋时尚，否则就很难得到高深的造诣。第二，不要贪多，一切围绕着自己的研究中心做文章。这里我还是引章学诚的话来说明，他告诉大家："大抵文章学问，善取不如善弃。天地之大，人之所知所能，必不如其所不知不能，故有志于不朽之业，宜度己之所长而用之，尤莫要于能审己之所短而谢之。是以舆薪有所不顾，而秋毫有所必争，诚贵乎其专也。"（《文史通义新编》外篇三《与周次列举人论刻先集》）这就是说，要想在学术上做出成就，没有这种"善弃"的精神是很难想象的，因为人的精力有限，不分主次地样样都去研究，结果将是一无所成。所以必须尽量发挥自己长处，珍惜光阴，刻苦奋斗。有的青年朋友曾经问我，既研究史学史、文献学，又研究方志学、谱牒学，精力是否分散。我回答说，看起来确实是好几门，但它们之间却是互相关联，研究起来往往起到互补的效果，无须另立门户去研究。对于应酬文章之类，我也并非一概拒绝，往往借应酬文章而发表自己的观点。但是，若与我研究范围无关，又不能借题发挥，我则一律不写，可以说毫无客气余地，只有这样，才能保住我的研究立于不败之地。

（原载张世林编：《学林春秋三编》上册，朝华出版社1999年版。收入《仓修良探方志》；《史志丛稿》）

我与方志学

编修地方志是中华民族所特有的一种文化传统形式。这个传统几乎经历了两千年而不衰,并且生命力一直很旺盛,单就这一点也就足以悟出它的价值是不可忽视的。但是我们必须懂得,这种著作形式与其他文体一样,绝不是成于一朝一夕,也不是成于某一人之手,而是在悠久的历史进程中逐渐形成和发展起来的,开始并不像我们现在常见到的各类旧方志那么完善。它和谱学一样,都是史学的旁支,并随着史学的发展而产生和形成,乃至最后成为一门独立的学问——方志学。

我与方志打交道已将近四十年了,这里既有其偶然性,也有其必然因素。60年代初,高教部规定,综合性大学历史系必须开设史学史这门课,于是系里决定,要我的教学和研究工作由中国古代史改为中国史学史。众所周知,章学诚是杰出的史学评论家,又是浙江人,自然就成为我研究的重点。在深入研究过程中,发现在他的著作中有大量的方志论文,并且他的史学理论和观点还多出自这些文章中。以前虽也知道他是方志学家,但是并没有想到他有如此丰富而系统的方志理论,当然也就进一步从感性上认识到方志与史学的密切关系。因此,还在1962年,我就在《江海学刊》上发表了《章学诚和方志学》一文。从此,方志也就列入我重点研究内容,与史学研究同步进行,而且收到了相得益彰的效果。也正因为如此,"文化大革命"开始后,这也就成为批判我的"罪名"之一。尽管如此,我并没有就此而放弃研究;拨乱反正后,照样重操旧业,并于1981年在我校高年级率先开设方志学课程。方志学界老前辈朱士嘉先生还特地来函祝贺,希望有更多的高等院校能开设此课。因为方志作为一门学问虽然古老,但是作为高等学校的一门课程还是首次。

根据我的研究经历,我想告诉青年朋友,要想学好方志学,在方志学研究上能够早些入门,须注意三个问题。第一,建议大家读点中国史学史,尤其是中国古代史学史，以了解必须知道的史学常识，诸如各种史体的来龙去脉及其结构与组成，这样研究方志时才不至于出笑话。不是吗？有的方志文章公开声称"正史"记载是不可靠的，还是方志记载上歪曲现实程度小。请大家想想，我们研究五千年中华文明史，究竟主要是靠二十四史还是靠方志？还有某省志刊物上曾发表过一篇题为《试论考体在修志中的运用》的文章，起初不解其意，因为在古代史书中并无"考体"，读了文章后方知是指考证或者考据。大家知道，考证是学术研究中的一个环节，是做学问过程中所采用的一种手段、一种方法，也可称一种途径，但绝不是一种史书体裁。古代的志，有史或记事之意，作为方志的称呼只是后来的事，这是学习过古代史学史的人都知道的，尤其是先秦史籍中所出现的某志，均是指史，我在拙著《方志学通论》中曾一一作过排比。其实关于这点，古代学者也早都指出。东汉学者郑玄在为《周礼》所作注中讲得非常清楚，在外史"掌四方之志"下注曰："志，记也，谓若鲁之《春秋》，晋之《乘》，楚之《梼杌》。"又在小史"掌邦国之志"下注曰："若《春秋传》所谓《周志》，《国语》所称《郑书》之属。"（《周礼·春官·宗伯下》）上述所列之书，都是各诸侯国的史书。古代史书本称志，宋代大史学家郑樵在说明他的著作《通志》命名之原由时就曾指出："古者记事之史谓之志，……太史公更志为记，今谓之志，本其旧也。"（《通志·总序》）可是如今方志学界大多数人，包括有些方志名家，硬将"四方之志"、"邦国之志"说成就是方志，更有甚者，有的论著竟将郑樵的《通志》也拉入方志之行列。所以讲，不懂得史学史，要想研究好方志学，非出笑话不可。

第二，方志既然是史学的一个旁支或分支，那么，在研究方志的起源和发展时，就必须把它放在史学发展的长河中进行探索，才能正确找出产生的原因，发现每个阶段的不同特点。当然，需要说明的是，方志是史学的旁支，并非我个人所说，早在唐代，大史学家刘知幾在《史通》一书中把它放在"杂述"一类，作为"史氏流别"；《隋书·经籍志》的作者则称其为"盖亦史官之末事也"。章学诚把它直接等同于史，我们这里且不去议论，而与他同时的《四库全书》总纂官纪昀在《安阳县志序》中则说："今之志书，实史之支流。"因此，我们说方志乃是史学发展的一个旁支，它是在史学发展中产生的，这是既有史实为基础，又有理论为依据的。而目前方志学界一些人总是孤立地就方志而论方志。我们肯定地说，这样研究，既找不到方志起源的真正源头，也说不清方志的发展规律及其所以会产生阶段性的原因。

第三，应当用辩证唯物主义和历史唯物主义的观点来研究方志的发展历史，只有这样才能讲清方志发展的规律，真正找到方志的源头。现在有些青年朋友对于马列主义似乎不太相信。可以这样讲，我正是用了这种观点，才在中国古代史学史和方志学上建立起自己的体系，特别是讲清了方志的起源和发展规律。马克思主义经典作家早就指出，一定的学术文化是一定的政治经济在观念形态上的反映，同时又反转过来作用并影响一定的政治和经济。因此，不同时代总是要出现为这一时代服务的学术文化思想体系、学术流派以及相应的各种学术著作。这就是说，文化这种精神生产，定建立在特定的物质生产之上，并与当时社会经济有着极为密切的联系。因而我们研究任何一个时期的学术文化，不应把它孤立出来就事论事，必须同产生它的社会经济和政治发展的历史过程联系起来加以研究，既注意到它与政治、经济的相互关系，又不忽视学术文化本身的渊源和发展关系。许多学者正是遵循着这一精神，在各自从事的学术领域中进行研究，所以取得了可喜的成果，使得历史学、文学、哲学等都变成了有规律可循的学科。可是在方志学的研究领域，却似还缺乏这种研究精神。在研究方志的起源时，大多满足于抱住某一部书做文章，《禹贡》、《周官》、《山海经》，如此而已。很少有人从时代入手来探索它的起源。至于为什么在发展不同阶段会出现地记、图经、方志的不同名称，可以说从来无人问津，似乎各种名称都是理所当然，并无研究之必要。事实上方志既然是独立的一门学科，自然也有其自身的发生、发展规律，要研究不同阶段的特点和规律，离开社会条件和时代精神是不可能的。只要大家稍作留意就可发现，地记、图经和成型方志固然有其明显的区别，即便成型后的各方志，亦都不同程度带有各自产生的时代烙印。正像我们今天所编修的新方志一样，它必须反映出时代的精神。这不仅要体现在观点上，而且要反映在内容、体例各个方面。唯其如此，以笔者之愚见，要想探索出方志学的产生和发展规律，总结出不同阶段的特点，单凭直观而就书论书是办不到的，必须把方志放到它所产生的特定社会历史条件下进行比较研究和分析，才有可能收到比较理想的效果。

就以方志的起源而言，60年代初我开始研究时，也是接受了传统的说法，仅仅着眼于上述几种书进行论述，并写了二十万字的方志学初稿。不料多年心血结晶连同资料卡片竟毁于十年浩劫，尽管很感痛惜，但仔细回忆起来，又觉得似乎未尝不是一件好事。这么一来就逼得我必须一切白手起家，从头做起。于是经过一番努力，当思考撰写体系时，便发现原来那种研究方法显然是错误的。因为大量史籍记载说明，方志的名称，较早时候，史家都称为"郡书"、"郡国之书"、"郡国地志"等，这就说明，它是记载以地方行政区划郡县为范围的一种著作。后来的发展，也正是沿着这样的道路，所以随着行政区划的变更，就有府志、州志这一类名称。它实际上后来就成为记载某一地区历史、地理、社会风俗、经济文化等方面的综合性资料著作。既然如此，问题就很明白，我国的郡县制度是在秦始皇统一六国后才在全国确立推行的，那么在郡县制度尚未确立之前，自然就不可能产生反映这种制度的著作，否则将是不可思议的。因此，我们说在春秋战国时代要产生这样性质的著作是不可能的，西周当然就更不必说了。这里附带说上一句，还有人异想天开地说，方志在原始社会就已经产生，这简直是天方夜谭。秦虽然推行了郡县制度，但它是一个短命王朝，在统一的短短十年中，一直处在动荡不安的环境中，连一部国史也无人去过问，哪里还会有人去编写郡县之书呢？汉承秦制，在全国推行郡县制度，经过七十年的休养生息，到了武帝初年，社会经济达到了空前繁荣，这就为文化的发展创造了条件。到了西汉后期，地方经济得到迅速发展，豪族地主势力不断壮大，这就为产生地方性著作提供了温床。从这个时候开始，各地先后产生了许多地方性的人物传记和地方性的地理著作，经过两者发展汇合，从而形成了方志的初期形式——地记，因此我们说方志是起源于两汉地记。著名的历史地理学家谭其骧先生和史念海先生都持这种看法。

关于方志起源于两汉，我们除了从产生的社会条件进行分析外，还有确切的史书记载为依据。《隋书·经籍志》"杂传类"小序曰："后汉光武，始诏南阳，撰作风俗，故沛、三辅有耆旧节士之序，鲁、庐江有名德先贤之赞。郡国之书，由是而作。……推其本源，盖亦史官之末事也。"（按，重点号为笔者所加，后同）这段记载说明，地记这类著作，还是先从统治者所重视的地方开始撰作的，光武帝刘秀为了表彰家乡之盛，诏撰了《南阳风俗传》，而所记内容，也是从地方人物、风俗、山川、物产逐步扩大，逐渐充实完备的，这么一来各地纷纷仿效。值得注意的是，作者总结性地指出："郡国之书，由是而作。"这就是说，地方性的郡县著作，从这个时候便开始了。这是正式的史书记载。令人不解的是，方志学界还有人直至今天仍对它视而不见，还是抱着某部书去大谈方志起源，这无疑是闭着门在搞文字游戏！方志起源于两汉地记是确切无疑的，因为这种著作形式是应当时社会的需要而产生并得到广泛的发展，尤其是魏晋南北朝时期，门阀制度盛行，世家大族为了标榜门第郡望，自然就要制造舆论，地记就成为他们所需要的最好形式，因为它既可以美化自己所需要鼓吹的人物，又可以显示自己郡望优越于他处。所以我在《方志学通论》中说："谱学和地记，都是为了维护世家大族利益、巩固门第制度而形成的两种史学方式，它们产生的社会条件和肩负的任务都是一致的，都是世家大族所建立的庄园经济在意识形态上的反映。"

到了隋唐时期，方志的发展便进入第二阶段——图经的发展与繁荣。这个变化绝不是出自哪个个人的意愿，而是适应巩固大一统局面、加强中央集权的要求而变的。隋统一以后，将地方行政机构由州、郡、县三级制改为州、县两级制，一则加强对地方的统治，再则改变东晋以来在南方设侨置州郡的混乱情况。因此，中央政府需要了解的是它究竟掌握多少州县，每个州县有多少土地，多少人口，有哪些物产等等，自然要各地详实报告，这就是图经取代地记而发展的真正原因。有人说图经起源于地记，这是不正确的，因为文献记载，图经在东汉时已经出现了，只不过当时社会不那么需要而未能得到大量发展。由于隋唐时代的图经没有一部完整地流传下来，所以图经究竟是什么样的，说法也就不一。有的学者说"最早的图经是以图为主"，我认为未必如此，此说不仅与有些史料记载不相符合，而且与敦煌图经残卷亦不相符合。其实这种著作，就是在卷首绘制各类图形而已，诸如疆界区划图、城邑图、山脉河流图、物产分布图等等，主要还是文字说明，称之经。敦煌图经残卷全是文字，未留一点图的痕迹就是明证。至于图经的内容，我想还是用五代后唐尚书吏部侍郎王权的奏章内容来说明："宜令诸州道府，据所管州县，先各进图经一本，并须点勘文字，无令差误。……其间或有古今事迹、地理山川、土地所宜、风俗所尚，皆须备载，不得漏略。"(《五代会要》卷15《职方》)虽然只有四句话，包含内容却相当广泛。至于它的价值，从现有史料记载来看，也绝不仅仅是为最高统治者用来了解各地郡县分布、山川形势、各地物产和风俗民情服务，而且在军事上价值也很重要，尤其是边远地区的图经。而对于长途远行者，又可作为旅途指南，依靠它确立行程。更为有趣的是，许多文人墨客在游览山川名胜时，往往借它作导游之用。可见图经的价值并不像人们想象的那样单一。

历史发展进入宋代以后，方志的发展进入了第三阶段——定型阶段。因此，宋代的方志发展，在整个方志发展史上，具有划时代的重要意义，它起着承前启后、继往开来的作用。内容日益充实、体例不断完善、名称趋于统一，从各方面看都已基本趋于定型。这与宋代学术文化繁荣有很大关系。当时讲学风气盛行，各地书院林立，学派之间相互交流和竞争，都直接间接地影响着方志的发展。尤其是许多著名学者参与方志的编修，是促使方志逐步形成著述体例的重要因素。他们编修方志非常注意内容的实用价值和体例的不断完善，这对于加强方志的学术性、提高方志的生命力、扩大方志在学术界的影响有着直接的关系。如将纪传体史书编纂体例引入方志，正是从宋代开始。我们今天新方志编修所采用的"志书体"，实际上就是从这种史体演变而来。历经元、明、清三代，方志在内容与编纂上仍有不同程度的发展，特别是到了清代，我国封建时代修志事业进入全盛时期，不仅所修志书数量超过以往任何一个朝代（今天留下的八千多部志书中，清代占五千七百部左右），而且乡镇志、山水志、寺院志等都比明代发达得多。尤其是对修志理论的探讨，更引起人们的重视，产生了不同派别，以至最后使方志发展成为一门独立学问——方志学，而章学诚则是这门学问的奠基人。

80年代以来，由于我们国家出现了"政通人和，百废俱兴"的局面，因而在中华大地上很快掀起了声势浩大的修志热潮。经过近二十年的努力，新中国第一届修志工作即将胜利完成。然而令人遗憾的是，方志理论研究工作却大大落后于修志发展的形势。不仅如此，而且出现了一些奇谈怪论，有人说修志"存史、资治、教化"六字功能已经过时了，"据事直书"今天已经不适用了，"横排竖写"是方志的"特点"等等。还有不少论著将历来公认的舆地著作如《元和郡县志》、《太平寰宇记》等都列入方志行列，诸如此类，甚是不少。为此，我于1994年在《中国地方志》第一期发表了《对当前方志学界若干问题的看法》，对十三个问题提出了自己的看法。我想，要搞好方志理论研究，首要任务是读书，读史书，读理论，读方志发展史，读前人方志论著，读今人修志经验，做到融会贯通。这就是我四十年与方志打交道最重要的一点体会。

（原载《文史知识》1998年第4期。收入《仓修良探方志》）

《史家·史籍·史学》自序

我从事史学史的研究已经整整四十年了。四十年来，我一直坚持在这块园地里耕耘，一切研究都在这块园地范围之内。方志学和谱学都是史学发展中所产生的分支，都是随着史学的发展而产生和发展起来的。有位史学界老前辈在有关魏晋南北朝史论著中就曾说过，谱学和地记（方志初期阶段），是为了维护世家大族利益、巩固门第制度而形成的两种史学方式，它们产生的社会条件和肩负的任务都是一致的，都是世家大族所建立的庄园经济在意识形态上的反映。因此，它们也都理所当然地成为我研究的对象。正因为我研究的都是关于历史学家（或方志学家）、史学著作和史学发展的方方面面，于是，奉献给读者们的书名便题为《史家·史籍·史学》。

我对章学诚的研究亦几乎持续了四十年之久。从研究史学史以后，就一直以他为主轴而向外辐射，因为他不仅是位杰出的史学评论家，而且又是我国方志学的奠基人，他在文学、哲学、校雠学、谱学等方面亦多有建树，在我国封建社会里，他的史学理论与刘知幾齐名，按白寿彝先生所说，他的史学理论比刘知幾还要高一个层次。但是他的一生非常坎坷，而死后又一直被人所冷落，使我很同情；他的品德非常高尚，使我很敬佩；他的治学精神非常认真，使我很感动；他的敬业精神和学术贡献，又使我非常推崇。他的一生"不作违心之论"，"生平惟此不欺二字，差可信于师友间也"。他四十一岁方才考取进士，九年后的冬天，"已垂得知县"，可是为了自己所爱好的文史校雠之业，又决计舍去。若从生活考虑，一个知县养家糊口自不成问题，然而一旦做了县官，自己所好之文史校雠将如何处置？经过比较，他最后还是弃了县官之位，以继续自己的文史校雠之业。仅此两点，今天能有多少人可以做到？由于他所从事的是文史校雠之业，因而就养成了"好辩"的习惯，当然也就得罪了许多人，以致死后也得不到公正的评论，直至新中国成立后，也未得到改变。诚如美国斯坦福大学教授倪德卫在其所著《章学诚的一生与思想》一书中对中国学术界许多人指名道姓所作的批评："他们有的只是认识到章学诚学术的一部分，有的甚至误解。章氏一直没有被很好地理解，对大多数人而言，章氏只是一个有学问的人，而不是一个需要认真研究的思想家。"这个批评，自然值得我们很好地思考。对于章学诚，我曾写过一系列文章，其中有多篇是为其辩白。有人说章学诚由于在考据上斗不过戴震，所以就拼命贬低戴震，为此我写了《章实斋评戴东原》，指出章学诚对戴震是褒大于贬，那种贬低说法是毫无根据的，况且，在当时真正认识戴震学术价值之所在的正是章学诚；有许多人对章学诚的"六经皆史"说产生误解，我则写了《也谈章学诚"六经皆史"》，说明章学诚当时论述"六经皆史"说的社会意义；有人说章学诚不是浙东学派（史学）的成员，我便写了《章学诚和浙东史学》，指出章学诚是名副其实的浙东史学殿军；有的学者认为章学诚所提出的"史德"，已经包含在刘知幾的"史识"之中，我又写了《"史德"、"史识"辩》一文，指出"德"与"识"属于不同概念，"德"是指行为规范、道德品质，"识"则是指对历史发展、历史事实、历史人物是非曲直的观察、鉴别和判断能力。众所周知，伟大的史学家司马迁曾提出过"究天人之际，通古今之变，成一家之言"的豪言壮语，此后漫长的封建社会中就不再看到有历史学家提出"成一家之言"的要求。我从章氏两篇佚文中发现，他竟也曾提出要"成一家之言"的目的，由于佚文长期未被学者们看到，所以我又写了《章学诚的"成一家之言"》，指出他要成一家之言的途径与司马迁全然不同，他要通过自己的文史校雠而达到此目的。我们也很高兴地告诉读者，他这个目的是完全实现了。

  曾有朋友这样对我说，由于我长期对章学诚的著作进行研究，因而章氏治学精神中的某些特点也影响了我，如"善于辩"。这自然是客气的说法，说白了不就是"好辩"吗？记得十多年前，有个刊物的编辑同志正是冲着我这"善于辩"而要我给他一篇稿子。我认为，从做学问的角度来看，"好辩"未必是件坏事，对学术界的历史悬案提出自己不同的看法，对学术界争论而有意见分歧的问题提出自己的看法，对别人研究的结论不同意而提出自己不同的看法等等，通过辩论搞个水落石出，有什么不好呢？大家不都是承认真理是越辩越明的吗？做学问本来就是要能发现问题，然后去解决问题，否则老是去作无病呻吟的文章，到底有何价值？我十分坦诚地承认，我在做学问过程中每遇问题确实"好辩",一定要打破砂锅纹(问)到底,这不仅表现在对章学诚的研究方面,而且表现在我做学问的全过程,只要遇上问题,总想参与争论。因为我相信,只要本着坚持真理、修正错误的精神,通过学术争论和讨论,可以达到促进学术交流、推动学术发展的目的。如由黄宗羲创立、全祖望完成的"学案体",是我国封建社会历史学家所创立的最后一种史书体裁,但自诞生以后,一直未得到学术界应有的重视。海外有些学者却先后发表不少文章,但是,他们着眼点偏重于从学术思想史内容去找源流,很少考虑这种"学案体"的结构组成,因而把《庄子·天下》、《荀子·非十二子》、《淮南子》等一一罗列,不是从历史编纂学角度进行研究。而美国一位学者仅从"学案"这个名字来探源,因而把明万历年间刘元卿所作《诸儒学案》看作是学案体的首创。为此,我先后写了《要给学案体以应有的历史地位》、《黄宗羲与学案体》、《历史学家黄宗羲》等文,明确指出,学案体史书是属学术史,但是,所有学术史著作未必都是学案体,因为作为一种史书体裁的学案体是由几个特定成分组成的,正像纪传体史书一样,单独的人物传,谁也不会承认它是纪传体。而那种在分类上把学案体附在传记一类的做法也是很不妥当的,因为这种史体与人物传记绝不相同。

对于司马光和《资治通鉴》,我原拟撰写一系列文章,后发现许多学者都在作专门研究,从而放弃了此打算。因为我研究问题还有个习惯,即人弃我取,人取我予,多研究一些被人冷落的史家和史著。但是对于司马光和《通鉴》,我还是发表了一组和别人商榷的文章。在庆祝中华人民共和国成立三十周年时,我校举行了大型学术讨论会,还邀请了京沪等地学者前来参加。当时我写了一篇《〈资治通鉴〉编修的全局副手——刘恕》,副标题是《兼谈〈资治通鉴〉编修分工的几个问题》。关于《通鉴》的编修分工,在20世纪60年代曾因翦老(伯赞)一篇文章引起过争论。对这个历史悬案,我也想谈点看法。不料前来参加学术研讨会的一位北京来的学者,在看了拙稿后以非常快的速度在某刊物发表一篇文章,以讥讽挖苦的口气对拙稿进行批评。学术讨论和批评,应当本着与人为善的态度,这是最起码的常识和道德规范,即使别人错了也不能讥讽挖苦,何况我并没有错。本着"来而不往非礼也"的原则,我自然要写一篇答辩文章,我发现这位先生的错误在于对司马光给刘恕的那封信理解有误,我想还是一道来读一下这封信吧,于是便写了《读司马光〈贻刘道原书〉》，文章本着心平气和地说理，而不是你来一枪，我必回敬一刀的态度。我认为学术研究中的争论，必须平等相待，以理服人，决不允许盛气凌人，只要双方把司马光这封信都理解正确了，问题自然就会迎刃而解。后来我又写了一篇《〈资治通鉴〉编修分工及优良的编纂方法》，较为详细地论述了在《通鉴》编修过程中，刘恕、刘攽及范祖禹三人的分工及主编司马光本人所做的工作。司马光是封建时代一位正直的历史学家，但是也曾有位先生写了文章批评司马光在其著作《资治通鉴》中有曲笔现象，我拜读后深感并非事实，于是就写了《从〈通鉴考异〉看司马光的求实精神》，目的在于告诉大家，司马光编修《通鉴》，凡所征引的材料，大多经过考证，往往一事而用三四种史料纂成。他曾作《通鉴考异》三十卷，目的就是把史实的取舍经过全部告诉大家，他所编写的史书，都是有根有据，若有疑问，有《考异》备查。这就说明他作史光明磊落，不怕别人挑剔，这种做法还是前无古人的。针对有的著作说司马光是位宿命论者，我也持不同看法，因而又写了《司马光无神论思想剖析》一文。可见我对司马光所写文章，大都出于对有争议问题发表自己的看法。

　　针对方志学界有些人把《越绝书》说成是地方志，我曾写了《〈越绝书〉是一部地方史》，从著书宗旨、著作体例、编纂形式、记载内容等多方面论述了《越绝书》只是一部地方史，而绝不是地方志。文章发表后，新华社还发了消息，中央人民广播电台在早间新闻里作了广播，《人民日报》（海外版）、《光明日报》、《解放日报》等多家报纸分别以不同的标题加以转载。文章附带讲了该书应成书于战国后期，其作者自然就不是袁康、吴平了。其实此说宋人陈振孙和近人余嘉锡都早已提出，可惜没有引起学术界的重视。后来为了替周生春先生《吴越春秋辑校汇考》一书作序，不得不再与《越绝书》打交道，因为两书内容有其互补性，历史发展使它们似乎如同姊妹篇了。在研究过程中，尤其看到《吴越春秋》作者赵晔，不仅正史《后汉书》有传、地记《会稽典录》中也有记载，而且将他与王充相提并论，视为当时会稽学界的代表人物，而历代谈论或记载《吴越春秋》时，也必然提到赵晔，这本是理所当然之事。再按此道理来查被杨慎誉为"百年一贤"的袁康、吴平，自东汉至明中叶前，竟然蛛丝马迹全无，于是使我感到这两人全然不像历史人物，实际上乃子虚乌有。于是便写了《袁康、吴平是历史人物吗？》，副标题是《论〈越绝书〉的作者》，指出袁康、吴平历史上并无其人，乃是明代中叶学者杨慎所臆造的人物，既然是假的，就不应该让其继续蒙骗我们子孙后代了。鉴于浙江方志学界至今还有人大力宣扬《越绝书》是最早的地方志，我当然不得不再作辩论，特写《〈越绝书〉散论》一文，对该书的性质、作者、归属、内容、书名等一并加以论述。文中指出，学术研究，存在意见分歧乃是正常现象，但是在讨论中必须本着坚持真理、修正错误的原则，当别人已经指出你的看法是错误时，理所当然地应当审视自己的观点和结论，真的错了就不必惋惜而必须果断放弃，若是觉得没有错，则应当勇敢地进行辩论，千万不要做失理也不饶人的"你打你的，我打我的"人物。笔者那篇文章发表已经八年，从未见到有辩论文章，然而坚持认为《越绝书》是浙江最早的地方志的文章却从未间断，这显然是很不正常的。文章对袁康、吴平不是历史人物又作了进一步论述，同时指出炮制这两个臆造人物的杨慎，竟是一位"制假老手"，所作伪书甚多，《四库全书总目提要》都有揭露。文中特别对归属问题作了论述，因为《越绝书》向来被看作浙江最早之史籍或方志，从未有人提出过疑义，可见习惯势力影响之深远。书中明明讲了，这是吴、越两国贤者所作，所记内容又分明是吴、越两国之事，并且几乎各占其半，以今天而言，显然应当是江、浙两省所共有，并非浙江独有。在科学研究上，一是一，二是二，来不得半点客气好讲。多年来一笔糊涂账，应当讲讲清楚。

我国历史悠久，产生过许多有作为、有贡献的历史学家，但是，长期以来，研究总是集中在一些大家身上，而有很大一批史学家一直被冷落，有的至今尚鲜为人知。为此，我早就有过想法，要拿出一定的时间和精力，对这些史家逐个加以研究，让他们的事迹和贡献，也能够得到发扬，而不至于长期被埋没下去。如应劭的《风俗通义》，是一部内容非常丰富的学术著作，无论是内容还是见解，都有很高的学术价值；常璩的《华阳国志》，保存了方志早期阶段地记的许多著作形式，因此，它成为研究地记的内容与形式不可多得的著作；颜师古一生为《汉书》作注作出了巨大贡献，成为班固之功臣；郑樵以一个人的力量编著《通志》，但长期以来却一直得不到公平的论述，直到清代章学诚才出来为之讲公道话；洪迈的《容斋随笔》，是一部内容非常丰富的笔记，许多史学观点都很有见地，因毛泽东同志晚年读了此书，所以一段时间里一度成为热门书；胡三省是一位爱国史家，他以一生精力为名著《资治通鉴》作了详注，为后人研究《通鉴》提供了方便；明代王世贞，长期以来一直以文学家著称，其实他还是一位有很大贡献的历史学大家；与王世贞同时的胡应麟，是位杰出的辨伪学家，他撰述了我国首部辨伪学专著《四部正讹》，是我国辨伪学的奠基人；明末清初的历史学家谈迁，以一个人的力量编著了长达400万言的明代编年史，一稿被盗后，已经年过半百，强忍悲愤继续再写，其精神实在感人至深；顾祖禹的《读史方舆纪要》，清初称为海内三大奇书之一；全祖望曾替黄宗羲完成《宋元学案》这部学案体宋元学术史，并使这种学案体得到完善；万斯同、邵晋涵都是"浙东学派"重要成员；赵翼的《廿二史札记》乃是读史入门之作……如此等等，都吸引着我花了时间和精力进行研究，可与读者共同享受此中之乐趣。

  方志学是我研究的重点内容之一，与史学研究同步进行，因而收到相得益彰的效果。因为方志既然是史学发展的一个分支，是随着史学的发展而产生发展起来的，那么要研究它的产生和发展，就必须把它放到史学发展的长河中进行探索，才能正确找出产生的原因，发现每个阶段不同的特点。可是，许多研究方志起源的文章，有一个特点就是脱离社会发展条件，抛开政治、经济、学术文化等重要社会因素，孤立地仅就某部书坐而论道，大谈方志起源，因而起源于《周官》说、起源于《禹贡》说、起源于《山海经》说等等，甚至直到现在，这些说法从未中断。为此，我早在80年代就先后发表了《论方志的起源》和《再论方志的起源》等文章，指出马克思主义经典作家早就讲过，一定的学术文化是一定的政治经济在观念形态上的反映，同时又反转过来作用并影响一定的政治和经济。因此，个同时代总要出现为这一时代服务的学术文化思想体系、学术流派及相应的各种学术著作，这就是人们常说的文化反映论。我正是用这种观点，建立起自己在中国古代史学史研究上的思想体系。研究方志自然也离不开这个观点，我照此办理，很快摸清了方志的起源和发展规律。大量史籍记载说明，方志的名称，较早时候，史家都称之为"郡书""郡国之书""郡国地志"等，这就表明，它是记载以地方行政区划郡县为范围的一种著作。后来的发展，也正是沿着这样的道路，所以随着行政区划的变更，就有府志、州志这一类名称。既然如此，我国郡县制度是在秦始皇统一六国后才在全国确立推行的，而在郡县制度未确立之前，自然就不可能产生反映这种制度的著作，否则将是不可思议的。因此，春秋战国时代不可能产生这种著作，西周当然就更不必说了。根据我国秦汉以来社会发展概况的研究，我们得出结论——方志是起源于两汉地记。况且史书对此也早有确切的记载，令人不解的是，许多人也都知道这些材料，就是视而不见，避而不谈。《隋书·经籍志》"杂传类"小序曰："后汉光武，始诏南阳，撰作风俗，故沛、三辅有耆旧节士之序，鲁、庐江有名德先贤之赞。郡国之书，由是而作。……推其本源，盖亦史官之末事也。"这段文字说明，地记这类著作，还是由统治者所提倡而开始的，光武帝刘秀，为了宣扬自己的家乡，诏撰了《南阳风俗传》，这么一来，各地纷纷仿效。值得注意的是，作者总结性地指出："郡国之书，由是而作。"这就是说，地方性的郡县著作，从这个时候便开始了。这就是我们今天所讲的地方志初级形式，这种地记在魏晋南北朝时期十分盛行。到了隋唐时期，由于社会政治、经济等方面发生了变化，图经遂取代了地记而行使其历史使命，方志发展便进入了第二阶段。直到宋代，方志才逐渐定型，成为今天大家比较熟悉的地方志。这就是方志发展的第三个阶段。可见方志是有自己的发展历史及发展规律的，特别是三个阶段皆有自己不同特点。至于为什么在发展不同阶段会出现不同名称，可以说从来无人问津，似乎各种名称都是理所当然，并无研究之必要。事实上方志既然是独立的一门学科，自然也就有其自身的发生、发展规律，离开社会条件和时代精神而去研究特点和规律是不可能的。只要大家稍作留意，就可发现地记、图经和成型方志固然有其明显的区别，即使是成型后的方志，亦都带有不同程度的时代烙印。正像我们今天所编修的新方志一样，它必然反映在内容、体例等各个方面。以上所述，尽管在拙著《方志学通论》中都有详细论述，但是由于种种原因，能够看到此书的人并不多，所以特别撰写了《方志学概述》一文。由于方志学是我研究的重点内容之一，当然，对于方志学界的情况我不仅要了解，而且也参与许多修志活动，特别是新编志稿评议会、新修方志首发式等，从80年代开始修志以来，从未中断过。从中我吸取了不少新的养料，加之看了许多已出版的新修方志，也发现不少问题，应当引起注意，以便及时修正。如许多新修方志过分强调了经济部类，而削弱了其他内容；1992年5月我查阅过的229部新修方志中，有半数以上的方志将"艺文志"砍掉了；民国时期的内容不仅很少，而且有的还把民国时期的政府机构放到附录中去了；许多新方志序很多，成了排位子、拉关系的装饰品，三序四序不足为奇，有的竟达七八序之多；方志本是资料性著作，有的则大谈宏观，大讲规律；等等。这些问题的出现，又与方志理论研究工作者的误导有着密切关系。不仅如此，而且出现了一些奇谈怪论，有人说修志中"存史、资治、教化"六字功能已经过时了，"据事直书"今天已经不适用了，有的还编造出"横排竖写"是方志的"特点"，等等。还有不少著作将历来公认的舆地著作如《元和郡县志》、《太平寰宇记》等也都列入方志行列，诸如此类，甚是不少。为此，我先后写了《对当前方志学界若干问题的看法》、《章学诚方志理论的三大来源》、《如何写好新修方志人物传》、《新修方志中艺文志不可少》、《新修方志特色过眼录》等文。写这类评论文章，要批驳错误的观点，势必牵涉到人，甚至可能得罪一大片。但考虑到事关新一代方志编修的质量，又关系到社会主义新方志理论的建设和发展，如果连这点胆量和精神都没有，还谈什么做学问呢？相信广大修志工作者和方志界同行也定会理解的。

谱牒文献同样是我国文化遗产中一个重要组成部分，可以为研究我国封建时代的历史与文化提供许多无可替代的重要史料。可是新中国成立后，由于"左"倾思潮的影响，这门学问的研究几乎处于停滞状态，谱牒被认为是封建地主阶级的家谱，毫无疑问属于封建糟粕，几乎无人敢于问津。然而在海外，如美国、日本的许多汉学家，却一直在收藏、整理和研究谱牒，台湾不少学者也一直在研究，还每两年举行一次族谱研讨会。80年代以来，大陆有些学者也开始着手研究，陆续发表一些论文，这是可喜的现象。但我在阅读海内外学者一些论著时，却发现了不少问题很值得商榷。如有的把谱学直接说成是家谱学，这显然是不妥当的；有的离开时代条件来谈谱学的产生；有的把西周铜器铭文上的世系表说成是私家之谱，把司马迁《史记》中的《太史公自叙》和班固《汉书》中的《叙传》都一律说成是"自叙家谱"；有的相信并宣扬某些家谱中将传说中人物作为自己的始祖的说法；更有许多文章将某些家谱中伪造的历史，不作任何考证，就作为可靠的信史而大加宣扬，并且鼓吹是新发现等等。为了澄清什么是谱学及其产生、发展诸问题，特写了《试论谱学的发展及其文献价值》、《论谱学研究中的随意性》等文章。这些文章自然又都带有辩驳性质。写到这里，深深感到学术评论之不易，文学、史学如此，方志学、谱牒学又何尝不是如此呢！以此书奉献给广大读者，希望能有更多的朋友从事于学术评论工作，使史学史、方志学和谱牒学研究的理论水平都能大大得到提高。

回顾自己的研究历程，有两点体会：第一，做学问从来不赶风头，因为风向是常在变动的，永远也赶不上。章学诚说得很有道理，做学问必须专心致志，切忌随波逐流，要能做到"世之所重，而非吾意所期与，虽大如泰山，不遑顾也；世之所忽，而苟为吾意所期与，虽细如秋毫，不敢略也。趋向专，故成功也易；毁誉淡，故自得也深"（《文史通义新编》外篇三《与朱沧湄中翰论学书》）。这些都是经验之谈，做学问必须按照自己的志趣、爱好和条件去努力，千万不可见风使舵，以趋时尚，否则就很难把自己研究的问题深入下去。第二，从不贪多，一切围绕着自己的研究中心做文章，因为一个人的精力有限，这里不妨再引章学诚话来说明，他告诉大家："大抵文章学问，善取不如善弃。天地之大，人之所知所能，必不如其所不知不能，故有志于不朽之业，宜度己之所长而用之，尤莫要于能审己之所短而谢之。是以舆薪有所不顾，而秋毫有所必争，诚贵乎其专也。"（《文史通义新编》外篇三《与周次列举人论刻先集》）这就是说，要想在学术上做出成就，没有这种"善弃"的精神是很难想象的，因为人的精力有限，不分主次地样样都研究，结果将是样样都研究不好。所以必须尽量发挥自己的长处，珍惜光阴，刻苦奋斗。有的青年朋友问我，既要研究史学史、文献学，又要研究方志学、谱牒学，精力是否分散。我回答说，看起来确实是好几门学科，但它们之间却是互相关联的，况且都是同出一源，方志学、谱牒学本来就是史学的两个分支，研究起来往往可以起到互补的效果，因而都无须另立门户去研究。对于应酬之类文章，我也并非一概拒绝，而是往往借应酬文章来发表自己的观点和看法。但是，若与研究范围无关，又不能借题发挥，则一律不写，可以说毫无客气余地，只有这样，才能保证自己研究正常进行。

我与山东教育出版社交往已经有十八年之久，称得上是老朋友了。他们已经出版了许多影响很大的学术著作，因而已是国家出版总署公布的全国优秀出版社之一。我已先后在此出版过《中国历史文选》、《中国史学名著评介》、《史记辞典》和《汉书辞典》等。承该社领导的厚爱，又为我出版这部著作；责任编辑温玉川编审，在编辑出版此书中付出了辛勤劳动。对于他们的深情厚谊，我由衷地表示感谢和敬意！

最后，热忱地希望史学界、方志学界同仁和读者朋友对本书批评指正！

1999年6月7日序于浙江大学寓所

（原载《史家·史籍·史学》，山东教育出版社2000年版。收入《独乐斋文存》）

《史志丛稿》序

1999年12月，张世林先生主持编写的《学林春秋》正式出版了，共邀请全国128位专家学者撰写各自的治学经历，其目的是"请他们把自己宝贵的治学经验总结并记录下来"。全书按年龄先后排定次序，将80岁以上学者编入《初编》，共收入44篇；70岁以上学者编入《二编》，共收入41篇；60岁以上学者编入《三编》，共收入43篇。通过这样的做法，把他们的"治学经验和体会一并及时地记录下来，庶几总结20世纪中国学术发展史时，便可留下一批真实可靠的第一手资料"。《初编》中的前三篇是金景芳先生的《我和先秦史》、钟敬文先生的《我与中国民俗学》、顾廷龙先生的《我和图书馆》；《二编》所收的许多学者我都认识，如徐规先生（《我和宋史》）、卞孝萱先生（《我与唐传奇研究》）、章开沅先生（《我与辛亥革命研究》）。我当时也有幸被邀请撰写《我与中国史学史》，收入《三编》，编入此编的还有林甘泉先生的《我与土地制度史研究》、李学勤先生的《我和殷墟甲骨分期》、陈得芝先生的《我与蒙元史研究》，在当时来说，我还是名副其实的晚辈。很快15年就过去了，最近承浙江大学出版社领导的厚爱，将我多年研究成果中一些具有特色的文章集结为《史志丛稿》出版，在此自然还得向读者交代几句。既然治学的经验和体会在《我与中国史学史》中已经讲过了，这里我想和大家谈谈我的治学特点。

我一生中在做学问上，从来不跟风，不赶浪头，因为风向是经常在变的，真正搞研究，经常变换课题，是搞不出好的成果的。这是做好学问的前提。我在挑选研究课题时，第一个特点是"人弃我取，人取我与"，从不去争热门。众所周知，在史学研究领域，"前四史"向来都是大家研究的重点，还有刘知幾和《史通》，也都早有人研究。开始时，我打算对司马光和《资治通鉴》深入研究，也确实写过《〈资治通鉴〉编修的"全局副手"刘恕——兼谈〈资治通鉴〉编修分工的几个问题》、《读司马光〈贻刘道原书〉——再谈刘恕参加〈资治通鉴〉编修的几个问题》、《从〈通鉴考异〉看司马光求实精神》、《〈资治通鉴〉编修分工及优良的编纂方法》等多篇文章。后来发现有多位先生都在研究司马光，有的已计划撰写司马光评传，于是我就放弃将此作为今后的重点研究课题，另外考虑其他选题。后经过多方调查和研究，最终选定章学诚和《文史通义》作为自己长远的重点研究课题。因为章学诚长期以来不仅没受到人们的重视，而且还受到非常不公平的评论，加之章学诚又是浙江人，作为乡土人物，也该重点研究。当然，最重要的还是想为其鸣不平，关于这点，后面我会详细叙述。

我在做学问过程中的第二个特点，是希望自己花点时间，对那些曾在历史上作过贡献的历史学家作些研究和发掘，不要让他们的贡献一直埋没而无人知晓。因为我国历史悠久，产生过许多有作为、有贡献的历史学家，但是长期以来，研究总是集中在一些大家身上，而有很大一部分史学家一直被冷落，有的至今尚鲜为人知，其中我最早发掘的便是明代大史学家王世贞。众所周知，此人乃是明代文坛上的文学大家，是"后七子"的领袖。也正因如此，长期以来，他在史学上的贡献被掩盖而无人知晓。我也是在一个偶然的机会中才发现他。新中国成立前，我的一位姨祖父曾做过私塾先生，家中不仅有四书五经，还有一部"光绪己亥（1899）长夏"上海富文书局石印的《王凤洲纲鉴会纂》，全书46卷，早年我曾确信为王世贞所编纂，这就引起我去查阅王世贞的其他著作，从而发现了《弇山堂别集》。从书名看，有些像文集，其实它是一部记载明代历史的史学著作。因此，我在1983年出版的《中国古代史学史简编》中就已经将它列入，当时是这样介绍的："是他编撰纪传史的一种素材，它是史书而不是文集。"1991年，我在中华书局的《书品》第3期发表了《莫把史书当文集——读王世贞〈弇山堂别集〉》。后来我又在《文献》上发表了《明代大史学家王世贞》。从此，新出版的中国史学史著作有了王世贞一席之地。

在明代中叶与王世贞同时的还有一位学问渊博的学者胡应麟，在文学、史学诸方面都有所建树，而他在学术上的最大贡献，则是撰著辨伪学专著《四部正讹》，从理论上较为系统地论述了伪书产生的原因及辨别伪书的方法。可以这样说，这部书的产生，为我国辨伪学的建立奠定了基础，无论对史学、文学的研究还是古籍的整理都是功不可没。

明清之际，由于社会的变动，产生了一大批野史著作，其中许多成果内容丰富，史料价值很高，对于研究这个时期的历史有着无可替代的作用。如历史学家谈迁，以一个人的力量，编著了多达400万字的明代编年史《国榷》，第一稿被盗后，已经年过半百的他，强忍悲愤继续写成，其精神实在感人至深。全书104卷，加上卷首4卷，共108卷，仅从该书卷1到卷32的引书来看，参考明人著作就达120多种，确实做到广征博引、翔实丰富。

而以文学家著称的张岱（1597—约1689）亦以27年时间，编著了明代纪传体史书《石匮藏书》220卷，记载自洪武至天启的历史，他自称此书编写曾"五易其稿，九正其讹"。康熙初年，谷应泰提督浙江学政，编写《明史纪事本末》，他在此得见崇祯朝邸报等材料，遂补撰成崇祯及南明历史，成《石匮书后集》63卷。此外，查继佐的《罪惟录》等，也都是很有价值的野史，我先后都将其写入书中。至于明代以前的那些著作，就不再一一罗列了。

我在做学问中的第三个特点，就是具有争辩性，而所写的文章大多也具有这一特点。曾有朋友对我说，由于我长期对章学诚进行研究，因而章氏治学精神中的某些特点也影响了我，如"善于辩"。这自然是客气的说法，说白了不就是"好争辩"？我倒认为，"好争辩"未必是件坏事，对学术界的历史悬案提出自己的看法，对学术界有意见分歧的问题提出自己的看法，对别人的研究结论自己有不同看法等，通过辩论搞个水落石出，有什么不好呢？做学问能发现问题，去解决问题，就是要通过分析辩论。我在研究好多问题上都是这么做的。我最初确定将章学诚作为重点研究对象，也就是从这一点出发。章学诚一生非常坎坷，由于他从事文史校雠之业，因而形成了"好辩"的习惯，当然也就得罪了一些人，以致死后也得不到公正的评论，直至新中国成立后也未得到改变。当然，我将他作为研究重点，目的自然就是为其辩护，为其辩诬，这样做在当时来说，还有一定风险。因为史学界最大权威人物陈垣老校长，长期以来一直把章学诚说成"乡曲之士"、"读书不多好发议论"的人，所以大家一直都避开。可是根据我的研究，这都不是事实。于是，我就冒天下之大不韪，还是进行研究。有人说章学诚在考据上斗不过戴震，所以就贬低戴震，我便写了《章实斋评戴东原》，指出章学诚对戴震是褒大于贬，在当时真正认识戴震的学术价值的也只有章学诚。接下来，我有针对性地写了《也谈章学诚"六经皆史"》、《章学诚和浙东史学》等一系列文章。后来接到匡老（亚明）主持的中国思想家研究中心来信，约我撰写《章学诚评传》，于是便欣然应命，并约叶建华同志和我共同撰写。我们在这部评传中对章氏在中国古代学术文化史上的贡献和影响，作出了实事求是的评价。同时书中也不回避矛盾，敢于旗帜鲜明地提出自己的学术观点，与各种不同看法展开争论，诚如南京大学中国思想家研究中心为本书所写书稿评审意见中所说："本书稿具有很大的争辩性"，"直到现在还有人把章看作'乡曲之士'、'读书少的人好发议论'。基于此，本书稿在突出主体思想的同时，常为章氏辩诬，如章氏的'六经皆史'说与王守仁相比，其说新在何处，章氏批评戴震是不是坚持宋学，是否就是章氏'六经皆史'之糟粕，章学诚是对我国学术发展起着重要影响的学问家和思想家还是'乡曲之士'及'读书不多而好发议论'的人等等，本书稿皆以先人和时人的观点为对象，以章氏本人著作为根据，参照有识之士（包括外国人）的论述，给予有力的辩驳。所以读本稿能够闻到章氏本人所持有的'好辩'的气息"。这就说明我研究章学诚要为其辩诬的愿望，在这部评传中已经实现了。

其实，在我发表的许多论文中，还是以争辩性内容居多。就以对司马光和《通鉴》的研究来说，所写五篇文章，全部都是与别人争辩的。如《〈资治通鉴〉编修的"全局副手"刘恕——兼谈〈资治通鉴〉编修分工问题》，刘恕是三大助手中的关键人物，所谓"全局副手"，相当于今天的副主编。三个人收集资料，编写长编，都是有分工的，可惜正式文字记载并未见到，所以长期以来常有争论，我这篇文章也想谈谈自己的看法。这篇文章是为我校举行的为庆祝新中国成立三十周年学术讨论会而撰写的，因为文中对王曾瑜先生《关于编写〈资治通鉴〉的几个问题》一文提出了几点不同意见，我的文章尚未正式发表，很快他又发表了《关于刘恕参加〈通鉴〉编修的补充说明》，对我提出的一些问题进行辩驳。我阅读以后，发现王先生的错误在于对司马光《贻刘道原书》理解有误，所以我很快又写了一篇《读司马光〈贻刘道原书〉——再谈刘恕参加〈资治通鉴〉编修的几个问题》。我在文中指出，王先生错就错在把信中的"前五代"误解为"后五代"，这样当然永远都解释不通，因为"前五代"指的是"梁、陈、齐、周、隋"，而"后五代"则是"梁、唐、晋、汉、周"。我的文章发表后，王先生看到了，自然就知道自己的错误所在。后来他在给我系一位老师写信时说，这一次小辫子被我抓住了。我对这位老师说，我从来不抓人家小辫子，也希望王先生以后与别人争论时要做到心平气和，以理服人，千万不要盛气凌人。

在这次争论中，我发现，对历史上唐以前还有"五代史"这个名称几乎很少有人知道，连一些宋史专家尚且如此，其他人自然也就可想而知了。所以有位中文系先生在文章中居然还反问道，唐以前哪来什么"五代史"？为此，我决定撰写一篇《唐前五代史和五代史志》，让青年人能知道唐前五代史是怎么回事。因为大家读过历史，都知道唐代以后有梁、唐、晋、汉、周五代历史，这是指五个朝代历史，而唐前"五代史"是因修五部史书而得名。唐初统治者很重视编修史书。贞观三年（629），唐太宗下令修梁、陈、北齐、周、魏、隋六代史书，后因《魏书》魏收已修过，故决定只修梁、陈、北齐、北周、隋五代史。贞观十年正月，五史修成，书奏进后，唐太宗十分高兴地说："公辈以数年之间，勒成五代之史，深副朕怀，极可嘉尚。"并对每位编修人员"进级颁赐各有差"。唐太宗已将这五部史书称为"五代之史"，于是唐朝人便将梁、陈、齐、周、隋五史合称"五代史"了。刚修成时，五史皆为纪传，全无表志，因而典章制度均无记载，所以贞观十五年（641）唐太宗又诏修《五代史志》，历十五年，到高宗显庆元年（656）完成，共10个志，30卷，开始是单独别行，称《五代史志》。它与"五代史纪传"相配合，因为是为五部史书合写的，因此很难分割，五史各自单行，而志在编写时，即按《隋书》的组成部分处理，加之"隋以五史居末"，后遂"编入《隋书》"，"专称隋志"，于是有些不知原委的人反而批评"隋志"在编纂上"失于断限"。所以我在这篇文章中，将这些内容的来龙去脉加以说明，希望青年读者以后不要再闹笑话。

我写《通鉴》的另一篇重要文章则是在为司马光辩诬。1980年《人文杂志》第1期发表了《评〈资治通鉴〉关于商鞅变法的论述》一文，副标题是《论司马光曲笔之一》。我读了以后，很想等一段时间再看"曲笔之二"是什么内容。我觉得"曲笔之一"所讲之事很难成立，而"曲笔之二"又迟迟不出来，于是我只好先写反驳文章，并且标题是针锋相对的《从〈通鉴考异〉看司马光求实精神》。众所周知，司马光在《资治通鉴》编修完成的同时，也编好30卷的《通鉴考异》，这在历史上是没有过的。在《通鉴》开始编修前，司马光对三大助手在选用资料上就有着严格的规定，这都是有文字记载的。而这30卷《考异》可以说是他与三位助手在资料选用上商量讨论的记录，从《考异》来看，所涉及的内容十分广泛，人名、地名、时间、事件都有考订。这就充分说明，他对于史料的取舍非常审慎，考订精详，体现了他在治史上实事求是的精神。我们没有任何理由说他写史曲笔！

对于司马光，我还写过一篇具有争辩性的文章——《司马光无神论思想剖析》。对于司马光在史学上的地位，史学界评论虽或高或低，但总体上都一致肯定他的贡献。至于他的思想，新中国成立以来，史学界评论几乎是全盘否定的，原因是他站在王安石变法的对立面，自然就是反动的，这就是当年评价历史人物的逻辑，没有第三种可能存在。现有的思想史无一例外地斥之为唯心主义、天命论。直到20世纪80年代出版的《中国通史纲要》一书还认定司马光"是一个唯心主义的命定论者"。其思想是否有可取之处，从来无人问津，总认为他在思想上没有什么长处可言。我认为这种评论未免失之过激。我当时就想打开这个局面，试图对司马光反对佛老、怀疑鬼神怪异的无神论思想略加剖析，为实事求是地评价历史人物探索一条道路，而不能老是"非正必反"。文章写好后，好多刊物都很感兴趣。上海有个刊物最早来信，希望给他们，但是要求将《中国通史纲要》一书书名去掉。这个要求我当然不会接受，若将该书名拿掉，那我讨论的对象不就没有了？明眼人一看就知道，他们是怕得罪权威，因为这部书是由白寿彝先生主编。对于这一点，我向来认为，对于老一辈学者要尊重，但是对于他们的学术观点和主张，有不同看法还是应当提出来讨论，否则学术还要发展吗？就如在上文中已经讲过，尽管我要替章学诚辩诬，但对陈老校长我照样非常尊敬。正在这段时间，东北师范大学学报编辑部主编颜中其先生来看我，得知此事后忙说，我们不讲任何条件，若给我们，会一字不动地全文照发，于是这篇文章真的就给《东北师范大学学报》发表了。我在这里不厌其烦地讲这么多，旨在希望当今各种学术刊物在发表文章时，首先考虑的是对祖国学术文化的发展，而不要眼睛只是盯着权威学者。

我在这篇文章中，讲了三个内容：第一个是司马光反对佛老；第二个讲司马光的丧葬理论非常了不起；第三个讲《资治通鉴》"不书符瑞"。关于司马光反对佛老，苏轼等人都早已讲了，君实"不喜释老"，因为司马光认为

"佛不能为人造福"。他在《通鉴》中对北魏太武帝、北周武帝及唐武宗三次反佛运动都记载得相当详细,他借北魏太武帝之口,指斥那些信奉佛教的君主为"信惑邪伪,以乱天常"的"荒君"。他记载了北魏胡太后"好佛事","民多绝户为沙门"。李瑒上书,指斥佛教为"鬼教","安有弃堂堂之政而从鬼教乎"!特别是对杰出的无神论者范缜和竟陵王子良那场辩论,叙述得更为具体而生动。他编修《通鉴》本以叙述简洁而见称,但在这里详细叙述双方论战,突出无神论者范缜富贵不能淫、威武不能屈的高贵形象,说明司马光对于范缜的言行绝不只是一般的同情,而是出于赞同的心情。如此详尽的记载,自然不是出于偶然。

众所周知,在封建时代,富贵人家对于丧事总是大操大办,可是司马光却提出"葬具不必厚,葬书不足信"。在他看来,丧葬就是埋葬死者遗体,使祖先遗体不暴露在光天化日之下腐臭,这是子孙应尽的一点义务,所以葬地只要高一些,土层厚一点,不致使坟墓被流水冲毁就好了。葬地无所谓吉凶,葬书所宣扬的一套迷信观念,司马光一概不信,"国之兴衰,在德之美恶,固不系葬地时日之吉凶","子孙岂可因以求福!"不管是君主还是老百姓,死了都不必择地卜日,徒耗财力。他还特地写了《葬论》一文,生动地介绍了他家族丧葬时不信葬书,不择葬地,改变传统的丧葬方式。我曾经提出过,《葬论》一文,即使在今天,如果将其公开发表,肯定可以起到良好的作用,因为这是一篇优秀的无神论杰作,可以起到破除迷信、节俭办丧事的作用。特别是今天社会上风水先生到处兴风作浪的时候,发表司马光《葬论》,可以起到针锋相对的作用。读过《通鉴》的人也许还知道,司马光在《通鉴》中还记载了梁昭明太子为求吉地葬母,其结果"求吉得凶"。司马光在文末评论说:"以昭明太子之仁孝,武帝之慈爱,一染嫌疑之迹,身以忧死,罪及后昆,求吉得凶,不可湔涤,可不戒哉!是以诡诞之士,奇邪之术,君子远之。"这个结论是司马光对世人的恳切规劝。

当然,我们也知道,在司马光的思想中还存在天命论思想,也就是说,天命论与无神论两种对立思想在司马光身上是同时存在的。否定司马光有无神论思想,判定他是天命论者是不公正的。我们怎能设想,一个天命论者却能旗帜鲜明地反对佛教,并能对世俗的葬礼作如此激烈的批判;我们怎能设想,一个天命论者在《通鉴》编写中能有勇气贯彻"不书符瑞"、"不语怪的原则，不期待老天赐福，而恳切规劝君主"修德"，要重视人事。我认为对司马光思想取其一，舍其二，必然有损于司马光思想的完整性。只有不回避矛盾，把对立的两种思想都加以研究，辨析哪一种占主流，才能把司马光的真实形象描绘出来，使我们看到历史人物复杂的内心世界，避免对历史人物评价上的形而上学弊病。像司马光这样复杂的人物并不少见，所以评价历史人物是带有普遍性的问题。其实，历史上的唯物主义者、无神论者都是不彻底的，他们或多或少包含着唯心的、迷信的思想，这与社会的发展、科学的进步程度有关。即使科学发展的今天，唯心论、迷信思想还是不可避免的，何况是古人呢？总之，我的意图是想为克服历史人物评价上形而上学的弊病试作一点努力。我认为，首先，要从人物的客观实际出发，从占有全面的史料出发，不要从主观的结论出发；其次，不要回避矛盾，要承认矛盾，在此基础上探求矛盾产生的原因，衡量矛盾的两方，何方为主导方面，这样做有利于克服片面主义，才能得出比较合理的结论。

为一本书而写争论文章最多的要推《越绝书》了。这部典籍全书篇幅并不多，而存在问题却不少。特别是其书不署作者姓名和成书时代，都成为后世研究者争论的焦点。加之万历《绍兴府志》卷58又异想天开地说"《地传》具形势，营构始末，道里远近，是地志祖"，于是后来浙江有些人便附和并直接将此书称为"地志之祖"。这么一来，"一方之志，始于《越绝》"便神话般创造出来。其实这本书全文具在，无论如何也无法把它说成是地方志。为此，我在1990年《历史研究》第4期发表了题为《〈越绝书〉是一部地方史》的短文，从该书著作宗旨、著作体例、编纂形式、记载内容等方面加以论述，指出这是一部地方史，而绝对不是地方志。文章发表后，新华社还发了消息，中央人民广播电台在"早间新闻"栏目里作了广播，《人民日报》（海外版）、《光明日报》、《解放日报》等多家报纸分别以《越绝书论述治国强兵之道》、《越绝书是战国时论述治国的史书》、《越绝书谈论治国强兵之道》等标题加以转载。为了一篇短短的学术论文，惊动了如此众多的新闻媒体，应当说还是不多见的，看来着眼点还是落在这部书的性质上面，因为从报道的标题可以看出，都肯定了这是一部研究当年治国强兵的史书，其影响之大可想而知。关于这部书争论的另一个问题就是作者是谁。由于此书在流传过程中未署作者姓名，因而成为一个悬而未决的疑案。直到明代杨慎用隐语析出为袁康、吴平二人。众所周知,析隐语如同考证,其结论非得有旁证方能成立,可是,杨慎始终未能找到旁证,当然不能成立,加之,从东汉直到明代,所有相关文献中也从未见过有此二人的记载。我经过仔细研究,于1997年在台湾《历史》月刊3月号发表了《袁康、吴平是历史人物吗?——论〈越绝书〉的作者》,指出历史上根本就不存在袁康、吴平这两个人。而值得庆幸的是,2003年上海古籍出版社出版的武汉大学李步嘉先生的《越绝书研究》一书中也提出"袁康、吴平不是人名"。令人遗憾的是,清修《四库全书总目提要》竟轻信杨慎之说,遂使两个子虚乌有的人物堂而皇之地流传。如今应当到了将其从所有历史记载中清除出去的时候了,不应当让其以《越绝书》作者名义再继续蒙骗我们的子孙后代。对于《越绝书》作为文化遗产的归属问题,长期以来一直认为是属于浙江,我觉得现在也应说说清楚。它的内容是记载吴、越两国之事,而它的作者又是吴、越两国的贤者,这是书中明确讲了的,既然如此,它就应当属于苏、浙两省所共有,而并非浙江一省所独有,一是一,二是二,不应再含糊其辞。以上这些问题,按理说都讲得非常清楚,完全可以定论。可是,有些人向来就自说自话,他照样还是说《越绝书》是地方志,照样按杨慎的说法再重复一次,将你批评过的文章完全丢在一边,也照样有刊物会为他发表,就在前不久,还发表了两篇。这虽然说来是不正常的,但又有谁能管呢?希望学术界这种怪现象以后能尽量少出现。

20世纪80年代以来,我参与方志学界活动比较多,因而关于方志方面争论的文章自然也比较多。因关于方志起源的奇谈怪论比较多,所以我曾先后发表了《论方志的起源》和《再论方志的起源》。方志编修本是中国的文化传统,可是方志学界却有好多人都在说国外好多国家也在编修,为此,我曾写了《编修方志是中华民族文化中一个优良的传统》,并在多篇文章中也都进行批评。有一段时间,方志学界流行着许多错误的说法或理论,于是我在《中国地方志》1994年第1期发表了《对当前方志学界若干问题的看法》,全文一共谈了十个问题,又附带讲了三个问题,用打包方式,将好多问题拿出和大家一道商量。进入2000年,首轮修志基本结束,新的一轮修志即将开始,摆在大家面前的一个问题是:新的一轮志书如何修法。时任中国地方志指导小组常务副组长的王忍之同志在2000年7月26日全国续志篇目设置理论研讨会上的讲话中提出续志编修的两大任务，"一个任务是续"，"第二个任务是修"，"这次修志应该做到既修又续，不能偏废"。对于第一个任务，修志界同仁是容易理解的，也是容易接受的，但是对第二个任务，大家当时就很不理解，其实是很不接受。王忍之同志当时讲得很清楚：

> 上一届所修志书，总的说来，质量是不错的，但也存在缺点和不足，甚至有错误。面对这种情况，怎么办？是视而不见、听之任之呢，还是重视它，尽可能地改正它？我想应该是后者。"修"也是新一轮修志重要的、不应该忽视的任务，不能只讲"续"，不讲"修"。"修"的工作量很大，开拓工作难度固然大，要在百尺竿头更进一步也不容易，也要付出大量劳动，要做很多考订、补充、修正等等的工作。好的保留，错的纠正，漏的补上，长的精简，如果这些工作做好了，再加上时间上把它延伸，新的续上，新一轮的修志工作就完成得更全面。摆在我们面前的，将是一部新的、更好的志书，既有最新一段历史的新的史料，又有对上一部志书的提高、修正。这次修志应做到既续又修，不能偏废。①

王忍之同志提出的办法其实就是我国传统的修志方法，为此，当时我就写了一篇《千锤百炼著佳章——新志续修的一些想法》，目的在于解读王忍之同志这个报告的精神。历史上那些流传下来的经典志书，都是这样修出来的，即以已修的志书为基础，再从头修起。如著名的"临安三志"，100 年间修了三部志书，都是自为起讫，谁也不续谁，实际上后者总是得益于前者，乾道《临安志》与淳祐《临安志》相距八十多年，而淳祐《临安志》与咸淳《临安志》相距还不到二十年，尽管间距很近，照样从头修起。咸淳《临安志》成为宋代流传至今体例最完善、内容最丰富、史料价值最高的一部地方志，成为研究宋代历史非读不可的一部经典，所以能够如此，正是由于有前两部志书为其奠定基础，特别是《淳祐志》成为该志编修的蓝本。所以我们说咸淳《临安志》的成功，前两部志书的作者也都作过贡献，当然在总结

---

① 王忍之：《在全国续志篇目设置理论研讨会上的讲话》，《中国地方志》2000 年第 5 期。

这部志书成功经验时，这些重要因素都不应当忽略。我们再看看景定《建康志》，也是长期以来一直得到好评的精品佳志。此志编修之前，也曾修过两次志书，即乾道五年（1160）修的乾道《建康志》和庆元六年（1200）修的庆元《建康志》，这两部志书如今都早已失传了，但是当年马光祖、周应合两人在修《景定志》时肯定都看到了，而且对两部志书的利弊得失还作过对比。马光祖说："乾道有旧志，庆元有续志，皆略而未备，观者病之。庆元今逾六十年，未有续此笔者。"周应合说："旧志二百八十版，所记止于乾道；续志二百二十版，所记止于庆元，庆元至今当续者六十余年事，不敢略，亦不敢废前志也。"这里讲得很具体，连每部志书多少版都讲了，同时又讲了指导思想，即续写庆元以来六十年之事，又吸收前两部成果而"不敢废"。至于如何补、如何续，马光祖也明确讲了："乾道、庆元二志互有详略，而六朝事迹，建康实录，参之二志，又多不合，今当会而一之，前志之阙者补之，舛者正之，庆元以后未书者续之，方为全书。"这就告诉我们，这部志书的编修，是在吸收前两部志书成果基础上进行的，先将两部志书"会而一之"，对其"阙者补之，舛者正之"，然后再续之，这就是全过程。从这全过程来看，与王忍之同志提出的续修要求何其相似。我可以明确告诉大家，我国传统修志都是如此，正因如此，方才修出精品志书。一部经典志书，总是要经过反复锤炼的，而好的文章、好的著作也都是经过多次修改的。我在文章开头还列举了欧阳修修改文章的故事，想以此启发修志同仁，可是，当时大家就是听不进去。我在这篇文章最后讲了这样一段话：

> 王忍之同志提出的"修"与"补"的任务，修志界同仁已经是很难理解，很难接受，而我的一些想法又有谁来理会呢？作为一介书生，由于人微，言再重也肯定不足以动修志界同仁之视听。尽管如此，作为方志理论工作者的我来说，在修志工作面临转轨的重要关头，何去何从，为了对方志事业负责，对子孙后代负责，我不能不说，否则就是我的失责，就是对方志事业和子孙后代的不负责任。讲了无人理会，那就不是我的责任了。

十五年过去了，二轮修志也已经告一段落。据有的同志统计，全国90%

以上地方，所编修的志书都是"断代式"，因此，首轮修志中没有修进的和错误的，既未补上，也未纠错。事实上，首轮修志过程中至少存在三大问题：第一，民国时期的内容记载太少，有的基本没有记载；第二，对三年大灾荒内容很少记载（即"大跃进"、人民公社的副作用）；第三，关于十年"文化大革命"，许多志书都是空白。再加上首轮志书中还有许多错误。王忍之同志作报告时，本希望通过二轮修志加以补上和纠误，现在看来，这个希望全部落空了。这个任务留给谁来做呢？这个责任谁来负责呢？难道就这样不明不白地不了了之吗？！当年对王忍之同志报告"很难理解、很难接受"的那批省市修志领导，如今为什么一个个都不吭声呢？面对这样的结局，难道你们个个都心安理得吗？据有关同志透露，上一届指导小组似乎已经承认坚持"断代式"续修是错了。我从报刊上也看到，去年山西运城市二轮修志启动仪式，朱佳木同志和指导小组秘书长李富强同志都参加了，该市市长还亲自主持会议。一个地级市为什么如此"兴师动众"？原来该市二轮修志是贯通古今的重修，而不再是"断代式"续修了。这是用实际行动来纠正原来的错误，可惜的是为时已太晚了。当时，我写这篇文章的目的非常明确，就是希望方志编修工作能够健康地发展下去，千万不能让承传已近两千年的优良文化传统，断送在我们这一代人的手中。如今二轮修志未能完成的任务，如何能完成，自然又成了一个悬案。

谱牒学和方志一样，也是史学发展的分支，因而也是我的研究内容之一。而在这个领域存在的问题也很多，有的还在胡说八道，在看不下去的情况下，我又得发表意见，这么一来，又要对别人进行评论。所以，我早就讲过："对错误的说法和观点，听之任之吧，是对学术发展的不负责任；发了文章，必然给人一个感觉，似乎我这个人到处在批评人家，就像一个消防队员。因而深感学术评论之不易，文学、史学如此，方志学、谱牒学又何尝不是如此。"

曾有青年学人问起，应酬文章写不写，我说这得具体分析，因为生活在社会上，相互之间交往很多，一概拒绝自然是不可能，全部答应又受不了。因此，我的文章中有许多是出于请托而写。如《地记与图经》，就是浙江古籍出版社建社二十周年之际出的一本纪念集，他们邀请一批学者撰文章，不限内容和选题，而是自己选定的。以前曾经有人以此题写过文章，并且发表在《历史研究》上，那篇文章并未能讲到问题的实质，仅仅罗列了一些现象，并且不少说法很不准确，甚至错误，因此乃以此旧题新作，我想，这样的请托，何乐而不为呢？有的则是老朋友，并且人家本来就是名人，如原台湾大学历史系主任陈捷先教授，有鉴于大陆经常在放"戏说康熙"、"戏说乾隆"等影视剧，把清朝几个皇帝的形象完全歪曲了，为此，他从历史真实的角度写了《康熙写真》、《乾隆写真》、《雍正写真》等，"莫让'戏说'误导学习一位被人塑错了的形象"。而其中《乾隆写真》前面"推荐人的话"则请我来写。我在通读全稿以后，经反复考虑，结果写了《〈乾隆写真〉使你认识真实的乾隆》。而这套书还有一个很大的特点，是采用纪事本末体裁来撰写人物传记。《乾隆写真》一共列了50个专题，第一个是《乾隆皇帝的生母》，最后一个是《乾隆之死及其身后劫难》。在清代的帝王中，乾隆皇帝在民间影响最大，而近年来社会上销售的清代帝王之书或电影电视作品中，有关乾隆的也特别多，但其内容大都是传说的乾隆、虚构的乾隆、编造的乾隆，而不是历史上真实的乾隆，因而就形成了一个假象。在人们心目中，乾隆乃是一位"风流天子"，给人的印象就是整天陪着几个貌美的女子游山玩水、风花雪月，沉溺于女色之中。其实这些都是被人虚构出来的，而不是真实的。《乾隆写真》一书通过对乾隆一生重大事件和琐碎生活的系统叙述，从正面回答了这些问题。全书通过十个问题，从正反两方面进行论述，将一个真实的乾隆皇帝展现在读者面前。它告诉人们，乾隆是中国历史上少见的文武全才的君主，一位在政治、军事、文化上都有建树的君主。该书由台湾远流出版公司出版，浙江文艺出版社曾将该写真系列中的三种引进出版，建议读者读一读，肯定会有不同的收获。我受邀为其写了"推荐人的话"，亦获益匪浅。这种"推荐人的话"，实际上就是我们为一本书所写的"序"。这也说明，同样写应酬文章，并非都是负担，为朋友、学者而写，照样从中受益。还有一种应酬文章，我可以利用其作为平台，来发挥我的观点，同样也是乐意接受的。最典型的莫过于为《越绝书校注》和《方志资料审核论稿》所写的序。关于《越绝书》，以前我虽然已经写过多篇文章，而在为张仲清先生这部书所写的序中，则是将所有这方面的内容全部联系起来，包括相反意见，让读者阅读后能够进行比较，究竟哪种说法更为合理、更接近于历史的真实，而不是只听一面之词，以达到传播真实历史知识的作用。而《方志资料审核论稿》一书,当我第一次看到平阳县地方志办公室主任林顺道同志的《方志资料审核论稿》书稿时,就本能地感觉到这是一本好书,好就好在它有实实在在的内容,而这些内容又很显然将有益于修志界同仁。它与时下流传的有关方志理论的书全然不同,后者的内容则是从理论到理论,看了以后使人一头雾水,不知所云,似乎理论非常高深莫测。说穿了就是将许多原来非常简单的问题尽量复杂化、抽象化,就如同市面上出售的膨化食品,几十粒玉米就可以膨化出一大包,这种理论价值何在?正因如此,当林顺道同志提出请我为之作序,我毫不犹豫就答应了。我觉得我有责任将这本有用的书向广大修志同仁作些介绍,使其在新一轮修志中发挥作用。明末清初大学者顾炎武早就指出,撰写文章,著书立说,都不能脱离社会现实,不能无补于国计民生,否则将毫无价值。他还指出:"文之不可绝于天地间者,曰明道也,纪政事也,察民隐也,乐道人之善也。若此者,有益于天下,有益于将来,多一篇,多一篇之益矣。若乎怪力乱神之事,无稽之谈,剿袭之说,谀佞之文,若此者,有损于己,无益于人,多一篇,多一篇之损矣。"(《日知录》卷19《文须有益于天下》)就是根据这一精神,所以我会欣然为之作序。当然,在论述过程中,每每都要发表自己的观点,这就叫"为我所用"。因此,像这样的应酬文章,自然一般都是接受的。当然,还有一些国际的学术交往,同样也是少不了的。如我曾应美国斯坦福大学倪德卫教授之约,为他的《章学诚的生平与思想》一书中译本写了序;应韩国忠北大学邀请前去讲学,第一次讲了《章学诚的教育思想》,第二次则是讲《中国的传统史学与史学传统》,前者是他们事先提出的要求。从以上介绍中,读者可以了解到章学诚在国际学术界是一位相当有影响的历史人物,不仅在美国、韩国,在日本、法国等也早就有人在研究,他们对章学诚的评价都相当高。

最后,向广大青年读者提个建议,希望大家坐下来认真读点书,特别是将来想做学问者,更应当读几部经典名著,以便打好基础。记得当年我在培养研究生时,规定三年中,前两年必须精读四部史学名著——赵翼的《廿二史札记》、司马迁的《史记》、刘知幾的《史通》和章学诚的《文史通义》,每个学期读一部,并且要写出8000字以上的读书心得。这样做下来,效果很好,为今后从事研究工作打下良好基础。如今许多青年人拿到一篇古文,连句子也断不下来,将来如何从事研究工作?当然仅是上面所述四部书显然还是不够的，司马光的《资治通鉴》起码也得有所了解吧？美国一位著名华裔学者早就提出，中国的大学生，不仅文科学生应当知道祖国历史上曾产生过著名的二司马，就是理工科学生也应了解祖国历史上的二司马，否则，让他们热爱自己的祖国都是空话。

以上这些都是在向大家说明我在做学问过程中的一些特点，至于在学术研究中的心得体会，早在《我与中国史学史》一文最后已总结出两点，我想还是用这两点体会来结束这篇序言：

第一，做学问不能赶风头，因为风向是常在变的，你永远也赶不上。章学诚说得很有道理：做学问必须专心致志，切忌三心二意，要做到"世之所重，而非吾意所期与，虽大如泰山，不遑顾也；世之所忽，而苟为吾意之所期与，虽细如秋毫，不敢略也。趋向专，故成功也易；毁誉淡，故自得也深"（《文史通义新编》外篇三《与朱沧湄中翰论学书》）。这些都是经验之谈，做学问必须按照自己的志趣、爱好和条件去努力，千万不要随波逐流，以趋时尚，否则就很难得到高深的造诣。第二，不要贪多，一切围绕着自己的研究中心做文章。这里我还是引章学诚的话来说明，他告诉大家："大抵文章学问，善取不如善弃。天地之大，人之所知所能，必不如其所不知不能，故有志于不朽之业，宜度己之所长而用之，尤莫要于能审己之所短而谢之。是以舆薪有所不顾，而秋毫有所必争，诚贵乎其专也。"（《文史通义新编》外篇三《与周次列举人论刻先集》）

2015 年 12 月 1 日写于浙江大学独乐斋

（原载《史志丛稿》，浙江大学出版社 2017 年版）

《独乐斋文存》后记

本人毕生致力于中国史学史、历史文献学、方志学、谱牒学的教学与研究，并在这些方面都有所建树，先后出版了《中国古代史学史》、《方志学通论》、《谱牒学通论》等多种著作，发表各类学术论文200多篇，并且还出版了几部论文集。其中山东教育出版社2000年版《史家·史籍·史学》，是我的第一部论文集，将我关于史学史研究的主要文章进行了全面总结。到了2005年，华东师范大学出版社又为我出了《仓修良探方志》，汇总了方志学研究的重要论文。后来浙江大学出版社请我编选重要的论文代表作，名为《史志丛稿》，列入"百年求是学术精品丛书"，于2017年出版。而这部《独乐斋文存》，其编选目的是将历年发表的散见于各种刊物的重要文章，以及相关序言书评进行搜集汇总，以便于读者查找阅读。因为其中有很多文章目前难以找到，一般人甚至都没有见过原书，比如我写的《八十自述》这篇长文，全面回顾了自己的人生历程与学术生涯，刊于《执着的史学追求：仓修良教授八十华诞庆寿文集》（华东师范大学出版社2012年版）；又如《一部反映杭州千年历史足迹的重要文献——〈武林坊巷志〉》，这篇文章对《武林坊巷志》进行了系统的研究和评介，多年前发表于《浙江方志》；而我为《浙江藏书家传略》所写的序，由于此书在书店里一直很少见，因此能够读到这篇文章的人不会很多，有人甚至都不知道这本书的存在。此外像我为《泗阳古今人物录》所作的序，由于该书出版时间很早，又是内部发行的，因此流传不是很广；而为《陕西省图书馆藏稀见方志丛刊》写的前言，由于是刊登在丛书的第一册，而且从未单独发表过，所以想要读到就更不容易了。因此，将这些分散且不易见的文章进行整理出版，是能够为读者提供一些便利的。

关于本书的具体内容，这里就一概不再谈了。然而细心的读者会发现，其中一篇题为《镇志编纂不应该抽象化》的文章，长不过千把字，内容也比较空洞无味,其中的观点都是老生常谈,没有什么新颖之处,和其他论文相比,差异非常明显。实际上这是根据我在新修《周庄镇志》第一次会上的发言录音整理而成的,严格来讲算不上是学术论文。也许有人要问:既然如此,为什么要收入这篇文章?这里主要想来讲讲这个问题。2007年6月,重修《周庄镇志》的工作启动,当地方志办聘请我当顾问。我认为既然接受了请求,就应该"既顾又问",实实在在地做一点有利于子孙后代的事情,决不能不管不问,空有其名。因此在接下来的几年时间当中,我在夫人的陪同下,频繁去周庄,为他们编修新志进行指导,直到志书定稿完成。其中大到业务培训、搭建框架,小到材料收集、内容取舍、文字修改等,无不倾注了我的心血和精力,可以说,这部新修的《周庄镇志》是在我的全面指导下才得以完成的。当时一同参加顾问指导的,还有原苏州市志办主任叶正亭同志,我们为这部志书的编修都付出了很多努力。在志书终审会上,由我作为主审专家发言指导,这在后来出版的志书中有照片为证。然而令人不可理解的是,昆山市志办的有些人(当时修志的主事者),不知出于何种目的,竟然在书出版之前,无端地凭空捏造出一个所谓的"编委会名单",将一些有名无实、不顾不问的所谓专家,以及那些不甚相关却有级别的官员,都列入名单,堂而皇之地放在志书前面,而且在后记中只字不提笔者那些年为这部志书编修所作的贡献和付出的心血。这种偷天换日、瞒天过海的无理做法,实在令人感到气愤!胡乔木同志早就讲过,编修地方志的工作也是在做学问,既然如此,就要遵守做学问的规范,特别是要尊重学者的研究成果,对他的贡献要做出实事求是的评价,绝不能因为某种野心和险恶目的而将其埋没,欺骗世人!有的人对此难道不觉得汗颜和惭愧吗?我之所以详细讲了这件往事,是为了让读者知道一些相关情况和事情的真相,同时也要告诉大家,做人、做学问,一定要实事求是,要有学术良心、道德良知。章学诚早就指出,学者要有"史德";也就是说治史者的心术要端正,要正大光明,不能搞阴谋诡计,更不能阿谀奉承。这都是我们需要牢牢记住的。

这本《文存》能够顺利出版,首先要感谢浙江人民出版社领导的大力支持,特别是王福群同志的鼎力相助,我的学生鲍永军、陈凯两位同志为搜集文章和编选篇目亦花费不少精力,在此一并致以诚挚的谢意!

前两年,外孙女写了篇她眼中的外公,发表在校报上,应该说很有几分传神。征得她的同意,放在书前,权作代序。

仓修良记于浙大独乐斋
2019 年 3 月 6 日

(原载《独乐斋文存》,浙江大学出版社 2019 年版)

《中国史学名著评介》前言

我们伟大的祖国是世界上文明发达最早的国家之一，有文字记载的历史已有四千多年。四千多年来，我们的祖先创造了光辉灿烂的文化，留下了非常丰富的文化典籍。其中仅以史籍而言，已是浩如烟海，不仅数量之多、内容之丰富，而且记载之连续、体裁之多样，都是世界历史上所罕见的。这个珍贵的文化遗产，是我们中华民族发展的记录，也是我们中华民族对世界文明所作贡献的最好见证。因此，它不仅是我们研究祖国历史的重要宝库，而且也是研究中外文化交流的重要依据，甚至当今世界上许多国家在研究自己的历史时，也还是要借助于它，在研究世界科学发展史诸如天文学史等时，也还是要依赖于它。这就充分说明了对这份珍贵遗产是不应当忽视的，更不应当轻易地加以否定，而是应当批判地加以继承，为建设社会主义精神文明服务，为创立新的文化提供养料，特别是要总结、继承和发扬历代史家所创立的许多优良传统。

然而，在前几年所兴起的"文化热"中，在讨论中国传统文化的浪潮中，有些同志有意无意地在否定中国传统的史学。如有的同志在文章中说，中国传统史学的历史学家只重视微观研究，而不重视宏观研究，这一结论出来后，好多报刊都加以摘引，影响很大。事实果真如此吗？我们认为，这个结论是不符合中国史学发展的实际的。就以第一部纪传体史书《史记》而言，这是一部贯通上下三千年的通史，司马迁在这部著作中不仅论述了三千年来的政治、经济和文化等重大问题，而且记载了农民起义、少数民族和边疆邻国的历史，应当说内容涉及了社会的诸方面。读过这部伟大著作的人，总都不会说司马迁写《史记》只注意微观研究而不重视宏观研究。它记载了上下三千年的波澜壮阔的社会发展历史，特别是对于楚汉之争和汉初社会的描述，究竟是微观还是宏观，读者自己可以下结论。还要提醒大家注意的是，司马迁讲自己著书的宏伟目标，乃是要"究天人之际，通古今之变，成一家之言"，如果是单纯的微观研究，能够达到此目的吗？又如杜佑的《通典》、马端临的《文献通考》等，都是记载古今典章制度变化的史书，两位作者都明白表示他们不仅要记载这些典章制度的发展和演变，而且要研究所谓"张弛之故"，甚至于对有些制度发展的阶段特点都加以研究。像这样的著作，难道说只是微观研究吗？再如司马光所著的《资治通鉴》，是一部编年体通史，记载了上下1362年的历史。司马光在编写本书时所持的目的之一就是要"专取关国家盛衰，系生民休戚，善可为法，恶可为戒者"，这样的目的难道靠微观研究能够做得到吗？事实上，在这部通史中详细地反映了历代的阶级斗争和政治斗争，因为他要探讨历代的治与乱。因此，有人曾把《通鉴》称之为"专详治乱兴盛的政治史"，这是有一定道理的。至于其他史体，就不一一列举了。

当然，谈到微观研究，人们会立刻想到乾嘉考据史学，这是很自然的，其实当时不独史学如此，整个学术界都是这个风气。应当指出的是，这是清政府文化专制主义政策所造成的，这种政策迫使学术研究走上了畸形发展的道路。即便如此，在当时的史学家中，从事宏观研究的也不乏其人，何况，我们不能以乾嘉时代的学风来概括整个中国封建社会的史学发展。另外，还有一个事实必须辨别清楚，历史研究是离不开微观研究的，宏观研究是建立在微观研究基础之上的，若没有大量的微观研究做基础，宏观研究将从何谈起？这应当是众所周知的常识吧。也有的同志在写中西史学比较文章时，实际上他对中国封建时代究竟有多少种史书体裁、每种史体的长短得失等还没有搞清楚，就草草地撰写文章，作了所谓比较后，便对中国传统史学的史体横加指责——这哪里能够使人信服呢？我们认为，中国传统史学不可能是十全十美的，从来也没有人说它是十全十美的，我们必须对它作具体的研究分析和总结，该批判的批判，该肯定的肯定，而决不应当笼统地一笔否定。因为有一个历史事实，大家不应当忘记，即世界上没有一个民族是在骂倒自己的传统文化之后而能立足于世界强大民族之林的。而我们的传统文化却经历了数千年而一直独立于世界各民族的文化之林，其生命力之长久，内涵之丰富和独特，在世界文化史上是非常罕见的，这是世界学者所公认的。就以史学而言，还在19世纪初，黑格尔在其名著《历史哲学》一书中，通过研究比较各国历史著作后，用惊叹的口吻写道："中国'历史作家'的层出不穷、继续不断，实在是任何民族所比不上的。""而尤其使人惊叹的，便是他们历史著作的精细正确。"[①] 外国人都如此评价，难道我们自己还能主张这种既对不起祖宗又对不起子孙的历史虚无主义吗？

为了帮助大家对祖国传统史学作进一步的了解和研究，以弘扬优秀的民族文化，为建设社会主义精神文明服务，受山东教育出版社的委托，我约请了全国有专门研究的历史学家对一些著名的史学著作撰写文章，编成《中国史学名著评介》（3卷），分别对这些史学名著作出评论和介绍。在这些作者中，有年逾古稀的老一辈专家学者，也有一大批后起之秀的中青年历史学家，大多数撰稿人对所评的历史著作都是研究有素。对每部史著既有全面的介绍，又有重点的论述，做到了知识性和学术性相结合。特别是对原著写作的目的和历史背景，原著基本内容、史体结构以及编纂特点，原著的学术价值及其影响等等，都作了较为详尽的论述。因此，它实际上是一部雅俗共赏的学术著作，既是一部供高等院校用的参考教材，也是一部带有工具书性质并具有较高学术价值的研究读物，以高等院校文科各专业师生、中学历史教师、社会科学研究工作者，以及史学爱好者和自学青年为读者对象。

本书编撰体例力求合一，因此，对一些技术性问题都作了统一的规定和要求。但文章成于众手，各篇写法又没有强求一律，因为每位作者都有各自不同的风格和笔法，不强求一律，可使读者看到每位作者写文章的风格和笔调，尤其是对于观点性的问题，我们是采取文责自负的原则，因为这样能更好地发扬"百家争鸣"的精神。文章既是各自成篇，出于众手，那么，在各篇之间存在某些重复，甚至有互相抵牾之处，也就在所难免了。

所谓史学名著，一般都是选择具有某一方面的代表性，或者具有一定影响的著作。但也并不尽然，如"二十四史"之中，除前四史外，并非部部都称得上是名著，但是为了使读者了解到"二十四史"是由哪24部史书所组成，其各自的价值如何，自然都得一部不漏地全部收入；又如《唐会要》，实际上是一部史料性的著作，自然称不上名著，但为了使读者了解会要是一种什么样的史体，故将这种体裁的第一部选入其中；再如朱熹的《通鉴纲目》，就其思想性和史料而言，都很难说有多大价值，但由于它创立了纲目

---

① 〔德〕黑格尔：《历史哲学》，王造时译，生活·读书·新知三联书店1956年版，第161、163页。

史体，并对后世起了很大的影响，产生了一大批纲目体史书，故亦把它收入；还有《东观汉记》，是我国最早的一部官修史书，从唐代以后慢慢失传，虽无完本传世，但在它存在之日，却是一部享有盛誉的权威著作，因而有《史记》、《汉书》、《东观汉记》三者并提的"三史"之称，况且目前又有较为全面的辑本出版，自然有必要向读者介绍。凡此种种就不一一说明。本书原计划共收100种史学著作，但由于有些作者未能按时交稿，为了不影响全书的出版计划，只好忍痛割爱，如《大唐西域记》、《大金国志》、《明实录》等便是如此。因此，现在全书实际只收86种。考虑到我国是一个多民族国家，中华民族的历史是各民族共同创造的，因此，对于有关少数民族的历史著作，尽可能多收入一些。至于近现代史学名著，所收下限很难确定，故原则上只收到梁启超的著作为止。

本书编排顺序以成书先后为准，而不采用分类法。这样既可以避免分类法所产生的轻重不均的现象，又可以使读者从史书、史体产生的先后中看出中国传统史学发展的总趋势及其特点和某些规律，实际上可以起到史学发展史的一个缩影的作用。

本书的第三卷是由袁英光教授编定，因此，全书实际上是由我们两人共同主编。袁先生是我的老学长，却执意不愿挂主编之名，故只好在这里加以说明。全书编纂过程中，叶建华同志帮助我做了不少具体工作，周谷城先生在百忙之中为本书署签，责任编辑温玉川同志更为本书花费了大量的精力，在此一并表示感谢。而对于全书广大作者的热情支持，更加表示衷心的感谢。

1988年11月15日于杭州大学

（原载仓修良主编：《中国史学名著评介》三卷本，山东教育出版社1990年版。收入仓修良主编：《中国史学名著评介》五卷本，山东教育出版社2006年版；《独乐斋文存》）

《中国史学名著评介》新版序

《中国史学名著评介》一书，自1990年出版以后，深受广大读者的欢迎，在海内外引起了反响。首次印刷很快销售一空，再版重印后，又很快售完。1993年台湾里仁书局购买版权后，在台湾地区出版了繁体字本，甚至销售到东南亚一带。该书出版十多年来，我们听到过不少读者和朋友的赞誉和鼓励，也收到过不少读者很好的建议，希望能够修订再版。同时，我们也作了认真的审视和回顾，深深感到此书还存在着许多不足和缺陷。为了对广大读者负责起见，决定作较大的修订和补充后再行出版，以使该书更加完善。

这次修订主要解决三个问题：一是对原有内容进行校刊、修改和补充。二是对原有三卷未收的重要史学著作进行补写。我们在初版《前言》中已经讲了，"本书原计划共收100种史学著作，但由于有些作者未能按时交稿，为了不影响全书的出版计划，只好忍痛割爱，如《大唐西域记》、《大金国志》、《明实录》等便是如此"。这就是说，当时就在计划之内的14部史书未能收入，这次修订当然首先考虑加以补写。此外，为了给广大读者多增加一些史学知识，又新增了与史学有关的几部著作，关于这点，下文再作论述。三是增补现代部分史学名著，这也是这次增补的重点，共收名著70部，分成四、五两卷。从这三点可知，这次修订变动是比较大的，两项所增加之著作远远超过原有三卷之部数，因此，约请撰写的作者人数之多，工作量之大，也就可想而知了。

前三卷新增的36部著作中，有少数并不是名副其实的史学著作，但其与史学都有着密切的关系。这中间有笔记，有目录，有史学工具书，有类书，有丛书。我国历史上私家笔记非常丰富，有的内容史料价值很高，早已引起史学家的注意。大史学家司马光在主编《资治通鉴》时，就曾明确对其助手提出要求，除对正史采摘以外，还要注意对私家传记、小说笔记等的采用。范祖禹主要负责唐代长编的编写，司马光在给他的信中就曾说，除《旧唐书》、《新唐书》的纪、志、传均需采录外,"并诸家传记、小说以至诸人文集稍干时事者",皆需采集。他也许怕范祖禹不太理解,还特地指出:"其实录、正史未必皆可据,杂史、小说未必皆无凭,在高鉴择之。"(《司马文正公传家集》卷63《答范梦得》)事实也正是如此,据史料记载,《资治通鉴》的编写之中,确实用了不少笔记小说材料。因此,那些好的私家笔记,同样对历史研究能够起到很好的作用。就如我们这次所选的洪迈《容斋随笔》,就是一部内容非常丰富的笔记,单从历史内容而言,就有对史书的评论、对史事的评说、对人物的评价、对古籍的考证与辨伪等等。由于内容丰富,言之有物,故问世九百年来,读书人大多喜爱阅读,并且得到很高评价,《四库全书总目提要》评之曰:"辨证考据,颇为精确。"(《全库全书总目提要》卷118《子部·杂家类》)像这样一类笔记,其价值并不亚于杂史、野史。

又如目录学著作,是伴随着史学的发展而产生和发展起来的,作为当代史学史专著而言,必然也都有目录学这一内容。事实上好的目录学著作,还可以起到如章学诚所说的"辨章学术,考镜源流"(《章氏遗书》卷10《〈校雠通义〉自序》)的作用。况且目录之学又是读书入门的重要学问,早在清代,著名历史学家王鸣盛在《十七史商榷》一书中就曾指出:"凡读书最切要者,目录之学。目录明,方可读书,不明,总是乱读。"(《十七史商榷》卷7《汉书·叙例》)又说:"目录之学,学中第一要紧事,必从此间途,方能得其门而入。"(《十七史商榷》卷1《史记集解分八十卷》)正因如此,我们选入了《四库全书总目》,因为它是我国封建时代由官府组织编纂的最后一部大型书目,正如黄爱平先生在为该书所写的评介文章开头所说:"它继承发扬了中国古代目录学的优良传统,在目录学发展史上留下了具有总结集成性质和里程碑意义的重要价值。"这里需要说明的是,这部书目前社会上流传有两种名称:一是由上海商务印书馆1931年出版的称《四库全书总目提要》,后来海南出版社于1999年、河北人民出版社于2000年先后出版的均称《四库全书总目提要》。二是中华书局于1965年出版,1981年和1997年又先后两次再版重印的,均称《四库全书总目》。如果不作说明,一般读者很可能将其看作是两种书目。这种情况对出版界来说,本可采用统一书名,完全可以避免给读者造成不必要的错觉。笔者认为,既然确实是有提要,那么就称《四库全书总目提要》,不是更加名副其实吗?其实在中华书局该书

《出版说明》中，因称《总目》，行文中有些字句就不太顺当，如"《总目》对书籍的评价"，实际上是《总目提要》对书籍的评价，又如"《总目》中对于一些古籍的考订"，也只是《总目提要》对于一些古籍的考订。因为单纯的《总目》既不能对书籍作评价，也不能对古籍作考订。单纯的《总目》是不存在这些功能的。就如《汉书·艺文志》、《隋书·经籍志》，尽管在学术上有着重要价值，在目录学发展史上有着很高的地位，但它们同样不具备这些功能，这是众所周知的事。这里不妨提示一下，在谈论这个问题时，不要忘记"目"是什么。《说文解字》："目：人眼也。象形。重，童子也。凡目之属皆从目。"段注："目之引伸为指目、条目之目。"因此，这里的"目"自然就是指书目：一部书的篇目，或次序编排的群书之书名。我们再看书后所附的两个内容，却又偏偏都称"提要"，即《四库撤毁书提要》和《四库未收书提要》。大家都不陌生的余嘉锡先生对这部书所作的"辨证"，亦叫《四库提要辨证》，而不叫《四库总目辨证》。中华书局在出版该书的说明中还有这么一段话："本书为余嘉锡先生的学术专著之一，它系统地考辨清代《四库全书总目提要》的乖错违失，并对所论述的多种古籍，从内容、版本到作家生平，都作了翔实的考证。"所有这些难道都不值得考虑吗？当然，我们并不是说《四库全书总目》这个书名就不好用了，而是要说明另一种称呼似乎更加明确，更加贴切，更加符合实际而已。20世纪30年代，商务印书馆出版该书时，为什么要冠以那个书名，显然也是有所考虑的。这里我们有必要说明，我们讲这些，无意于批评中华书局等出版社，因为他们是按照原书《凡例》"分之则散弁诸编，合之则共为总目"而付印。我们所以要在这里作如此说明，目的在于告知广大读者，这部著作目前实际上是存在着两种称呼，尽管有的文章并不同意这样说法，但它毕竟是客观的存在，我们也要告诉读者，这个问题还存在着争议，三两句话也很难说清楚。然而我们收入该书时，仍称《四库全书总目》，一则是该书评介作者所用底本为中华书局本，再则是我们一向尊重作者本人意见，关于这一点，我们在本书初版《前言》中已经讲了："尤其是对于观点性的问题，我们是采取文责自负的原则，因为这样能更好地发扬'百家争鸣'精神。"实际上，如今的提要是源于西汉刘向校书时为每部书所写的《别录》，对此，著名文献学家张舜徽先生在其《清人文集别录自序》中就曾这样讲："别录之体，犹提要也……昔刘向校书秘阁,每一书已,辄为一录,论其指归,辨其谬误,随竟奏上,载在本书,后又裒集众录,谓之别录,盖即后世目录解题之始。名曰《别录》,谓纂辑群书之叙录,都为一集,使其别行云耳。"① 如今有人将刘向的《别录》误解为《总目》,显然是不妥的,《别录》虽然已经亡佚,但有些书的"别录"毕竟还有不少著作征引过,而这些征引都是对某部书的介绍,而不是某部书的书名标题。后来演变亦有称解题者,如陈振孙的《直斋书录解题》,它们都有一个共同的功能,就是都要对每一部书加以评介,这是单纯的目录著作所做不到的。我们选入这部书还有一个用意,那就是要让广大读者知道:《四库全书》是我国最大的一部丛书,同时从评介中还可以了解到什么叫作丛书,以及丛书的起源和发展历史。目前社会上对丛书和类书分辨不清而造成了许多认识上的错误,曾有好几家新闻媒体,把《四库全书》说成是我国最大的类书,而将《永乐大典》又说成是我国最大的丛书,有鉴于此,在这次增补中,我们将《永乐大典》也列入其中。通过对这部书的评介,读者可以了解到这部最大类书的编纂过程及其巨大规模,称得上是世界上最大规模的"百科全书"。同时读者也可以知道,这部类书的史料价值是无可估量的,它曾为我们保存了许多已经失传的重要史书,如李焘的《续资治通鉴长编》、薛居正的《旧五代史》、刘珍等人的《东观汉记》等等,清朝编纂《四库全书》时,曾从《永乐大典》中辑出已经失传的各类典籍五百多种,其中史籍也占到了相当数量,所有这些对于史学史和有关历史研究都有重要价值,于此可见这部大的类书对中国文化所作的重大贡献。

这次新增补的著作中,还有一部《史姓韵编》也不是正式史书,而是史学工具书,是我国历史上第一部"二十四史"人名索引,在现代人名索引工具书出版之前,在研究"二十四史"检阅人名时起过非常便捷的作用,在20世纪二三十年代,就曾受到学术界一致好评,万国鼎就盛赞该书作者汪辉祖和章学诚等人是索引的"先觉"。当代引得创始人洪业亦称"《史姓韵编》这一部书真是可宝贵的工具"。胡适在多次讲演中一再提及《史姓韵编》,并将其列入《一个最低限度的国学书目》。可见这些大家对该书的重视。通过该书的评介,读者可以了解到我国古代历史学家,早就有为史书做索引的情

---

① 张舜徽:《清人文集别录》,中华书局1963年版。

趣。为一部书做索引，可以为研究者提供很大的方便，但是，它既不是现代学者的专利，更不是外国人的专利，只不过越到后来，编得越加方便、越加进步罢了。

还有一部比较奇特的《洛阳伽蓝记》，似地非地，似史非史，尽管大多数研究者"都倾向认定《伽蓝记》是一部熔史笔和文采于一炉的佳构"，但还很难说它是一部史学名著。只不过由于它的内容对于研究北魏的政治历史、社会风情，特别是洛阳都邑的盛衰有着无可替代的重要价值，因而一直被视为北朝文献的三大精品之一，当然就有必要向读者推荐和介绍。

这次增补最多的当然还是20世纪所产生的史学著作，增补了两卷之多，计70部。因为20世纪是我国史学变革时期，也可以说是转型时期，是传统史学向近代史学完成过渡的时期，史学研究各方面都表现出创新的意识，从研究方法、研究内容、研究对象乃至研究观点，都有明显的创新表现。因而在这百年之中，曾产生过许多杰出的史学家和许多著名的史学著作。这些著作遍布于史学研究领域的各个方面，有中国通史、断代史、各类专史、历史地理、人物传记、考古学、历史文献学、史学理论、中外关系史，还有世界通史、国别史等等。许多史学著作大都已经采用新的观点、新的方法、新的材料编写。特别是考古方面一再出现惊人的新发现，甲骨文、金文、帛书和简牍的先后出现，敦煌文献的发现和明清档案文书的开放，都不断地在扩大史学研究工作者的视野，当然也就不断地在扩大历史研究的领域。同样是中国古代的历史，由于有诸多方面材料的新发现，因而不仅研究的内容要变，观点、结论也都要变。如以前研究殷商的王位世系，总都是根据史书和其他文献记载而加以研究，而王国维则采用甲骨文，于1917年发表了《殷卜辞中所见先公先王考》和《续考》两篇文章，论证了殷墟甲骨文中所记载的殷商先公与先王的名号，同时也证实了《史记·殷本纪》中所记载的殷商王室世系是可靠的，当然也纠正了《史记》中的个别错误。其方法则是地下发现的资料与文献记载作对照研究。这无疑就打开了史学研究的新视野，开拓了中国古代史研究的新途径。唯其如此，王国维曾被郭沫若誉为"新史学的开山"（郭沫若《十批判书·古史研究的自我批判》）者。对于20世纪众多的史学名著，我们不可能一一向大家推荐和介绍，只能选择其中一部分，至于选择哪一些，我们也曾请教过史学界多位专家，听取他们的意见，其中有林甘泉先生、刘泽华先生、施丁先生、陈祖武先生等。我们还邀请了胡逢祥先生、周国林先生、张书学先生等作过一次小型的座谈，最后确定了选入书目。我们在考虑向大家推荐的史学名著时，一则是看该书问世后对史学界所起的影响，也就是说看它在我国新史学的建立和发展中所起的作用。再则便是这部书代表着史学研究某个领域的重要成果。还有一点就是从能够为广大读者提供必要的史学知识出发。当然这三者实际上是统一的。如我们选了翦伯赞的《历史哲学教程》，就在于大家认为这是中国第一部马克思主义历史哲学著作，全面系统地论述用唯物史观研究历史；范文澜的《中国通史简编》和《中国近代史》，则是作者用历史唯物主义观点对中国历史进行了全面而系统的研究论述和总结；侯外庐的著作，我们向大家介绍的是《中国思想通史》，因为我们认为这是迄今为止内容最完整、资料最丰富、观点最鲜明的一部中国思想史；陈垣的史学著作很多，我们仅选了他的《史讳举例》和《通鉴胡注表微》两书，因为避讳是我国历史上一种特殊风俗，在长期的中国古代社会里，一直影响着史书乃至所有的文献记载，因此，它在辨别古书的真伪和史料的正误上，都起着其他手段无法代替的作用，《史讳举例》正是学习避讳学的一把重要的钥匙；陈寅恪的著作，我们选了他的《唐代政治史述论稿》外，又选了他的《柳如是别传》，因为这部著作是作者以诗、史互证，熔文学与史学为一炉的一部史书，也是他以诗文证史方法的总结；对于钱穆的史学著作，一般都选他的《先秦诸子系年》，他还有《国史大纲》，然而我们最后选了《中国近三百年学术史》，因为梁启超的《中国近三百年学术史》我们在第三卷中已经选入，两位同时代的史家，撰写了同一时期的同一内容，读者若是能够在一般了解基础上，将两部著作对照阅读，肯定会得到很多启发。诸如此类，说明我们在选入每部书时，确实是经过多方考虑的。还要指出的是，我们这次向大家推荐评介的，并不限于大陆的史学家著作，还包括了港台和长期旅居在国外的史学家著作，因为他们不仅都是我们中华民族传统文化、传统史学的承传者，而且也都是中国新史学的共同创建者，他们的史学论著在新史学的建立和发展中都起到过各自不同的作用，为我国新史学的发展作出了贡献。因此，我们这部《中国史学名著评介》，可以说是我们中华民族自有史书以来史学发展的大荟萃，可视为中国史学发展史的一部长编。有志于了解和研究中国史学发展的广大读者都会从中得到益处。

这次新增的四、五两卷，原计划收入当代学者所著史学名著共77部，但由于有些约请的作者未能如约交稿，为了不影响全书出版计划，只好也忍痛割爱，如张光直的《青铜时代》、董作宾的《殷历谱》、梁方仲的《中国历代户口、田地、田赋统计》、蒙文通的《周秦少数民族研究》、周一良的《魏晋南北朝史论集》、侯仁之的《历史地理学的理论与实践》、陈旭麓的《近代中国社会的新陈代谢》等。

通过对每部名著评介文章的审阅和编定，特别是对当代学者所著名著评介的审阅和编定，我们深深为老一辈历史学家们那种求真务实的治史精神和对历史研究的敬业精神所打动。他们在历史研究中重史实、重证据，没有确切可靠的史料为依据，任何权威人物和权威著作所讲都不足为信。作为学习和研究历史的人，知识的主要来源就是书籍和各种文献（当然包括考古新发现），读书就是取得知识、积累资料的重要手段。老一辈历史学家著书立说，总是抱着对社会负责的态度，我们今天如何呢？就很难说了。当今社会浮躁风气盛行，在学术界尤其如此，普遍流行着不太要读书，偏偏却又非常爱写书，至于所写之书对社会会产生什么样的影响，那都全不在话下。据新闻媒体披露，有位红极一时的文人接连出了三本书，竟被一位有识之士查出100多处文史知识硬伤，其中有些还是常识性的，这种情况够得上是触目惊心吧，可是这位作者照样若无其事，把社会责任感丢得一干二净，管他什么谬种流传，自然全不在话下。许多老一辈史学家，辛勤耕耘一生，也只留下一两部著作，已经是很不错了，如今据说只需三两个月就可以"打"出一部书来，更有的只用九天时间就"打"出一部20万字的书稿，创出著书立说的奇迹。当然这是老一辈史学家所望尘莫及的，我辈自然也只得甘拜下风。有一次学术会议期间，有位作者拿出两本新出版的书籍，其书名我与施丁先生竟然都很不理解，当时还曾自嘲一番，两位教授都读不懂的书名，其内容肯定是深奥莫测，如此之类的书究竟写给谁看呢？记得在给学生讲课时，每当讲到晚明的社会，总要讲一下当时出现的怪现象，大家束书不观，却又争先恐后地要写书。正如《四库全书总目提要》所说："明人学无根底，而最好著书，尤好作私史。"（《四库全书总目提要》卷58《史部·传记类》二《今献备遗》）不料我们今天也会出现这种现象，不能不令人深思。针对明末的不良学术风气，顾炎武曾提出了严厉的批评，并且提出写文章必须有益于社会，因为无论写什么文章，都不能脱离社会现实，不能无补于国计民生，否则将一无价值。所以他指出："文之不可绝于天地间者，曰明道也，纪政事也，察民隐也，乐道人之善也。若此者，有益于天下，有益于将来，多一篇，多一篇之益矣。若乎怪力乱神之事，无稽之言，剿袭之说，谀妄之文，若此者，有损于己，无益于人，多一篇，多一篇之损矣。"（《日知录》卷19《文须有益于天下》）顾炎武的文章，虽然写于300多年前，但我觉得这段引文确具有非常现实的借鉴意义。想当年，老一辈历史学家范文澜先生的治学精神"板凳需坐十年冷，文章不写半句空"，曾激励了一代治史人的成长；如今，我们不仅要向广大读者推荐评介老一辈史学家的史学著作，更要向大家推荐介绍老一辈史学家们的这种治史精神和对社会负责任的高尚品德，这一点我们觉得尤其重要。最近看到某报一篇文章标题是《文章千古事，岂能乱弹琴》，其内容是批评谁倒并不重要，这个标题我觉得很有意义，很具有普遍性，所有要写书作文的人，不妨用它来自律自戒，岂不很好！

这次约请为名著写评介的作者称得上阵容庞大，并且具有两个特点，一是德高望重的年长学者积极参与撰写。其中王钟翰老先生已经93岁高龄，当我们电话约请时，他老竟十分爽快地就答应了。徐规、卞孝萱、陈桥驿三位老先生，都是八十以上高龄，都是欣然应约，提前交稿。至于年逾古稀或年近古稀者，那就更多了。真正做到了老、中、青三代学人共同来完成这一意义重大的文化工程。当然，主力军还是中青年学者，他们都是学有专长，对于所评介的名著都有专门研究。第二个特点就是我们邀请了台湾历史学家来和我们共同完成这一巨大的文化工程，共同评介先人为我们留下的共同的宝贵文化遗产。因为海峡两岸所有学术文化内容无一不是同根同源，这是任何人也否定不了的铁的事实。海峡两岸历史学家共同来完成这一史学著作，本身就说明了两岸学者间的浓厚情谊是任何力量也阻隔不断的。细心的读者或许还会发现，我们这次写作队伍中有许多位先生三卷本已经参与撰写，这次又能欣然应约再献佳作，其精神更加令人敬佩！这里我们也怀着沉痛的心情告知广大读者，在为三卷本撰写评介的作者中，有多位先生如赵光贤、陈连庆、袁英光、吴枫等老先生都已先后永远地离开了我们，对他们的仙逝，我们深表哀悼！并在此永远寄托我们的怀念之情。

这次增订是在前三卷基础上加以扩充的，初版《前言》中已经讲过的关于体例和其他有关原则要求完全适用于增订本内容，因此，这次所写新版序就不再重述。不过这次推荐的名著中，有的是两部著作同为一位作者，这种情况两部就排在一道儿。

此书在编纂过程中，还承胡逢祥、陈祖武、刘泽华、周国林、张书学等先生代为约稿。尤其是胡逢祥先生，还代为审读了大量的文稿，本欲请他共同署名，出于他对我的尊重，执意不肯，因为我们已经是老朋友了，只好在此加以说明。鲍永军、张勤两位同志，帮我做了许多具体工作。责任编辑温玉川编审，从发凡起例、组织书稿，到审阅书稿、编校清样、印制成书，为本书付出了大量的精力和时间，这部书得以问世，他居功至伟。因此，我们可以这样讲，这部书能够顺利出版，除了全部名著评介作者鼎力支持外，与上述诸位的鼎力相助也是分不开的，实际上是大家共同努力的智慧结晶。在此，对为该书作出贡献的所有专家学者一并致以诚挚的感谢！而对于广大读者长期以来对该书的热情支持、关心和爱护，我们也衷心表示感谢！并继续欢迎大家对我们提出宝贵的批评和建议！

2005 年 7 月 15 日于浙江大学独乐斋

（原载仓修良主编：《中国史学名著评介》五卷本；又载《史学月刊》2005 年第 9 期。收入《独乐斋文存》）

《史记辞典》前言

《史记》是西汉时代历史学家司马迁所作的一部伟大的历史名著,是我国第一部纪传体通史,并且是清代乾隆年间刊布的《二十四史》之首部。全书用五种体例组织而成——12本纪、10表、8书、30世家和70列传,共130篇,52.65万字。五种体例相互配合,互为补充,构成一个不可分割的整体。《史记》的问世,把我国的史学发展推到了前所未有的新阶段,它在中国史学史上具有划时代的意义,是史学发展领域里一块不朽的丰碑。《史记》的史体,对后世史学的发展起了极为重大的影响。宋代史家郑樵说过:"使百代而下,史官不能易其法,学者不能舍其书,六经之后,惟有此作。"(《通志·总序》)清代史家赵翼亦说:"自此例一定,历代作史者遂不能出其范围,信史家之极则也。"(《廿二史札记》卷1《各史例目异同》)虽然说不上是史家作史的"极则",但它确实直接影响着两千年来纪传体史书的编写,在我国漫长的封建社会里,史家编写史书,许多都采用了司马迁所创立的纪传史体。

《史记》不但是一部伟大的史学名著,同时也是一部杰出的历史文学作品,在中国文学史上具有很高的地位,现代文豪鲁迅赞美它"固不失为史家之绝唱,无韵之《离骚》"(《汉文学史纲要》)。又由于它记事内容极为丰富广博,除人物事件外,上至天文,下至地理,以及职官典制、经济文化、医药科技、社会风貌、风土人情、各种物产,包罗万象,因而被人们视为我国古代百科全书式的巨著。《史记》的记事断限,上起传说中的黄帝,下迄汉武帝太初年间,对我国古代三千年的历史,作出了伟大的总结。无论从涉及时代之远,包含范围之广,史学价值之高,艺术影响之大,都是空前的。

《史记》文字不算古奥,但是由于时代久远,不仅语言有了极大的不同,而且制度的递进,地理的沿革,亦费稽考,尤其是各《书》,对于非专业工作者来说,更难尽悉。以往国内外学者曾对《史记》进行了大量的研究,文字的校刊,史实的考订,功夫至深,为我们阅读和研究《史记》提供了许多方便。但是这些成果或另为专著，或散见于其他文献，仍然满足不了广大读者的需要。因此，我们受中国历史文献研究会和山东教育出版社的委托，编写了这本《史记辞典》。

《史记辞典》是《史记》的专书辞典，共收录《史记》原文中语词、人名、地名、民族、职官、著作、天文、历算、音乐、动植物名，以及器物典制、历史事件等 16800 余条（其中包括参见条 2200 条），力求收词全面，释文正确，文字简练，并附有《词目索引》和《索引检字》，适合文史工作者及具有中等以上文化水平的读者阅读和研究《史记》时查阅使用，也可供读者研习秦汉及以前历史时作为工具书使用。

《史记辞典》在编写过程中，自始至终得到了中国历史文献研究会和山东教育出版社的大力支持。著名学者谭其骧教授，著名学者、中国历史文献研究会会长张舜徽教授给予了我们许多指导；张会长还在百忙中为本书题辞和解决疑难问题；崔曙庭教授参加了编写体例的讨论，山东教育出版社社长张华纲同志亲自参加了编写会议，并给予具体指导；尤其是责任编辑温玉川同志，工作勤勤恳恳，废寝忘餐，倾注了大量的心血；山东新华印刷厂的领导和广大职工，在排版、印刷中付出了艰辛的劳动。本辞典原确定由仓修良先生和施丁先生两人共同主编。后施先生因工作难以脱开而未能参加，但他对编写中的许多重大问题都提出了宝贵的意见和建议，实际上是本辞典的顾问。对于师长、朋友们的这些支持和帮助，我们谨在此表示深切的感谢！在编写中我们尽可能地吸取了学术界各方面的研究成果，从这一点讲，《史记辞典》也可以说是学术界共同的研究成果。限于篇幅，不能一一注明，亦在此表示感谢并请谅解。

编写《史记》专书辞典是一种新的尝试，对于我们来说是一项新的课题，经验不足，加之水平所限，书中错误遗漏和不当之处在所难免，恳请广大读者和学术界师友批评指正。

《史记辞典》编委会
1987 年 9 月

（本文由作者执笔。原载仓修良主编：《史记辞典》，山东教育出版社 1991 年版。收入《独乐斋文存》）

《汉书辞典》前言

《汉书》是东汉时代历史学家班固所作的第一部纪传体断代史书。班固（32—92），字孟坚，扶风安陵（今陕西咸阳东）人，出身于世代显贵的豪富家庭。父亲班彪，是当时著名的儒学大师，曾为续补《史记》做了许多工作，这为班固撰写《汉书》打下了坚实基础。该书体裁承袭《史记》而略作变更，改"书"为志，去掉"世家"而并入列传，从而进一步整齐了纪传体的体裁为纪、表、志、传四个部分。全书由12本纪、8表、10志、70列传组成，共100篇，80余万言，记载了汉高祖元年（前206）到王莽地皇四年（23）计230年的历史，这就使一个朝代的历史保存得更为完备，因此，从历史编纂学上来说，无疑是一种创造。由于这种形式很符合封建统治者要求，故后来各个朝代编修的正史，基本上沿袭了《汉书》的编纂方法，并使历代史家相仍而不变。清代史学评论家章学诚说："迁书一变而为班氏之断代，迁书通变化而班氏守绳墨，以示包括也。就形貌而言，迁书远异左氏，而班史近同迁书。""盖迁书体圆而用神"，"班氏体方而用智"，"迁史不可为定法，固书因迁之体而为一成之义例，遂为后世不祧之宗"。（《文史通义》内篇一《书教下》）可以说无形中为一部"二十四史"整齐体例起到了良好的作用。需要指出的是，班固所著的《汉书》，其中八表和《天文志》还没有最后完成，由于受窦宪的牵连，被仇家洛阳令种兢逮捕，死于狱中。妹妹班昭乃续成八表，马续则补作《天文志》。

《汉书》的十志贡献较为突出，反映班固的创新精神也最为明显。由于书名称"书"，所以将篇名中"书"改称为"志"。十志虽然是在《史记》八书基础上扩大发展起来的，但记事内容远比八书更为丰富而完备。《沟洫志》详于《史记·河渠书》，记载了秦汉的水利建设和治河对策。《地理志》为班固所创立，是我国第一部以疆域政区为主体的地理专著，它不单限于西汉地理，上溯先秦，下迄西汉，对郡县封国建置的由来和变革，以及西汉王朝的疆域政区、领土面积、郡县户口、垦田数字、山川方位、重要物产、城邑关塞、祠庙古迹等等，都有详细记载。篇末还对各地区的经济、文化、风俗习惯及海外交通，作了综合的叙述，所以它也是我国一部较早的历史地理著作。《食货志》则系统记述了自西周以至王莽时期的农政、钱法，反映了一千多年社会经济发展的重要侧面，特别是对于研究西汉经济制度、阶级关系和社会生产力的发展，具有重要的史料价值。《艺文志》主要是根据刘向、刘歆父子的《七略》而创立，虽然只是一种书目，但它不仅反映了西汉官府藏书的基本情况，更重要的是还为研究学术发展史上各个学派的源流、盛衰及长短得失提供了重要资料，实为一部极其珍贵的思想文化史资料，贡献之大，不可低估，以后正史中大多立有艺文志。刘氏父子的《七略》后来失传了，而《汉书·艺文志》却为我们保存了许多古代典籍的目录，在目录学史上亦具有很重要的地位。总之，《汉书》十志，扩大了历史研究的领域，对纪传体史书的书志部分有很大影响，以后正史所立之志，大都依据《汉书》十志加以损益而成，从而形成了中国史学史上的书志体；同时在典章制度史的发展上，也起了继往开来的作用，对于《通典》、《文献通考》等书的著述，有过重大的影响。《汉书》的贡献还表现在扩大了对少数民族和邻国历史的记载，这不但为研究我国古代各兄弟民族的历史提供了珍贵的资料，而且也是研究亚洲有关各国历史的不可多得的重要文献。《汉书》还有一个特殊的贡献，那就是为我们留下了许多重要的文献资料。《汉书》在搜集和保存重要文献方面表现十分突出，许多重要的学术、政治文献，都是通过它而被保存到今天。董仲舒的《限民名田说》、《天人三策》，贾谊的《治安策》，晁错的《教太子疏》、《言兵事疏》、《募民徙塞下疏》，贾山的《至言》等，都是一些重要的政治、经济、军事方面的珍贵文献。司马谈的《论六家要旨》，司马迁的《报任安书》，则是研究他们父子两人的学术主张、史学思想的重要文献，也是由于班固将其收入《司马迁传》而得以流传至今。

班固著《汉书》，好用古字，加之许多列传又引了大量的诗赋，典故迭出，所以在东汉时，该书刚刚流传，一般士人竟还无人能读通它，只有班昭才能通解，因此大家都向她请教。马融是东汉著名的学者，他都曾经伏于阁下，从昭受读，其难度之大，于此可以想见。不过由于它很符合不断改朝换代的封建统治阶级的历史要求，一直受到统治者的大力提倡和利用，因而从事《汉书》研究的人也就越来越多,"始自汉末,迄乎陈世,为其注解者凡二十五家,至专门受业,遂与五经相亚"(《史通·古今正史》)。唐代颜师古在前人研究的基础上,对《汉书》作了一次全面注释,成为唐代以来长期流行的最完备的注本。清代王先谦又作《汉书补注》,前此沈钦韩还有《汉书疏证》,所有这些,对于阅读《汉书》虽说都不无补益,但毕竟都是专家之学,对于广大读者来说,显然不能解决问题。因此,我们受中国历史文献研究会和山东教育出版社的委托,编写了这本《汉书辞典》。

《汉书辞典》是《汉书》的专书辞典,共收录《汉书》原文中语词、人名、地名、民族、职官、著作、天文、历算、音乐、科技、动植物名,以及器物典制、历史事件等23800余条,力求收词全面,释文正确,文字简练,并附有《词目索引》和《索引检字》,适合文史工作者及具有中等以上文化水平的读者阅读和研究《汉书》时查阅使用,也可供读者研习汉代及以前历史时作为工具书使用。

《汉书辞典》在编写过程中,自始至终得到了中国历史文献研究会和山东教育出版社的大力支持。已故的著名学者谭其骧教授,已故的著名学者、中国历史文献研究会前任会长张舜徽教授,中国历史文献研究会现任会长刘乃和教授给予了我们很多指导;山东教育出版社张华纲社长、王洪信总编辑对该书出版工作给予坚定的支持;崔曙庭教授参加了编写体例的讨论;责任编辑温玉川同志从收词到发稿,废寝忘食地做了大量的工作,倾注了大量的心血;安作璋教授、赵文润教授还为该书提供了有关插图和照片。对于师长和朋友们的支持和帮助,我们谨在此表示深切的感谢!在编写中我们尽量吸取了学术界各方面研究成果,限于篇幅,不能一一注明,亦在此表示感谢并请谅解。

由于我们编写辞书经验不足,加之水平所限,书中错误遗漏和不当之处在所难免,恳请广大读者和学术界师友批评指正。

《汉书辞典》编委会
1993年7月

(本文由作者执笔。原载仓修良主编:《汉书辞典》,山东教育出版社1996年版。收入《独乐斋文存》)

《二十五史警句妙语辞典（增订本）》前言

我们中华民族，不仅有着悠久的历史，而且有着极为丰富的历史文化遗产。仅以史籍而言，已经是浩如烟海，它不仅数量众多，内容丰富，而且记载之连续，体裁之多样，都是世界历史上所罕见的。就以人们常用的被称为正史的"二十五史"而言，即有3758卷，约5000万字，记载了中华民族从远古到清朝末年五千年文明史，在世界文化史上独树一帜，堪称中华文化之瑰宝，在世界文化之林也具有显著的地位。它们不仅是研究中国历史文化的重要依据，甚至研究世界历史文化，"二十五史"也是重要的文献典籍，历来为中外学者们所重视。

"二十五史"起自两千多年前西汉著名历史学家司马迁撰著的纪传体通史《史记》，其后，东汉历史学家班固又撰著了纪传体断代史《汉书》，开历代编修纪传体正史之先河。西晋历史学家陈寿著《三国志》，南朝宋历史学家范晔著《后汉书》。以上四部史书就是今天人们所说的"四史"或"前四史"。北齐历史学家魏收著《魏书》，南朝梁历史学家沈约著《宋书》，南朝梁历史学家萧子显著《南齐书》。唐朝初年，唐太宗命史臣修《梁书》、《陈书》、《北齐书》、《周书》、《隋书》，书成后又命修《晋书》。这六部史书与上述七部合在一起，就是唐人所称的"十三史"。其后，唐代历史学家李延寿个人又编纂了《南史》和《北史》两书。五代后晋命修《唐书》，到了北宋初年人们对这部《唐书》不大满意，故宋仁宗命史臣重修，书成后，就有了两种《唐书》，为了表示区别，便出现了《旧唐书》和《新唐书》之名。北宋初年，宋太祖曾命史臣修五代历史，书成后，原称《五代史》，又称《梁唐晋汉周书》，而历史学家欧阳修对此书很不满意，便另修了《五代史记》，时人称为《新五代史》，前者则被称为《旧五代史》。于是宋人于唐人所称之"十三史"外，加《南史》、《北史》、《新唐书》、《新五代史》，称为"十七史"。宋末宰相文天祥被元军俘至大都（今北京），元丞相逼其投降，文天祥当时曾说过"一部十七史，从何处说起"！意思是说，一部"十七史"记载的历史这么久远，从何谈起呢！指的就是这"十七史"。元顺帝时，命脱脱主持编修了《宋史》、《辽史》、《金史》三部史书。明朝建立后，明太祖即命宋濂、王祎为总裁，编成《元史》。这样明人在"十七史"外，加上上述四部史书，从而就有"二十一史"之称。明人张自勋著有《廿一史独断》，清人沈炳震著有《廿一史四谱》，郑元庆又作《廿一史约编》等。到了清雍正元年，《明史》修成，遂有"二十二史"之称，后即有钱大昕著《廿二史考异》、赵翼著《廿二史札记》等。乾隆时编辑《四库全书总目》，以纪传体为正史，并诏定《旧唐书》、《旧五代史》亦列为正史，还诏定《史记》至《明史》24种史书均为正史，自此正史遂为"二十四史"专有之名，而从此也就有了"二十四史"之名称。可见"二十四史"的编修，是经历了相当长的历史时期，而"二十四史"的名称则到清乾隆时期才产生。现在我们日常生活中，常听到有些人当遇到头绪纷繁的事情时，往往会无可奈何地说："一部二十四史，叫我从何谈起？"这个习惯用语，实际上是从文天祥说的"一部十七史，从何处说起"慢慢演变而来的。到了民国初年，《清史稿》编撰完成，尽管存在着体例不一，繁简失当，某些事实人名错漏颠倒，以及文理不通诸多毛病，但是，它毕竟记载了有清一朝的史事，成为记载清代唯一的一部纪传体断代史书；从研究封建王朝全部历史的角度出发，学术界总是用它与"二十四史"相配，成为我们常说的"二十五史"之一。当然，我们也要指出，清朝末年，柯劭忞不满于《元史》的疏漏讹误，乃搜集史料，另撰《新元史》，但全书无自撰叙跋、凡例、考异和引据出处，同时采用德国人著作，德文译言多有不可信等众多弊病，为论者所诟病。尽管1921年北洋军阀政府总统徐世昌下令将其列为正史，为"二十五史"之一，但是学术界并不为此所约束，还是将《清史稿》作为"二十五史"之一，因为若是缺了《清史稿》，则封建时代最后一个王朝的历史记载就无着落，况且《新元史》既不能取代《元史》，又无法与《旧唐书》和《旧五代史》相比。所以，我们也是将《清史稿》作为"二十五史"之一。

"二十五史"犹海纳百川，内容丰富广博。这25部史书水平虽然不一，有的甚至相差很大，但是，在每部史书中，都有很多形象生动、富有哲理、足资今人借鉴的警句妙语，对于"修身、齐家、治国、平天下"都有参考价值，有的早已脍炙人口，广为传诵，但更有大量的警句妙语仍鲜为一般人所知。把这些警句妙语加以编选集中，通俗介绍，既可以弘扬中华民族优良的传统道德文化，又可以为当前的两个文明建设服务。这些警句妙语，有许多都是在宣传我们中华民族优良的传统道德观念，对我们今天树立良好的社会风尚，培养新的社会主义道德，实现中华民族的伟大复兴，无疑都会有很好的借鉴价值。这里不妨列举数条便可说明。

> 恃德者昌，恃力者亡。(《史记·商君列传》)
> 桃李不言，下自成蹊。(《史记·李将军列传》)
> 其誉人也不望其报，恶人也不顾其怨，以便国家利众为务。(《史记·日者列传》)
> 见人不正，虽贵不敬也；见人有污，虽尊不下也。(《史记·日者列传》)
> 论大功者不录小过，举大美者不疵细瑕。(《汉书·陈汤传》)
> 君子不患位之不尊，而患德之不崇；不耻禄之不夥，而耻智之不博。(《后汉书·张衡传》)
> 良药苦口，惟疾者能甘之；忠言逆耳，惟达者能受之。(《三国志·孙奋传》)
> 能用众力，则无敌于天下矣；能用众智，则无畏于圣人矣。(《三国志·孙权传》)
> 尽忠益时者虽雠必赏，犯法怠慢者虽亲必罚。(《三国志·诸葛亮传》)
> 不念居安思危，戒奢以俭，斯亦伐根以求木茂，塞源而欲流长也。(《旧唐书·魏徵传》)
> 忧劳可以兴国，逸豫可以亡身，自然之理也。(《新五代史·伶官传》)
> 贤路当广而不当狭，言路当开而不当塞。(《宋史·乔行简传》)

以上所列内容，有的是讲治国安邦，有的是讲修身齐家。其实两者并无绝对界限，有些治国安邦的道理，同样适用于个人修养或进行社会交往。一个人如果老是动武，三句话未讲便拔拳相向，恐怕很少有人会与他交朋友；

一个人如果一旦生活富裕了，整天生活在优越的环境之中，就把过去的艰辛和痛苦忘得一干二净，无半点忧患意识，到了大难临头，必然是不知所措。可见，像"恃德者昌，恃力者亡"、"不念居安思危"等警句妙语既可以供治理国家的各级公务员借鉴，而对个人的修身养性，培养良好的道德品质同样具有重要意义。至于关于军事方面的条目，似乎只供军事将领用兵布阵时参考，其实并非如此，对经商办企业者同样有着重要的参考价值，甚至有时还超过前者。也许大家并不知道，我国古代的军事著作《孙子兵法》，在日本一直是热门畅销书，并且主要是在商界。而在我国，《孙子兵法》的思想早就在社会文化领域产生了巨大影响。如先秦著名经济学家范蠡、白圭，他们经商的成功就在于都采用了《孙子兵法》中的军事思想，这在古代许多文献中都有明确记载；《黄帝内经·灵枢》更把医学与兵法联系在一起，这更是为常人所难以想象。至于兵法对围棋理论的影响就更加深远了。所以，我们建议广大读者，对于各类警句妙语的借鉴价值，不要受分类所限制，而应尽量领会其精神实质。因为，我们的分类，仅仅是为读者查找时提供某些方便而已，而所作的分类也未必都很精确、科学。

总之，传统文化是我们中华民族的灵魂，而伟大的传统文化遗产对于激发民族自豪感、提倡民族精神之价值是无可估量的。为了弘扬中华民族的传统美德，为建设社会主义精神文明服务，为实现中华民族复兴的伟大目标服务，故而我们编选了这部《二十五史警句妙语辞典》。本书在华东师范大学出版社领导的鼎力支持下，即将问世；陈庆生、陈才等编辑为此书的出版，付出了大量的精力和时间；山西大学崔凡芝教授等为我们提供资料，对于他们的深情厚谊，我们一并在此表示感谢！由于我们水平所限，书中错误遗漏和不当之处在所难免，特别是遗漏，恳请广大读者和学术界朋友批评指正。

《二十五史警句妙语辞典》编委会

2014 年 12 月

（本文由作者执笔。原载仓修良主编：《二十五史警句妙语辞典》，华东师范大学出版社 2003 年版。收入《独乐斋文存》）

从《吴越春秋辑校汇考》看《吴越春秋》的版本、体裁、内容和价值

东汉赵晔曾作《吴越春秋》12卷，记载吴、越两国的历史，这是许多史书有确切记载的，所以谈起《吴越春秋》，就必然想到其作者为赵晔。其实，后来又有不少人用同样题材、同样书名作书多种，知道的人就很少了，诸如赵岐的《吴越春秋》、张遐的《吴越春秋外纪》、无名氏的《吴越春秋》《吴越春秋次录》、郭颁的《吴越春秋记》、杨方的《吴越春秋削繁》和皇甫遵的《吴越春秋传》等，竟达八九种之多，遗憾的是经过近两千年的发展，流传至今的仅只一种而已，于是现今流传的这个本子的作者、版本等也就成为众说纷纭、悬而未决的问题了。

周生春先生近年来曾对《越绝书》的成书时代、作者、版本诸问题进行了深入的研究，并发表了很有创见的文章，同时他对《吴越春秋》又作了全面的整理和研究，因为这两部书都是记载春秋时代吴、越两国的历史，在研究许多问题时确实有其互补性，因此凡是研究《越绝书》者往往要谈及《吴越春秋》，而研究《吴越春秋》的论著，同样少不了要论及《越绝书》。虽然这两部书作者、体裁、成书时代都不相同，但是后来发展的历史，使它们似乎形成了姊妹篇，如南宋人汪纲就已指出"二书实相表里"，两书之关系密切，显而易见。周君将两书同时进行研究，其道理恐怕就在于此。尤其是他对《吴越春秋》的研究，功力更加深厚，所成《吴越春秋辑校汇考》一书，可视为该书研究的集大成之作，如此精细的校勘，非具有深厚的功底而不能为也。我在阅读了全部书稿以后，亦深感得益匪浅，归纳起来，此书具有如下特点：

首先对如今流传的《吴越春秋》的版本、作者、成书时代等长期争议、悬而未决的问题，通过对各家说法的深入研究，在占有大量丰富资料的基础上，特别是对今本《吴越春秋》全文及各种异文、佚文比较研究，并撰成

《今本〈吴越春秋〉版本渊源考》、《今本〈吴越春秋〉作者、成书新探》专篇进行考订，对历史上凡撰述过《吴越春秋》的作者，都一一进行分析研究，不仅尽可能列出成书年代，而且对每部史的取材来源、内容及成书之分合，都作了详尽考订，从而得出了比较令人信服的结论。指出今本的祖本应是皇甫遵之书，而皇甫遵之书则又是合赵晔、杨方两家之书而成，杨方之书5卷，是删赵晔之书而成，故曰《吴越春秋削繁》，赵晔之书原为12卷，皇甫遵要合自然就得加以增删，经过考证、改写和重编，这就成了10卷本的《吴越春秋传》，元人徐天祜之音注，正是用的此本。所以，"今本渊源于东汉赵晔的《吴越春秋》，晋时曾经杨方刊削，后由皇甫遵改写编定，最终由元徐天祜音注、刊版而成，从广义的作者概念来说，原著者赵晔，改编者杨方、皇甫遵，音注者徐天祜均应被视为今本之作者。""从历史眼光来看，今本并非一人一时之作，而是一部历经众人之手，成书过程长达一千一二百年的重要文献。"这个论述自然是符合事实的，因为赵晔之本，宋代虽还有10卷残存，但所记内容显然已与今本不合。自然不能单以宋时亦为10卷而定是非。研究古代典籍者大多知道，我国古代不少典籍，都不是出自一人之手，《左传》这部古代编年体巨著，顾炎武早已指出，此书"成之者非一人，录之者非一世"。《越绝书》也是如此，战国后期已有人开始记述，历经秦汉魏晋方成，所以都很难说是某人所作。当然每部书的成书情况也不尽相同。应当指出的是，如今流传的本子尽管已经不是赵晔的原书了，但却丝毫不影响他在著作这部书上所作的贡献，尽管多次变动，但他所确定的体裁、记载的主要内容可以说始终未变，否则也就不成其为《吴越春秋》了。

其次是校勘精当，成为该书理想的版本。校勘工作是一项十分细致而复杂的科研工作，从事这项工作，不仅需要古籍整理的基本功，而且更须具备渊博的知识，识别、独断的才能，所以看来似乎简单，其实并非人人能做，更不是凡做者都会做好，这正是当前古籍整理出版中所以会出现粗制滥造、错误百出的原因所在。只要读了该书就可以发现，其校勘方法非常细致，以中华书局《四部丛刊》影印之明弘治十四年邝璠所刊《吴越春秋》为底本，而用来对校的本子则有三部之多，即北京图书馆所藏元大德十年绍兴路儒学刻明修本、《景印元明善本丛书》影印之明吴琯《古今逸史》本、江苏古籍出版社1986年版苗麓点校本。三种本同时对校，其工作量与难度之大可想而知，但所得精确程度自然也显而易见。至于他校方面，所做之事则更是大量的，广征博引群书，搜求辑佚散失，既做了拾遗补缺，又做了校勘正伪，征引辑佚之书达数十种之多，约而言之，则是从史书、史注、地志、类书、集注诸类书中，辑出今本所无的《吴越春秋》佚文。因为赵晔在撰写此书时，其材料来源虽然搜集了不少民间传说，但主要的自然是采集自《左传》、《国语》、《史记》等重要史书，如今要校勘其文字正确与否，利用这些史书进行核对，自然就显得十分重要。如《阖闾内传》第四有这样几条校勘：

"自此之前，虽彊事小争，未尝用大兵。"校勘记曰："彊，《左传》昭公三十二年杜预《解》作疆，北图本、弘治本、《古今逸史》本均误。"

"吴郡嘉兴县南有醉李城。"校勘记曰："醉，《史记》卷四十一《越王勾践世家》作欈，北图本、弘治本、《古今逸史》本俱误。"

"子常遂济汉而阵，自小别山至于大别山，三不利，自知不可进，欲奔亡。"校勘记曰："按《左传》定公四年，三下疑脱战字。"

"与妹季芊，出河、濉之间。"校勘记曰："芊，北图本作芊，弘治本、《古今逸史》本作芊，《左传》定公四年作芈，据改，下同。"

这里校刊出来的虽然都只是一个字，其实应当说都很重要，地名"欈李"变成了"醉李"，似乎还可以说得过去，因为有的古籍如《公羊传》是作"醉李"，故辞书上都作"亦作醉李"，但也可见原本该作"欈李"，况且，这条引文之前都作"欈李"，理所当然应当恢复原字。至于"三战不利"若不加"战"字成"三不利"，则其意乃不可解，"战"字加上则全文通顺。再说"芊"与"芈"本为意、音完全不同的两个字，季芈乃人名，楚平王之女，昭王之妹，若写成季芊，则历史上并无其人。可见这种校勘工作是何等重要。

地方志的编写，在古代往往要抄录各种史书中关于某地的内容，有时是整段全文摘引；而类书是一种分类汇编各种材料以供检查之用的工具书，内容范围相当广泛，古代重要史书的内容大多为被抄录对象。而《吴越春秋》也曾被许多类书所征引和抄录，今天被用来辑佚的就有《北堂书钞》、《艺文类聚》、《群书治要》、《初学记》、《太平广记》、《太平御览》等多种，这就说明这部史书在唐宋时代一直受到学术界的重视。不仅如此，魏晋以来许多著名学者在为史地文学名著作注时，似乎也少不了这部地方史。如裴骃注《史记》，郦道元注《水经》，刘孝标注《世说新语》，刘昭注《后汉书》，李善注《文选》，李贤注《后汉书》，司马贞、张守节注《史记》等，都征引了这部书的内容，所有这些都从不同侧面反映了该书的价值，因而它从问世以后，一直为许多著名学者所重视。这是我们今天在研究这部书的价值时所不应当忽视的重要现象。当然，以上各书的征引内容，也自然就成为我们今天在校勘该书时重要的依据，所以周君《辑校汇考》用以他校的书非常广泛，也就属情理之中。还要指出的是，周君在校勘过程中，也充分参考和吸收了前人研究成果。因为清末以来，有不少学者先后都对该书进行了研究，作了校勘，其中有不少还是大名家，如俞樾、孙诒让等。但我们可以看到，他并不为名家的结论所囿，在不少问题上，有的名家在缺少可靠的论据时，往往用推理来论断，确实解决了不少问题，但同样也有推论错的，对此，校勘记中都广征博引，据理更正。看来该书所以称之《辑校汇考》，这些地方也就可以看出其命名的由来。要集中前人所有校刊这部书的智慧，再作深入细致的考证。而态度又是十分审慎的，正如《校刊凡例》所言："校刊以不轻易改字为原则，底本文字如有衍脱讹误或不通顺，只据对校本及他校本所引《吴越春秋》增删更改，而绝不妄逞臆见，仅据对校本、他校本所引《吴越春秋》以外之书轻易改窜古书。"

此书的第三大特点，则是专设《吴越春秋异文、佚文辑录》一项，将异文、佚文全部辑录于正文之后。异文者，是指内容与今本大体相同，而文字、内容上则略有出入，当然亦有在文字记载上出入颇大者；佚文者，是指今本全数不载。这些内容的收入，无疑有利于人们对该书版本的流传和变革的认识和研究，对于研究该书记载的某些重要史事，自然也有重要参考价值。尤其可喜的是，唐人徐坚等所编之《初学记》，在摘引此书时，往往都冠以赵晔名字，即"赵晔《吴越春秋》"云云，若是细心排比一下，又可以发现，凡引赵晔《吴越春秋》者，其内容往往是详于今本。当然，除《初学记》外，其他类书和地志也有引赵晔之书的。不过成书于宋代的那些类书、地志，是否直接引自赵晔之书就很难说了，很可能出自转引。如《太平

《御览》在编纂时，好多内容大都抄自其他类书。尽管如此，但其文字毕竟出自原书。需要指出的是，我们说"往往详于今本"，但从许多异文比较来看，亦有今本详于赵氏内容的，这就说明后人在利用赵晔之书进行改编时，是有损有益，而绝不仅仅是删削而已。而所编之书也确实在内容上、体例上具有自己的某些特点，否则也不可能取代赵晔之书而流传至今。为了说明问题，不妨征引数条如下。

如今本《阖闾内传》记载越王允常造剑之事：

> 越王允常使欧冶子造剑五枚以示薛烛，烛对曰："鱼肠剑逆理不顺，不可服也，臣以杀君，子以杀父。"故阖闾以杀王僚。"一曰磐郢，亦曰豪曹，不法之物，无益于人。"故以送死。"一名湛卢，五金之英，太阳之精，寄气托灵，出之有神，服之有威，可以折冲拒敌。然人君有逆理之谋，其剑即出，故去无道以就有道。"

对于这一内容，许多书征引内容详略多不相同，现以《初学记》所引与之对照。

> 《吴越春秋》曰："越王允常聘欧冶子作名剑五枚：一曰纯钩，二曰湛卢，三曰豪曹，四曰鱼肠，五曰巨阙。秦客薛烛善相剑，越王取豪曹、巨阙、鱼肠等示之，薛烛皆曰：'非宝剑也。'取纯钩示，薛烛曰：'光乎如屈阳之华，沈沈如芙蓉始生于湖。观其文，如列星之行。观其光，如水溢于塘。此纯钩也。'取湛卢示之，薛烛曰：'善哉！衔金铁之英，吐银锡之精，寄气托灵，有游出之神。服此剑可以折冲伐敌。人君有逆谋，则去之他国。'允常乃以湛卢献吴，吴公子光弑吴王僚，湛卢去如楚。"
>
> 《吴越春秋》曰："秦客薛烛善相剑，楚王取湛卢示之，烛曰：'善哉！衔金铁之英，吐银锡之精。'"
>
> 赵晔《吴越春秋》曰："越王允常，聘欧冶子作剑五枚，三大，二小。三曰豪曹。秦客薛烛善相剑，王取豪曹示之，薛烛曰：'实非宝剑也。今豪曹五色黯然无华，已殒其光，亡其神。此剑不登斩而辱，则堕

于饮中矣.'王曰:'寡人置剑竹卢上,过而坠之,断金兽之颈,饮濡其刃,以为利也.'"(以上均见《初学记》卷22)

赵晔《吴越春秋》曰:"王允常聘欧冶子作剑,赤瑾之山破而出锡,若耶之溪涸而出铜,雷公击橐,蛟龙捧炉,天帝装炭,太一下观。"(《初学记》卷30)

对于这一内容,《北堂书钞》、《艺文类聚》、《太平御览》、《事类赋注》和《吴郡志》等书均有摘引,且详略互不相同。从比较中可以看出,《吴郡志》所引与今本大致相同而稍有简略,《北堂书钞》、《太平御览》二者基本相同而内容最详,《事类赋注》所引与上述二书大致相同而稍简略,《初学记》所引虽无上述三书详细,但却基本接近。唯《艺文类聚》所引,既与今本不同,亦与《北堂书钞》等四书之引有较大差别。通过对各书引文互异的比较和分析,作者在按语中指出:"据此可知,《北堂书钞》、《初学记》、《太平御览》和《事类赋注》所引,当出自《初学记》所明言之赵晔《吴越春秋》。《艺文类聚》所引应录自杨方《吴越春秋削繁》。今本应出于综合上述二家、最晚出的皇甫遵《吴越春秋传》。"这些录自许多书籍详略不等的异文,由于同记一件事情,这就为我们研究该书在发展过程中所演变的几种版本提供了有力的根据,多少也可以看出一些不同版本记事上的特点,对于研究、了解这些事件本身原委自然也有不可忽视的价值。

我们再看佚文,《太平御览》卷491引《吴越春秋》曰:

吴师入郢,阖闾既妻昭王夫人,又及于伯嬴。伯嬴,秦康公之女,平王之夫人,昭王之母也。伯嬴操刃曰:"妾闻天子,天下之表也;公侯,一国之仪也。天子失制,则天下乱;诸侯失节,则国危。今夫妇之道,固人伦之始,王教之端也。今吴去仪表之行,从乱亡之欲,犯诛绝之事,何以行训民乎?妾闻生以辱者,不如死以荣者,使吴王弃仪表,则无以生存,一举而两仪辱,妾以死守之,不敢命也。且凡欲近妾者,为乐也。近妾而死,何乐之有?先杀妾,又何益于君王?"于是,吴王惭耻,遂退还舍。

这条内容今本《吴越春秋》不载，只有"阖闾妻昭王夫人，伍胥、孙武、白喜妻子常、司马成之妻，以辱楚之君臣也"。在古代，破人之国，占人之妻，乃是司空见惯之事。而对这些内容，《左传》、《国语》、《史记》诸书均未记载。今本作者出于什么目的将"及于伯嬴"一事删了，自然不得而知，但对阖闾君臣这种行为，最后加上"以辱楚之君臣"一句，说明他们旨在报仇。而如果将"及于伯嬴"一事也放上，似乎就将与《国语》对阖闾的评论很不相符了。《国语·楚语》下《蓝尹亹论吴将毙》是这样评论阖闾的："阖庐口不贪嘉味，耳不乐逸声，目不淫于色，身不怀于安，朝夕勤志，恤民之赢，闻一善若惊，得一士若赏，有过必悛，有不善必惧，是故得民以济其志。"这个评论所称述的阖闾，显然是位励精图治的君主，而绝非荒淫的无道之君。所以今本《吴越春秋》作者，便将上段佚文删除了。事实上从这段文字所宣传的思想来看，也并不是在说明阖闾是位昏庸的好色之徒，他在听了伯嬴一系列数落后，也会感到"惭耻"，"遂退还舍"，这是无道之君所不可能的。我们应当看到的是，在春秋战国时代，许多有远见的政治家，在谈论治国之道时，都在强调以德治国，提倡君主要修德，行德政，得民心，国家方能强盛。伯嬴的那番激昂的言辞，不正是反映了这一思想吗？宣传王教，强调人伦，打出仪表，用来以护己身。"诸侯失节，则国危"，"吴王弃仪表，则无以生存"。这就是使"吴王惭耻"的原因之所在。作为国君的夫人，尚且深知如此重要的治国之道，那些想要争王称霸的君主和周围的谋臣就更可想而知了。因此，我们再回过头来看这条佚文的价值，自然也就可以更加深一层理解了，它对于研究当时的政治思想、史学思想以及伦理道德等方面无疑都具有不可忽视的重要价值。我们不妨再看两条佚文：

  《吴越春秋》曰："阖庐死，葬于国西北，名虎丘。穿土为川，积壤为丘，发五都之士十万人共治。千里使象挿土。冢池四周，水深丈余，椁三重。倾水银为池，池广六十步，黄金珠玉为凫雁，专诸之剑、鱼肠三千在焉。葬之已三日，金精上扬，为白虎据坟，故曰虎丘。"（《艺文类聚》卷8）

  这条佚文《吴地记》、《太平御览》、《太平寰宇记》、《吴郡志》诸书也都有所引录，内容详略也多不相同，《太平御览》、《吴郡志》都明言"铜椁三重"。再如：

> 《吴越春秋》曰："越王既栖会稽，范蠡等曰：'臣窃见会稽之山有鱼池上下二处。水中有三江、四渎之流，九溪、六谷之广，上池宜于君王，下池宜于臣民，畜鱼三年，其利可以致千万，越国当富盈。'"（《艺文类聚》卷96）

这条佚文《太平御览》、《事类赋注》两书亦有引录。以上两条今本均无记载，而其他史书亦未见有著录。前者对研究古代帝王的安葬，后者对研究范蠡的治国富民思想应当说都是很有价值的。上文云，椁之周围"倾水银为池"，据《史记·秦始皇本纪》载，秦始皇墓穴里亦"以水银为百川江河大海"。可见古代帝王的墓穴似乎都要倾注以水银，这一现象显然就具有研究的价值。综上所引，无论是异文还是佚文，将其辑出汇编，都有着无可替代的价值。

此书还有一个显著的特点，就是全书在校勘、考证的过程中，大量应用避讳学的手段，来解决许多由于某些字的不可理解而难以解决的问题。众所周知，避讳是我们这个民族所特有的一种风俗，这种风俗起于周，成于秦，魏晋南北朝社会交往中非常流行，唐宋更盛。这种奇特的社会风俗，给古人著作时增添了许多麻烦，避讳改字，避讳改名，避讳改姓，避讳改官名，避讳改地名等等，所在都有，后人阅读古籍，自然就困难重重。若不懂避讳常识，古籍整理就很难进行。作者正是用了避讳这把钥匙，不仅解开了不少难以读通的字句之谜，而且用此手段论证了今本究竟为谁所作及其著作成书时间。作者以"先"字为例作了统计和比较，发现今本在绝大多数场合不用"先"字，并列举《初学记》、《太平御览》、《北堂书钞》等书所引《吴越春秋》文句，凡有"先"字者，今本都作了变更，"王先食蒸鱼"、"唯先生卜焉"、"先庄王"、"先君之剑"、"先君无废祀"、"先师"、"先人与君相遭于途"、"先人藏器"、"先沉后扬"等，今本分别作"王前尝半"、"惟公卜焉"、"前王"、"前君之剑"、"前君无废"、"师"、"前人与君相逢于途"、"前王所藏"、"前沉后扬"等。而即使引用《左传》、《国语》、《史记》、《越绝书》等史书内容，"先"字亦多变为"前"字。书中作了统计，上述史书所载与今本内容相同之文，共用"先"字35处，其中26处今本均作"前"字。其实有许多地方更改以后，不仅使人费解，而且要产生误解。即如上文所引，"王前尝半"就很费解，而"前人与君相逢于途"，则很容易误解成从前人，这与先人之意相差实在太远。再如讲到伍员，本应是"其先名曰伍举"，而今本作"其前名曰伍举"，这就很容易误解为在此之前伍员名曰伍举，岂不是天大笑话。可见是为了避讳而硬用"前"字以代"先"字，甚至不顾损害文义。诸如此类，若是不作更正或指出，势必给读者带来诸多不便。可见在校勘过程中，除了用书本在字面上进行对校、他校外，有时还得大量用理校，进行考证，在这些方面本书作者都做得相当出色，所以这才有可能使这部流传千年之久的古籍有了比较完善的本子出现在广大读者面前。

关于《吴越春秋》的体裁，我认为正是典型的编年体史书，并无多大特殊之处，有些文章把编年体说成是"逐年编写的刻板办法"，其实这完全是一种误解，特别是成书于先秦时代的《左传》，已经不是拘泥于逐年记事的刻板办法，对此许多史学史论著中都早已指出。如僖公十五年条下，将晋对秦二十年来违约背信之事集中进行叙述；僖公二十三年条下，记晋文公出亡，集中叙述了得国前十九年流亡生活始末；再如襄公三十年条下，记郑国子产为政，实施改革和改革后果等等，都已突破时间顺序编排的界限，已经具有纪事本末的意味，这是史学界早已公认的了。到了编年体巨著——司马光的《资治通鉴》，当然就更不是逐年编写的刻板形式了。我们说，对编年体史书必须正确理解，对某些重大之事相对集中叙述，这是编年体史书发展成熟之表现，《左传》正是这种成熟的代表作，因为它不仅突破了逐年编排的刻板形式，而且也突破了先秦分别记言、记事的格局，做到了"言事相兼，烦省合理"（《史通·二体》），这是前人早已有的定论。所以我们说《吴越春秋》的编纂形式，乃是远学《左传》，将某些事件相对集中叙述，近效《史记》，将吴、越两国分别加以编写。可以这样说，《史记》的本纪和世家，正是给赵晔分国编写所提供的效法榜样。当然，我们也不应当忽略《国语》的分国编写对赵晔的影响。我们还要附带指出的是，谈论任何一部史书在编纂上有无特殊贡献，都必须将它放到整个史学发展的长河中加以比较和研究，否则得出的结论很可能就是不正确的。

至于该书的性质，作者在为自己著作命名时已经下了结论，《吴越春秋》就是吴、越两国编年的史书，就我国史学发展的历史来看，除《吕氏春秋》特殊外，凡曰"春秋"者皆为编年体史书，直到魏晋南北朝时期成书的孙盛《魏春秋》、《晋春秋》，习凿齿的《汉晋春秋》，王诏之的《晋安帝春秋》等无不如此。我们不妨再看杜预为"春秋"所下的定义，自然就更能说明问题了："记事者以事系日，以日系月，以月系时，以时系年，所以纪远近，别同异也。故史之所记，必表年以首事，年有四时，故错举以为所记之名也。"（《春秋经传集解序》）这就是说，编年史体之所以称春秋，就因为其书是以年为纲，举春以包夏，举秋以赅冬。所以孔子的《春秋》以后，许多编年体的历史著作仍称"春秋"，这显然不是出于偶然。正因如此，历代史书和目录学家一直把《吴越春秋》看作史书，《隋书·经籍志》列为杂史，《旧唐书·经籍志》、《新唐书·艺文志》亦列为杂史，《宋史·艺文志》列为霸史，《四库全书总目提要》则列入载记。不论是如何论列，总都承认它是部史书。

然而，不知从什么时候开始有人提出此书乃是小说，主要理由不外两个方面：一则是说该书内容记载了许多荒唐不经的民间传说和神话；再则便是说它对后世小说和戏曲产生了深远的影响，许多关于伍子胥和勾践的戏曲小说都是在它的基础上创作出来的。这两条理由我认为都不能成立。

关于此书记载了"迂怪妄诞，真虚莫测"的内容，确是事实，这在前人许多论著中均已指出，这是该书的糟粕，毋庸讳言，应当批判或剔除。但是不能因此便定其性为小说，若是此条成立，那么许多史书都将变成小说了，那还了得！就以我们上面所举《左传》为例，这是研究我国古代历史很重要的一部史书，但是书中也有不少关于卜筮、星占、望气等预断人间祸福的事，并且几乎没有一件是得不到验证的。即便正史又何尝没有。就如"史家绝唱"的《史记》，不是也记载了范增所编造的鬼话"吾令人望其气，皆为龙虎，成五采，此天子气也"（《史记·项羽本纪》）。《汉书》作者班固，为了说明刘邦应当得天下，不是也在《高帝纪》中编造了刘邦斩蛇的故事吗？《三国志》、《后汉书》记载这类事情自然就更不在少数，尤其是后者，由于书中许多地方对符瑞、气运、期数、阴德等迷信的肯定，所以作者范晔究竟是无神论还是有神论者，成为一直争论不休的问题。前四史尚且如此，以后诸史自然就可想而知了。赵翼在《廿二史札记》中就曾专门列出标题集中论述了这些内容。在卷8《晋书所记怪异》条开头便说:"采异闻入史传,惟《晋书》及《南》、《北史》最多。而《晋书》中僭伪诸国为尤甚。"又如同卷《相墓》条,是罗列了诸史所记相墓应验之事,卷15《诵经获报》条,则是汇集诸史所记某些人在大难临头,由于能大诵佛经而得以逢凶化吉,如此等等,自然都是史书所不该记载的东西。但是,由于时代局限,当时社会风气所致,这些"正史"都记了,但谁也不会因此而否定它们是史书这一性质。应当看到的是,东汉社会从汉光武帝刘秀起就笃信图谶。《后汉书·桓谭传》中说:"是时帝方信谶,多以决定嫌疑。"《张衡传》中也说:"初,光武善谶,及显宗、肃宗因祖述焉。自中兴之后,儒者争学图纬,兼复附以妖言。"生活在这样一个社会风气之中,以个人力量编写研究古代某地方历史,除能够见到的史书记载外,便是搜集流传于社会上的许多传说故事,这些传说和故事中,夹杂着许多"迂怪妄诞,真虚莫测"的内容,也就是完全可以理解了,因此用这个来作定其是否是史书的标准显然是不科学的。

至于用对后世小说和戏曲的影响来定其性质,自然就更不妥当了。尽管宋元话本中确实有《吴越春秋连像评话》,只能说明这部书对宋元话本有着很大影响,而不能就此便下结论说它是小说。我们还是以《史记》为例吧,鲁迅先生既称它是"史家之绝唱",又称其为"无韵之《离骚》",这就是首先肯定了其在史学上的地位,又肯定了其在文学上的价值,这两者并不矛盾。当代学者自然也都持这种观点。就以王伯祥先生为代表吧,他在20世纪60年代出版的《史记选序例》中就是从史学和文学两方面来评论这部伟大著作的。先论述了"司马迁在中国史学上的不朽伟绩",接着便论述"他在中国文学界发生的巨大影响"。"他的影响便在中国文学史蔚成了一脉相传的散文主流","文起八代之衰"的韩愈,"和他的同志们所追求的最高目标也就是司马迁的《史记》。后来的宋元诸大家,明七子和清朝的桐城、阳湖诸派的所谓'古文',都只是这一股主流中所起的波浪。其他如清初蒲松龄的《聊斋志异》那样类型的所谓'笔记小说',也都是接受了《史记》的影响的"。"《史记》中保留下来的许多生动活泼的故事,都成了人民喜闻乐见的东西。明朝余邵鱼的《列国志传》和甄伟的《西汉通俗演义》等小说,其中绝大部分是取材于《史记》的。直到现在,南北各地说评话的艺人,在各种场合把它分头开讲,仍旧吸引着不可计数的广大听众。至于戏剧的搬演,尤其是'源远流长',自元明以来不少的'杂剧'和'传奇'也都采取《史记》的故事做他们编演的蓝本。"接着王伯祥先生又列举了《元曲选》和明末清初传刻的《六十种曲》,以及京剧《文昭关》、《鱼肠剑》、《闹朝扑犬》、《搜孤救孤》、《完璧归赵》、《负荆请罪》、《鸿门宴》、《霸王别姬》等戏,无一不为广大人民所喜爱。"像这样上好的剧本,就是说根据司马迁的原著而改编的,也并不过分。""取材于《史记》的还多着呢。这不是它遗留在中国文艺界的莫大影响么!"我们所以不厌其烦地这样大段摘引,目的在于用王伯祥先生的论述,让广大读者知道,《史记》在中国文学发展史上一直起着重大影响,但它毕竟首先是一部史书,这是在史学界、文学界早已下了结论的,并没有人因此就来否定它是一部史书的事实。唯其如此,我们认为单纯用《吴越春秋》对后世说部的影响而否定它是史书的结论是不能成立的。我们还要指出的是,有些论著为了符合自己的观点,在引用前人著作时,竟然采用断章取义的方法,于是就有"《四库全书总目提要》说它'尤近小说家言'"的结论。这里不妨将《四库全书总目提要》有关论述摘引如下,便可知道《四库提要》作者的真实评论。

> 晔所述虽稍伤曼衍,而词颇丰蔚,其中如伍尚占甲子之日,时加于巳;范蠡占戊寅之日,时加日出,有腾蛇青龙之语;文种占阴画六阳画三,有元武、天空、天关、天梁、天一、神光诸神名,皆非三代卜筮之法,未免多所附会。至于处女试剑、老人化猿、公孙胜三呼三应之类,尤近小说家言。然自是汉晋间稗官杂记之体。

问题非常清楚,"尤近小说家言"是从"处女试剑"以下几件事的记载而得出的,绝不是指《吴越春秋》全书而言,而对于全书,其结论是"自是汉晋间稗官杂记之体"。"稗官杂记之体"是什么呢?尽管《隋书·经籍志》讲了"非史策之正",但毕竟还是属于史的范畴,这一点刘知幾在《史通·杂述》等篇中早有论述,并且还批评了那些研究编写历史的人只知死守周、孔章句和迁、固纪传的做法,指出应当广闻博采。可见《四库提要》的作者对此书评论还是有分寸的。既然将其分列在《史部·载记类》里,就绝不会将全书视作"小说家言",否则就无异于在自打耳光。

我们还要指出的是，《吴越春秋》在流传过程中，自然也少不了被后人加进不少东西，如《阖闾内传》所载楚乐师扈子作的《穷劫》之曲，近人俞樾已经指出，"可为七言诗之祖矣。……然词意均浅薄，不似春秋人语"。又如伍子胥的言论中有"胡马望北风而立，越燕向日而熙"，等等，当然也不是春秋时期的语言，这显然都是用自己的想象而强加于古人的语言。为什么元人徐天祐在为该书所作的序中，已经感到"观其所作，不类汉文"？汉人著作文字，为什么会"不类汉文"？原因就在这里。我所以要指出这点，就是要说明对该书许多乱七八糟的内容，不应全部归咎于原作者赵晔，对于后人的篡改、补进和传抄中的掺入，赵晔自然不应负责。当然，也还有些内容在叙述中与他书所载出入颇大，但却难以断言孰是孰非。"螳螂捕蝉，黄雀在后"，这一成语虽然其源出自《庄子·山木》篇，自刘向在《说苑·正谏》篇编写了讽谏吴王那则故事后，似乎便得到广为流传。故事所讲是"吴王欲伐荆"，讽谏者乃舍人少孺子。而《吴越春秋》在《夫差内传》中居然也有这则同样的故事。不过所记主人公与上书并不相同，故事情节也更为复杂，结局更是全然不同。该书明确讲了是吴王夫差，要伐的是齐而不是荆，讽谏者是太子友而不是舍人。尤其特别的是后面太子友还发了很长一段议论，指出"吴徒知逾境征伐非吾之国，不知越王将选死士出三江之口，入五湖之中，屠我吴国，灭我吴宫。天下之危，莫过于斯也！"尽管太子讽谏、议论入情入理，结局仍是"吴王不听太子之谏，遂北伐齐"。我们若作一比较，就会感到《庄子》所载乃是寓言，《说苑》所记则是故事，《吴越春秋》的叙述就近似于历史了。因为吴王夫差举兵北伐齐，参与黄池之会，这是在《左传》、《国语》、《史记》诸书中都有记载的历史事实，《国语·吴语》中还有《夫差伐齐不听申胥之谏》一篇，只不过不见太子友讽谏之事。可见这类记载应当是采自民间传说，对于研究当时的历史多少还是具有参考价值。

至于《吴越春秋》的价值，许多论著已从不同角度作了论述，它比较系统地记述了江、浙两地吴、越两族兴衰的历史，中间不仅记载了两国之间的相互征伐，而且还记载了这两个边远的蛮族多次北上与中原诸国争霸的历史情节。这中间自然就要涉及练兵布阵、制造武器、修筑城池、发展交通（特别是水路交通与水战）以及富国强兵的许多措施。其中虽然夹杂着不少真假不分、是非难辨的成分，只要认真加以剔除，其价值还是不可忽视的，上文所引许多例句，其实已经展示其在这些方面的价值。不要因为有人讲它"近于小说家言"而否定其历史价值，当然也没有必要把它说成是与《史记》等书同样重要的"权威著作"。一切都要还其本来面貌。

（原载周生春：《吴越春秋辑校汇考》，上海古籍出版社1997年版；又载《浙江大学学报》[人文社会科学版] 1996年第3期。收入《史家·史籍·史学》，题名改为《从〈吴越春秋辑校汇考〉看〈吴越春秋〉的版本、体裁、内容和价值》，内容有增补）

《越绝书校注》序

作为古代典籍的《越绝书》，全书的篇幅并不多，而存在的问题却不少。由于其书不著作者姓名和成书时代，因而这就成为后世研究者们争论的焦点。加上万历《绍兴府志》卷五八又异想天开地说："《地传》具形势、营构始末、道里远近，是地志祖。"于是后来有些人便附和并直接将此书称为"地志之祖"，这么一来"一方之志，始于《越绝》"[①]的说法也就被创造出来，当然就又成为争论的一个大问题。尽管我们向来就认定它是一部史书，但在体例上却又与众不同。它既不是编年体，也不是纪传体，虽然有些类似《国语》或《战国策》，但又不尽相同，因而使历来目录学家在分类上无所适从。对于《越绝书》，唐初修《隋书·经籍志》和五代、宋初所修《旧唐书·经籍志》、《新唐书·艺文志》均分在杂史类，宋私家目录陈振孙的《直斋书录解题》亦列在杂史类，元修《宋史·艺文志》则列于霸史类，清修《四库全书总目提要》则又分在载记类。值得注意的是，不管是如何分法，总都离不开史书的性质。

成书时代按理讲是与作者息息相关，一般说来，作者能够确定，成书时代自然也就解决了。关于《越绝书》的作者，历来著录就不一致。最早自然首推南朝梁阮孝绪的《七录》，《史记正义》："《七录》云：《越绝》十六卷，或云伍子胥撰。"其后则为《隋书·经籍志》、《旧唐书·经籍志》、《新唐书·艺文志》，均著子贡撰。宋《崇文总目》除了子贡外，又加"或曰子胥"。宋代目录学家陈振孙对上述意见采取了否定的态度，在《直斋书录解题》中说："《越绝书》十六卷，无撰人名氏，相传以为子贡者，非也。其书杂记吴越事，下及秦汉，直至建武二十八年。盖战国人所为，而汉人附益之耳。"明代官私目录，或因袭子贡、子胥之说，或从陈振孙主张。到了明代

[①] 清人毕沅在乾隆《醴泉县志序》、洪亮吉在乾隆《澄城县志序》中都有此说。

中叶，杨慎便据该书《篇叙外传记》一段文字析"隐语"而得出是东汉初年袁康、吴平所作。此说一出，附和者不少，反对者也相当激烈。清代修《四库全书总目提要》时亦依此法而定，因是官修，似乎遂成定论，于是许多著作沿袭而不改。如2001年出版的何晓明所著《姓名与中国文化》一书，还将此隐语用来作为示例，说明有些人姓名是隐藏在隐语之中，并在文中说杨慎"这一破译得到了学坛首肯"。我们认为这一说法显然是不符合历史事实的，在杨慎的说法提出之后，学术界曾引起了激烈的争论，而并不是所谓"学坛首肯"。即使到近现代，也从未出现过"学坛首肯"的现象。近代学者余嘉锡在《四库提要辨证》中将有清以来所有考评该书作者的观点加以辨证后说："要之，此书非一时一人所作"，并指出《书录解题》云"盖战国后人所为，而汉人又附益之耳"，紧接着一句赞语"斯言得之矣"。陈、余诸人的考订，不仅言之成理，而且相当精详，可惜未能引起人们足够重视，足见墨守之弊端，影响实在太深。唯其如此，我在《〈越绝书〉是一部地方史》（《历史研究》1990年第4期）一文中指出："陈振孙和余嘉锡所言比较准确。该书实际上正像《战国策》一样，是当年一些政治家游说吴越国君，由战国后期人追记汇编而成，直到东汉还有人'附益'，因而并不是一人一时的作品。"从而继余嘉锡之后，再次提出袁康、吴平并非《越绝书》作者的主张。后来为替周生春教授《吴越春秋辑校汇考》一书作序，从中得到很大启示，《吴越春秋》作者赵晔不仅正史《后汉书》中有传，地记《会稽典录》中亦有记载，而且历代谈论或摘引《吴越春秋》时，总也必然提到赵晔，这本是理所当然之事，再按此道理来查找被誉为"百岁一贤"的袁康、吴平，自东汉至明代中叶以前，竟然蛛丝马迹全无，这难道不值得深思吗？再看，析隐语与考证一样，必须有过硬的旁证，否则就很难成立，杨慎自然很清楚，为了找个旁证，反而漏洞百出，怎么也无法做到自圆其说，清代历史学家王鸣盛对其做法早已提出了批评。所有这些使我感到杨慎析出的两个人全然不像历史人物，实际上乃是子虚乌有。于是1998年初我便在台湾《历史》月刊3月号发表了一篇《袁康、吴平是历史人物吗？——论〈越绝书〉的作者》（此文后收入《史家·史籍·史学》）文章，指出袁康、吴平不是历史人物，而是杨慎臆造的人物。非常庆幸的是2003年5月上海古籍出版社出版的李步嘉先生的《越绝书研究》中也提出袁康、吴平不是人名，书中有这样一段话：

> 我认为《越绝书》中"袁康"、"吴平"也是属于政治隐语，杨慎以及后人之所以遍寻书卷中不见其名，是因为这并非人名，杨慎从破解隐语一开始就把"袁康"、"吴平"放在文人隐语中比较，没有找到破解隐语的正确方向，所以不能自圆其说。而后人也没有对相关隐语作深入分析，从而就把"袁康"、"吴平"当作《越绝书》作者，所以尽管后人对杨慎说进行修正、完善，但是仍然令人疑云重重。

这里作者从隐语本身破解来说明"袁康"、"吴平"并非人名。需要说明的是，我在文章中一直只讲袁康、吴平是杨慎臆造的人物，但对那段隐语本身并未作任何评论。可见只要深入加以研究，这样的问题早就该解决了。令人遗憾的是，清修《四库全书总目提要》竟轻信杨慎之说，遂使两个子虚乌有的人物堂而皇之地在流传。如今到了应当将其从所有历史记载中清除出去的时候了，不应当让其以《越绝书》作者名义再继续去蒙骗我们的子孙后代了。至于成书时代，尽管有人提出东汉、三国、魏晋诸说，我认为最早成书应当是在战国后期，这要从此书主要篇卷的内容和文字风格来定，而不能从后人"附益"的内容来定，因为有些篇卷确实成于后人之手，我们不能以偏概全。况且这些"附益"的内容，不仅大多不伦不类，而且很难说有多少重要价值，大可不必抓住这些大做文章。

《越绝书》原来究竟有多少篇卷，历来就没有一个较为确切的记载，加之在长期流传过程中，原来篇卷有的是散佚了，又有人不断在"附益"，这就更增加了复杂性。李步嘉先生在《越绝书研究》一书中，虽然设立专章对篇帙进行研究，并将前人各种说法详加搜罗，但终究无法讲清原委。尽管如此，对读者来说，还是有其重要参考价值。因为从中起码可以了解到历来学者所持各种说法。该书《德序外传》曾列了九篇：《太伯》、《荆平》、《吴越》、《计倪》、《请籴》、《九术》、《兵法》、《陈恒》、《德序》。而《篇叙外传》中所列八篇，除了少《德序》篇，《吴越》则作《吴人》。这是该书篇目的最早记载。而关于卷数的记载，最早要推南朝梁阮孝绪的《七录》，为十六卷（见张守节《史记正义》引），《隋书·经籍志》、《旧唐书·经籍志》、

《新唐书·艺文志》均著录为十六卷。到了《崇文总目》已经只有十五卷了，自《宋史》以后均著录为十五卷。据记载"旧有内纪八，外传十七"，共二十五篇，北宋初已散佚五篇，今传本为十九篇，较宋时又少一篇。而古代史志著录一般只著录卷数而不标明篇数，这部校注就是按照今传本卷数、篇目。究竟散佚了哪些篇，历来研究者说法也不一致，我认为还是张宗祥所说比较近乎实际，他在《越绝书校注》的《德序外传》篇末云："《太伯》、《吴越》、《兵法》三者应当均有专篇，均在亡佚之数。"钱培名认为仅亡佚《太伯》、《兵法》，洪颐煊则说仅亡佚《兵法》，卢文弨更指出《太伯》当为今本之《吴地》。总之众说纷纭，不过我觉得卢文弨的说法绝对不能成立，《外传记吴地传》所讲全是吴地的地名、山川、城池，而《太伯》所记肯定都是讲的太伯当政之时治理国家的方针政策，这只要从流传的相关篇目研究就可以得出这个结论。《德序外传》讲得非常清楚："观乎《太伯》，能知圣贤之分。"有人以《外传记吴地传》开头有"昔者，吴之先君太伯，周之世，武王封太伯于吴，到夫差，计二十六世，且千岁，阖庐之时，大霸，筑吴越城"，便得出今本《外传记吴地传》应该就是《太伯》篇的结论，这是无法令人接受的，难道这几句话就能说明"能知圣贤之分"吗？其实这是很简单的道理。至于《吴越》篇，应当是全书的总论。因为这部书讲的就是吴、越两国争霸之事，故《德序外传》讲："观乎《吴越》，能知阴谋之虑。"这就是说，看了《吴越》篇以后，就可以知道这两个国家当时各自的计谋和策略，也就是讲这两个国家当时对内对外政策。因此，这一篇是流传下来的任何一篇所无法代替的，如果这一篇保存下来，对于研究这部书的整个思想体系无疑具有重大作用。关于《兵法》一篇的亡佚，大家看法似乎都是一致的，认为这一篇确实是亡佚了。①

关于该书的名称，许多人都作过解释，但很少有令人满意者。近代学者俞樾的说法，应当说比较令人信服。他说："愚谓此绝字即绝笔获麟之绝。下云：'贤者辩十见夫子作《春秋》，而略吴越，又见子贡与圣人相去不远，唇之与齿，表之与里。'是以此书为继《春秋》而作。《春秋》绝笔于获麟之年，吴越之事，略而未详，此书踵而成之，直至勾践之霸而绝，故曰：'绝

---

① 关于亡佚之篇名，各家说法不一，限于篇幅这里只能讲个人观点，理由也无法展开。

者绝也，谓勾践时也。'"这就是说，《越绝》之绝，就是孔子作《春秋》获麟绝笔之绝，而吴越贤者见孔子所作《春秋》"略吴越"，故"览史记而述其事"，那么为什么不称"齐绝"、"楚绝"或"吴绝"呢？因为其书主要是记吴越之事，而吴虽大败强楚，又胜勾践，北上称霸，但最后还是败在勾践手下，国灭身亡。唯勾践最后称霸，此时为其富国强兵而立下大功的两位谋臣，范蠡远走他乡，文种被逼身亡，在作者看来，此乃不祥之兆，因而此书记载至此绝笔，故曰《越绝书》，正像孔子作《春秋》因获麟不祥而绝笔。如此解释顺理成章，所以笔者以为俞氏之说足以释此多年之谜。或许有人会说，勾践之后，此书还记载了许多内容，关于这点，前人已有说明，而我在《〈越绝书〉是一部地方史》一文中也已讲了，后人曾对该书有不断"附益"，直至东汉、魏、晋。

关于《越绝书》的性质，本来是不成问题的，因为古代以来，历史学家和目录学家在分类上一直是将其作为史书看待的，要么分在杂史类，而《四库全书总目提要》则列入载记类，总归都是属于史书。就是上文所讲万历《绍兴府志》似是而非的说法，我们所以讲这种说法"似是而非"，因为它很明显是以篇（偏）概全，《地传》在全书中只有两篇。到了清人毕沅和洪亮吉便又创造出"一方之志，始于《越绝》"的说法。于是方志学界，特别是浙江方志学界总喜欢将它说成是我国流传最早的一部地方志。为此我于1990年在《历史研究》第4期上发表了《〈越绝书〉是一部地方史》的文章，从该书的著书宗旨、著作体例、编纂形式、记载内容等多方面论述了《越绝书》只能是一部地方史。为了说明问题，现将有关论文抄录如下：

> 如果我们冷静地对《越绝书》加以研究，则无论从其著书宗旨、著作体例，还是从编纂形式、记载内容诸方面来看，它都与方志无共同之处。只能说它是地方史，而不是地方志。
>
> 首先，从著书宗旨来看，该书作者明确表示是拟《春秋》而作。首篇《外传本事》曰："当是之时，齐将伐鲁，孔子耻之，故子贡说齐以安鲁。子贡一出，乱齐破吴，兴晋强越。其后贤者辩士，见夫子作《春秋》而略吴越，又见子贡与圣人相去不远，唇之与齿，表之与里，盖要其意，览史记而述其事也。"又说："《越绝》谁所作？吴越贤者所作。

当此之时，见夫子删《书》，作《春秋》，定王制，贤者嗟叹，决意览史记，成就其事。"而在卷末《篇叙外传记》又说："圣人没而微言绝……发愤记吴越，章句其篇，以喻后贤……圣人发一隅，辩士宣其辞，圣文绝于彼，辩士绝于此，故题其文，谓之《越绝》。"如此不厌其烦地声称《越绝书》是继孔子《春秋》而作，因为孔子"作《春秋》而略吴越"，故决意"览史记而述其事"。因此，清人俞樾在解释"越绝"之时才说，即《春秋》绝笔于获麟之绝，其意在记吴越之事以续补《春秋》，而重点更在于越，故曰"越绝"。应当指出，在长期的封建社会里，史家作史，一般都不敢自比孔子作《春秋》，更不敢说续作。司马光等编修《通鉴》，所以上起周威烈王二十三年三家分晋，即缘于此。刘恕曾当面请教："公之书不始于上古或尧、舜，何也？""公曰：'周平王以来，事包《春秋》，孔子之经，不可损益。'曰：'曷不始于获麟之岁？'曰：'经不可续也。'"（《通鉴外纪后序》）关于这点，清代史家王鸣盛还曾作过评论："司马光《资治通鉴》托始于周威烈王二十三年命魏、赵、韩为诸侯，以为周不能守名器，故托始于此，盖借此以立议论，示鉴戒，为名教防闲，其实公本意则不敢上续《春秋》，但续《左传》，而始于此。"（《蛾术编》卷一一《通鉴续左传》）可是《越绝书》的作者却毫无顾忌地声称他是在续补《春秋》，这难道不值得深思吗？《春秋》原是一部史书，被推崇为经，乃是从汉代开始，这一思想倒可以为研究《越绝书》的成书时代提供重要线索。因此，这《越绝书》绝不是汉以后的产物，而是战国时代的作品。只不过后人作了一些"附益"，当然它的真正作者也不是袁康与吴平。即使是作些"附益"，也还是隐姓埋名，这与当时其他著作相比显然不同。

《春秋》既是史书，续补者自然也是史书，这是显而易见的事。那么既是写越国之事的史书，为什么要称《越绝书》呢？《外传本事》曾对此作了说明："越者，国之氏也。何以言之？按《春秋》序齐、鲁，皆以国为氏姓，是以明之。绝者，绝也，谓勾践时也。"并且又自问自答说："何不称《越经书纪》，而言绝乎？曰：不也。绝者，绝也，勾践之时，天子微弱，诸侯皆叛，于是抑强扶弱，绝恶反之于善，取舍以道……以其诚在于内，威发于外，越专其功，故曰《越绝》。作此者贵其内能自约，外能绝人也。贤者所述，不可断绝，故不为记明矣。"其实这样来解释书名，仍旧含糊不清，还是俞樾所说能使人得其要领。特别是联系到作书之旨，再看俞樾之说，更觉其言之有理。总之，从著书宗旨来看，《越绝书》与方志全然不同，没有一部方志公开声明要续补《春秋》，因此说它是一部欲申明《春秋》大义的史书，而不是方志。

其次，从著作体例来看，《越绝书》也不像方志。该书既有经传之称，又有内外之分，这是任何一部方志也不曾有过的一种体例。《外传本事》对此解释曰："经者论其事，传者道其意，外者非一人所作，颇相覆载，或非其事，引类以托意说之者。"其实这个解释并不能说明问题，"论其事"与"道其意"有何区别？从现存文字来看并无两样。如《计倪内经》与《外传计倪》两篇，同是记勾践与计倪论政，只是所谈内容不同，并无形式区别。或许原来亦在仿《春秋》经传的形式吧。

再者，从编纂形式来看，《越绝书》也不是方志。除《外传记吴地传》与《外传记地传》两篇外，基本上都是采用问答形式，首尾两篇为自问自答，其余皆为勾践与计倪、大夫种等人论政，与《战国策》相类似，而每篇又多有特定的目的要求，双方论述，大多围绕着一个中心思想展开。关于这点，《德序外传记》篇末曾有自述："观乎《太伯》，能知圣贤之分；观乎《荆平》，能知信勇之变；观乎《吴越》，能知阴谋之虑；观乎《计倪》，能知阴阳消息之度；观乎《请籴》，能知□人之使敌邦贤不肖；观乎《九术》，能知取人之真，转祸之福；观乎《兵法》，能知却敌之路；观乎《陈恒》，能知古今相取之术；观乎《德序》，能知忠直所死，狂僭通拙。"在这十七篇中，每篇自具首尾，单独记事，不相连属。这种形式，更与《战国策》相似，而与早期地记"编记杂说"、"人贤物圣"的特点并无相同之处。

最后，从记载内容来看，《越绝书》也不是方志。全书除《外传记吴地传》与《外传记地传》两篇主要记载吴越山川、地理、城邑外，其他都是谈论治国、用兵之道。所以张宗祥在为该书校注本所写的序中说："越自勾践归国，行计倪、范蠡之术，覆吴报仇，霸于中国。其道在富民贵谷，古所谓'民为邦本，食为民天'、'耕三余一，耕九余三'之道，越尽行之，此其精神，详于《计倪内经》、《外传枕中》两篇之中,最此书之要旨也。"这一段话,将该书的中心思想作了简要的概括。虽然钱培名将它称为"复仇之书",但是也离不开上述内容和思想。既是复仇,必然要讲两国交兵。既要取得复仇成功,非得首先富国强兵,方能达到目的,进而称霸中原。因此,中间既要谈治国富民,又要讲兵法权术。所以《四库全书总目提要》说:"其文纵横曼衍,与《吴越春秋》相类,而博丽奥衍则过之。中如《计倪内经》、《军气》之类,多杂术数家言,皆汉人专门之学,非后来所能依托也。"

综上所述,从多方面考察,《越绝书》只能是一部地方史,而绝不是地方志。

文章发表后,新华社还发了消息,中央人民广播电台在早间新闻里作了广播,《人民日报》海外版、《光明日报》、《解放日报》等国内多家报纸分别以《越绝书论述治国强兵之道》、《越绝书是战国时论述治国的史书》、《越绝书谈论治国强兵之道》等标题加以转载。其影响自然可想而知。此后我在《越绝书散论》、《中国史学名著评介·越绝书评介》等文中,又多次论述了这一论点。

最近陈桥驿先生在《会稽天下本无俦》一文中,又谈论了这一问题,并且说"绍兴的《越绝书》是众所公认的中国方志之鼻祖"(《中华读书报》2008年2月20日第四版)。因此,在这里我想有必要再向陈先生请教。众所周知,1982年陈先生在为乐祖谋所作的《点校本越绝书序》中,对于《越绝书》的性质曾作过明确的表态,认为是一部历史书,为了说明问题,现将该序中相关内容抄录如下:

对于《越绝书》的价值,也就是此书究竟是一部什么性质的书,历来颇有不同看法。

第一,此书历来公私书目多收入在杂史、稗史之类,《四库》收入载记类,说明此书是一部历史书。它不仅记载了春秋于越的历史,并且也记载了与于越相邻的句吴和楚的部分历史。……

第二,历来不少学者,还认为《越绝书》是我国地方志的鼻祖。万历《绍兴府志》卷五十八说:"其文奥古多奇,《地传》具形势、营构始末、道里远近,是地志祖。"清毕沅在乾隆《醴泉县志序》、清洪亮吉在乾隆《澄城县志序》中,都说:"一方之志,始于《越绝》。"今人朱士嘉在其《宋元方志传记序》中也指出:"《越绝书》是现存最早的方志。"当然,按照今本全书十九篇来说,内容包罗极广,不能一律都作为方志看待。但其中卷二《吴地传》和卷八《地传》两篇,不仅把句吴和于越两国国都及其附近的山川形势、城池道路、宫殿陵墓、农田水利、工场矿山等记载得十分详尽,而且还写出了这两个不同地区即太湖流域和会稽山地的地理特征。关于太湖流域,篇中记载了太湖、无锡湖等十几个湖泊及其位置和面积……在多山的会稽山地,篇中记载了十多座山岳的地理位置和其他情况……对一个地区的山川地理作这样的记载,无疑为宋代及其以后的地方志编纂开创了范例。把这两篇作为我国最早的地方志,确是恰如其分的。

我们觉得,陈先生当时这样的论述还是相当有分寸的,尽管历史上真正讲《越绝书》是地方志鼻祖者也仅此三人而已,将其说成"不少学者"也还说得过去,并且也只是将《地传》两篇说成是"最早的地方志",当然,对于这样以篇(偏)概全地研究确定一部著作性质的做法,我们早就表示过是不可取的,但比起将全书都说成是地方志的做法,毕竟还是有所区别。此后陈先生对这一问题,又在多篇文章中作过论述,有的还是持此种说法,有的已经是直指全书而言,但如此明确提出"《越绝书》是众所公认的中国方志之鼻祖",自然就会引起人们的特别关注。前文已经讲了,历史上把《越绝书》说成是地方志的,能够列出的也就是那么三个人,当然也就谈不上"众所公认"。而当代呢,在学术界也从来就未出现过"众所公认"此书为地方志的局面。众所周知,著名方志学家张国淦先生用毕生精力编写的《中国古方志考》一书,是收录我国古方志最全的一部书,正如作者的《叙例》中所讲,"本编所录,自秦汉至元代止","凡属方志之书,不论存佚,概行收录","凡古代所谓郡国之书及属于方志之一体者,并加收录,截至元季,悉用此例"。我们可以这样说,《中国古方志考》一书,就如同一部中国古代方志编纂简史,它把元代以前全国各地所编修的各类志书尽收入其中,著名学者胡道静先生当年曾给很高的评价。可是该书对《越绝书》就是没有收录,因为作者并不承认这是一部地方志。又如著名学者谭其骧先生，还在1981年在中国地方史志协会成立大会上的报告（载《江海学刊》1982年第1期）中，针对一些人将《越绝书》说成是地方志就已经提出了严肃的批评。谭先生是著名的历史地理学家，方志与历史地理是有着密切关系的，故他的批评自然是有其道理的。再如著名历史学家杨翼骧先生，他就是把《越绝书》和《吴越春秋》一样作为一部史书载入其著作《中国史学史资料编年》之中。如此等等，这么多著名学者都持否定意见，怎么还能说是"众所公认"？也许陈先生会说，所指的还是书中两篇《地传》而言。因此，回过来我们有必要对这两篇《地传》再作些说明。对于这部古籍，历来研究者大多认为成书于战国后期，后人又不断"附益"，陈先生在上述序中也同样持此看法，而后人"附益"最明显的亦是以卷三《越绝外传记吴地传》和卷八《越绝外传记地传》两篇为代表。对此，唐代学者司马贞在作《史记索隐》征引《越绝书》时已经察觉，他发现书中所记许多地名并非战国时期所出现，所以在《史记·孙子吴起传》中注时就加了一条按语："按《越绝书》云是子贡所著，恐非也。其书多记吴越亡后土地，或后人所录。"我们今天研究，大多数人亦都持此看法。既然这两篇乃为后人所"附益"，那我们有什么理由先将这两篇定为最早之地方志，再推而及之，硬将《越绝书》说成是最早的地方志呢？这种做法，显然是不可取的。

  关于这部书的内容和价值，历来研究者谈论确实不少，但系统、全面、详尽的评论还不多见，大多仅局限于某一方面进行论述。如有的认为是复仇之书，这种思想，宋元以来已经存在，清人钱培名还是说"《越绝》，复仇之书也"。这种说法，实际上只是看表面现象，并未看到吴楚、吴越之间战争的实质，乃是当时的争霸战争。有的则认为这是一部兵书，清人洪颐煊便直接认为今本《越绝书》就是《汉书·艺文志》著录的《五子胥》，《艺文志》的"杂家类"有《五子胥》八篇，"兵技巧家类"又著录《五子胥》十篇，图一卷，后者自然就是兵书性质。特别是《文选注》和《太平御览》曾分别引有《越绝书伍子胥水战兵法内经》、《越绝书水战法》、《越绝书子胥船军之教》等条文，可见洪氏之说很难说就毫无道理。这也足以说明《越绝书》原来确实是有兵法篇，而《文选注》和《太平御览》所引那些条文出自该书，应当是不成问题的，否则引者也不会无根据地冠以《越绝书》了，况且李善又是唐初人,能够看到原书显然也是毋庸置疑的。由于这些原因,再加上今传本中有《外传纪策考》、《内传陈成恒》、《外传记宝剑》、《外传记军气》等篇,故历来不少学者便认为这是一部兵书。我们认为这种看法也不确切,此书涉及军事内容确实不少,但它毕竟还算不上是一部兵书,我们只能说它是一部军事性很强的史书,这只要看了我们下面评价此书的内容,也就完全可以理解。

统观历代学者的论述,近代学者张宗祥在为该书校注本所写的序中所说则近乎事实:"越王勾践归国,行计倪、范蠡之术,覆吴报仇,霸于中国。其道在富民贵谷,古所谓'民为邦本,食为民天'、'耕三余一,耕九余三'之道,越尽行之,此其精神,详于《计倪内经》、《外传枕中》两篇之中,最此书之要旨也。"这里点出了勾践行富民强国之策,"覆吴报仇,霸于中国",最终还是为了达到"霸于中国"这个目的。所以我在《历史研究》那篇短文中指出,该书"反映春秋末年吴越两国争霸史实"。这个结论,正是从该书所载的内容概括出来的。关于这点,该书首篇《外传本事》其实也已有过说明,先讲了齐桓公九合诸侯,"兵强霸世之后,威凌诸侯,服强楚";"吴有子胥之教,霸世甚久。北陵齐楚,诸侯莫敢叛者;乘、薛、许、邾娄、莒旁毂趋走,越王勾践属刍莝养马,诸侯从之,若果中之李"。而勾践"反邦七年,焦思苦身","躬而自苦,任用贤臣,转死为生,以败为成。越伐强吴,尊事周室,行霸琅邪,躬自省约,率道诸侯;贵其始微,终能以霸"。不仅如此,而且在许多篇章中都记载了吴、越两国的谋臣如何在为自己的君主出谋划策。要称霸,首先得富国强兵才行,如何才能富国强兵,这个思想集中反映在《外传枕中》里范蠡的几句话中:"且夫广天下,尊万乘之主,使百姓安其居、乐其业者,唯兵。兵之要在于人,人之要在于谷,故民众则主安,谷多则兵强,王而备此二者,然后可以图之也。"这个思想在当时来说是非常了不起的,就在同一篇中,他还提出:"天地之间,人为贵,物之生,谷为贵。"这种"天地之间,人为贵"的思想的出现,可以说是春秋以来,天命、鬼神思想不断地衰退,而重视人的作用的观点则在迅速发展的反映。特别是到了战国时期,各类政治人物在进行辩论或说明问题时,已很少再有人援引天意、神意,而大多数以历史上的人事作为依据。争霸战争的胜利,战国七雄之间生死存亡的斗争,强弱兴衰的变化,无一不在说明人的主观能动性在其中所起的重要作用。这个思想也正是说明该书作于战国后期的重要体现。生产五谷，训练军队，争霸战争，都离不开人，这是人们在社会实践中总结出来的千真万确的真理，正因如此，所以在《外传本事》中有这样两句对话："问曰：'吴亡而越兴，在天与？在人乎？''皆人也。夫差失道，越亦贤矣。湿易雨，饥易助。'"这种思想与上文论述是完全一致的，这明显是进步的。还要指出的是，两国主要谋臣伍子胥和范蠡对两国势不两立的形势的分析和论述，又说明了人在其中的主导作用。《请籴内传》记载："申胥进谏曰：'不可。夫王与越也，接地邻境，道径通达，仇雠敌战之邦；三江环之，其民无所移，非吴有越，越必有吴。'"因此，伍子胥坚决反对贷粟与越，直至大声疾呼："臣闻狼子野心，仇雠之人，不可亲也。"可见伍子胥对夫差的忠心。而在《外传记范伯》中，范蠡也说："吴越二邦，同气共俗，地户之位，非吴则越。"既然如此，两国之间的战争就是不可避免了。因此，夸张武功的尚武精神也正是反映了春秋战国时期的社会特点，大国争霸也好，兼并战争也好，都要用武力来解决问题，这就是范蠡所宣扬的只有靠武力的"兵"，百姓才"安其居、乐其业"。要做到这一点，那就只有富国强兵了。为了达到富国强兵，谋士们为自己的主子分别提出了许多行之有效的计策，计倪说："兴师者，必先蓄积食、钱、布、帛，不先蓄积，士卒数饥，饥则易伤，重迟不可战，战则耳目不聪明，耳不能听，视不能见，什部之不能使，退之不能解，进之不能行。"又说："人之生无几，必先忧积蓄，以备妖祥。凡人生或老或弱，或强或怯，不早备生，不能相葬，王其审之，必先省赋敛，劝农桑；饥馑在间，或水或塘，因熟积以备四方。"（《计倪内经》）范蠡则说："大卜之君，发号施令，必顺于四时，四时不正，则阴阳不调，寒暑失常。如此，则岁恶，五谷不登。圣主施令，必审于四时，此至禁也。"（《外传枕中》）因为春生夏长，秋收冬藏，四时之变，从君主到庶人，都必须遵守这一自然发展规律，否则都将受到老天爷的惩罚。故在《吴内传》中范蠡又说："人道不逆四时者，言王者以下，至于庶人，皆当和阴阳四时之变，顺之者有福，逆之者有殃。故曰人道不逆四时之谓也。"为了发展农业生产，君主、庶人都必须做到不违农时，以和阴阳四时之变，并且提出警告说"顺之者有福，逆之者有殃"。发展农业生产，要做到掌握季节变化，不违农时，似乎已成为当时著名政治家的共识。计倪也说："凡举百事，必顺天地四时，参以阴阳，用之不审，举事有殃。""欲变天地之常，数发无道，故贫而命不长。"(《计倪内经》)他们都一再强调，农业生产与四时季节有着密切关系。在《外传枕中》里范蠡又说："春生之，夏长之，秋成而杀之，冬受而藏之。""寒暑不时，治在于人。""阴阳错缪，即为恶岁；人生失治，即为乱世。"若是四时不正，则阴阳失调，寒暑失常，自然就做不到五谷丰登。当然，万一发生"四时易次，寒暑失常"的时候，人就应当在此时发挥作用了。值得注意的是，在《计倪内经》篇中，作者还对农业、气象与旱涝规律进行了探索，并用阴阳五行变化的观点进行解释："太阴三岁处金则穰，三岁处水则毁，三岁处木则康，三岁处火则旱。故散有时积，籴有时领，则决万物不过三岁而发矣。以智论之，以决断之，以道佐之。断长续短，一岁再倍，其次一倍，其次而反。水则资车，旱则资舟，物之理也。天下六岁一穰，六岁一康，凡十二岁一饥，是以民相离也。故圣人早知天地之反，为之预备。故汤之时，比七年旱而民不饥；禹之时，比九年水而民不流。其主能通习源流，以任贤使能，则转毂乎千里之外，货可来也。"众所周知，在我国漫长的封建社会中，一直实行着重农抑商、重本轻末的经济政策，士农工商，商总是放在末位，一直受到抑制，而在这篇中，作者竟提出了本末并举的治国思想，这无疑是非常可贵的，如说："籴石二十则伤农，九十则病末。农伤则草木不辟，末病则货不出。故籴高不过八十，下不过三十，农末俱利矣。故古之治邦者本之，货物官市开而至。"如此治国的经济思想，在古代封建社会中是不可多得的。以上这一系列关于发展农业、富国裕民的治国理论，确实都具有很重要的价值，所以后魏时的农学家贾思勰在《齐民要术》一书中就曾多次加以征引。而这些主张，在吴、越两国也都确实行之有效，先后都曾达到富国强兵的目的，因而才都有可能北上中原争霸。在吴国，"昔者，吴王夫差之时，其民殷众，禾稼登熟，兵革坚利，其民习于斗战，阖庐□制子胥之教，行有日，发有时"(《外传记吴王占梦》)，实现了国富兵强，因而西破强楚，东平于越，北上中原称霸。在越国，勾践自吴返越后，听从谋士们的计策，"乃坏池填堑，开仓谷，贷贫乏；乃使群臣身问疾病，躬视死丧；不厄穷僻，尊有德；与民同苦乐，激河泉井，示不独食。行之六年，士民一心，不谋同辞，不呼自来，皆欲伐吴。遂有大功而霸诸侯"(《外传计倪》)。可见吴、越两国先后成为春秋晚期的霸主也就绝非偶然，既有一班谋士们的出谋划策，又有君主、庶人上下同心，大家都不违农时，加强农业生产，遂使国家逐渐富裕起来，有了国家的富强，强兵自然也就随之而来。

上文讲到，历来许多学者都将此书视作兵家之书，就连近代学者余嘉锡在《四库提要辨证》中也说："余以为战国时人所作之《越绝书》，原系兵家之书。"他们的讲法自然都有相当道理，因为要争霸首先要强兵，因而书中许多篇章确实都有论述富国强兵之道、战守之要，以及政治、经济、外交诸方面与战争胜负的关系，还有天时、地利、人和等方面给战争胜负带来的重要影响。就如我们上面所论述的几段，谈的虽然都是农业生产发展方面的内容，但它同样又是强兵的前提和基础，也是那些政治家们谈论强兵的出发点。因为首先要有国家的富裕，粮食的丰足，才谈得上练兵、强兵和打仗。常言道，兵马未动，粮草先行，这是用兵打仗最起码的常识。国家富了，经济实力强了，也就有了强大的后方，前方打仗，也就无后顾之忧。这就是范蠡所说："民众则主安，谷多则兵强，王而备此二者，然后可以图之。"这就表明在这些政治家的心目中，经济乃是军事的坚强后盾，有了民众，有了粮食，也就有了强大的军队，然后才有可能称霸。《兵法》篇的亡佚，当然很可惜，但流传下来的篇章中，还是包含了许多重要的军事思想、军事理论，值得总结。如《外传记军气》就是专门就用兵中的天时、地利、人和等问题如何处理的论述，此篇开头便说："夫圣人行兵，上与天合德，下与地合明，中与人合心。义合乃动，见可乃取。小人则不然，以强压弱，取利于危，不知逆顺，快心于非。故圣人独知气变之情，以明胜负之道。"文中还列举了伍子胥"相气取敌大数"。因为伍子胥、范蠡诸人，既是著名的政治家，又是杰出的军事家，因此，他们在与国君谈论治国之道时，往往都是将富国与强兵连在一起，事实上也是无法将其截然分开，上引范蠡的那两句话就非常典型，他又说："万乘之主，使百姓安其居、乐其业者，唯兵。"谈的是如何使百姓安居乐业，却又将兵的话题拉来，因为在那争霸战争非常激烈的年代，如果没有一支强大的军队，要想让百姓安其居、乐其业，自然是不可能的。这部书中许多篇章所反映的军事思想、军事理论、军事策略是相当丰富的，所以我们说它是一部军事性质很强的史书，但还不能说它就是一部兵书，历代史志目录分类上，均将其分入杂史、霸史等类，而从未见过分入兵家类，道理就在于此。

在阅读过程中，人们还可以发现，当时的这批谋臣还向各自的君主进言，在用人上要"谨选左右"，"躬身任贤"，还特地引用子贡的话："荐一言，得及身，任一贤，得显名。""伤贤丧邦，蔽能有殃。负德忘恩，其反形伤。"《传》曰："宁失千金，毋失一人之心。"（《外传记范伯》）他们就是用这些语言，告诫君主既要谨慎选人，又要善待贤能大臣。关于这点，计倪所讲则非常典型："夫仁义者，治之门；士民者，君之根本也。闺门固根，莫如正身。正身之道，谨选左右。左右选，则孔主日益上；不选，则孔主日益下。二者贵质浸之渐也。愿君王公选于众，精炼左右，非君子至诚之士，无与居家，使邪僻之气无渐以生，仁义之行有阶。人知其能，官知其治。爵赏刑罚，一由君出，则臣下不敢毁誉以言，无功者不敢干治。故明主用人，不由所从，不问其先，说取一焉。是故周文、齐桓，躬于任贤；太公、管仲，明于知人。"（《外传计倪》）他在这里引经据典来论述君主选贤用能的重要性，要做到这一点，君主本人必须正身。不正身也就谈不上选贤。当吴王夫差逼死伍子胥以后，吴、越两国的大臣都纷纷发表议论，指出夫差这一做法实际上是在自坏长城。《请籴内传》篇以作者口气说："申胥且死，曰：'昔者桀杀关龙逢，纣杀王子比干，今吴杀臣，参桀纣而显吴邦之亡也。'"而在《外传计倪》篇中作者十分惋惜地写道："哀哉！夫差不信伍子胥，而任太宰嚭，乃此祸晋之骊姬、亡周之褒姒，尽妖妍于图画，极凶悖于人理。倾城倾国，思昭示于后王；丽质冶容，宜求鉴于前史。古人云：'苦药利病，苦言利行。'伏念居安思危，日谨一日。"为了说明伍子胥对吴王夫差忠心，赤胆忠心地护卫吴国，书中多次记录了伍子胥向吴王进谏的内容，而在《内经九术》篇中，则将最后一次进谏内容全文录出。越王勾践返国后，先是"婴以白璧，镂以黄金，类似龙蛇而行者，乃使大夫种献之于吴"，"吴王大悦"。伍子胥进谏曰："不可，王勿受。"讲了许多不能受的原因，指出"大王受之，是后必有灾"。"吴王不听，遂受之而起姑苏（亦作胥）台，三年聚材，五年乃成，高见二百里，行路之人，道死尸哭。"接着越又饰美女西施、郑旦，使大夫种献之于吴王，"吴王大悦"。伍子胥再进谏曰："不可，王勿受。臣闻五色令人目不明，五音令人耳不聪，桀易汤而灭，纣易周文而亡，大王受之，后必得其愿。胥闻越王勾践服诚行仁，听谏，进贤士，是人不死，必得其名；胥闻越王勾践冬披毛裘，夏披絺绤，是人不死，必为利害。胥闻贤士，邦之宝也；美女，邦之咎也。夏亡于末喜，殷亡于妲己，周亡于褒姒。"这个讲谏，可以说字字句句都表现出伍子胥对吴国、吴王的忠贞精神。然而，吴王夫差不仅听不进胥的逆耳忠言，反而"以申胥为不忠而杀之"。对于这种是非不分、自坏长城的愚蠢之举，就连越王勾践亦为之不平，在越国大败吴国之后，勾践就曾当面训斥夫差说："昔者上苍以越赐吴，吴不受也。夫申胥无罪，杀之。进谗谀容身之徒，杀忠信之士。大过者三，以致灭亡，子知之乎？"（《请籴内传》）该书作者在《外传纪策考》中对伍子胥为吴国的富强作出重大贡献，直至最后被吴王迫害身亡而矢志不变的高贵品质，曾给予高度评价："子胥至直，不同邪曲。捐躯切谏，亏命为邦。爱君如躯，忧邦如家。是非不讳，直言不休。庶几正君，反以见疏！谗人间之，身且以诛。"最后还借子贡之口说出"胥执忠信，死贵于生"的结论。可见当时人们对伍子胥的看法称得上是众口一词了。基于以上这些事实，我们觉得《越绝书》中所记载之吴、越两国谋臣，许多都可以说是名副其实的政治家，他们为各自的君主在富国强兵方面真正起到了出谋划策的作用，对于自己的君主和所在国家，一般都做到了赤胆忠心。这与《战国策》所记载的那些游说之士全然不同，他们既没有坚定的政治主张，也没有固定的政治立场，朝秦暮楚，见风使舵，凭着自己的口才辞令，以达到爬上政治舞台，猎取个人功名富贵为目的，两者所起的作用和影响自然也就不可同日而语了。特别要指出的是，吴、越两国的谋臣，大多来自不同国家，一旦受到所在国家的重用，便忠心耿耿为这个国家的富强而努力奋斗，直至献出自己的宝贵生命。伍子胥、文种虽效忠于不同的国家、不同的主子，最后得到的乃是同样的下场。尽管如此，他们那种忠于国家、敢于直言、忠于职守的正直的政治家形象，却永远地流传在人世间。他们的言行，许多都是永远值得借鉴的。诸如"苦药利病，苦言利行"、"居安思危"、"见小利而忘大害者不智"、"五色令人目不明，五音令人耳不聪"、"贤士、邦之宝也；美女，邦之咎也"、"盛衰存亡，在于用臣；治道万端，要在得贤"等等，所有这些，可以说都是经验之谈。

综上所述，我们认为《越绝书》是吴、越两国争霸的历史，因此，在研究论述这部地方性历史书的内容价值时，首先得从这个方面着眼，因为它是全书的主要内容，正像孔子的《春秋》，虽然也记载了许多自然现象，诸如天象变化、自然灾害等等，但它毕竟主要记载了242年间以鲁国的历史为主体的各国发生的大事。吴、越贤者"见夫子作《春秋》而略吴越"，于是"览史记而述其事也"。既然如此，如何看待它的内容和价值，也就可想而知了。尽管它仅是一部地方史，但它记载了春秋晚期大国争霸的历史，这些内容并不局限于吴、越两国的战争，还涉及吴伐强楚，北上中原称霸，最后还有越国的称霸。其所记内容，也已超越了一般地方史的范围，已经带有"国际性"战争的内容和价值，因此，长期以来一直为学者们所重视。

我们说《越绝书》是记载吴、越两国争霸战争的历史，并不是说它的内容就是记载两国之间的打仗。其实它和其他史书一样，记载不可能是单一的，必然要记载许多相关的问题，因此就为研究这些问题提供了宝贵的资料，诸如吴、越两国的民族、民俗、方言、地名、冶炼、水利兴修、古城建筑等等。如书中多次说明，"吴越为邻，同俗并土"，"吴越二邦，同气共俗"。这就是说，这两个相邻的国家，在风俗民情方面大体上是相同的。两者都地处水乡，行动要靠舟船，又都是食渔盐之利，形成共同的民俗民情也就是情理之中。书中还有《外传记宝剑》一篇，对于研究当时的冶炼技术、铸造水平无疑具有重要价值，正如张宗祥在为该篇作注时指出："宝剑为五金合冶而成，故上言五色并见，莫能相胜。此又言金锡和铜而不离。凡火力不齐，五金不合，则剑不成。"可见铸剑在各方面技术上要求都是很高的，它自然就反映了当时冶炼的最高水平。还有许多其他内容，有些文章也已论及，限于篇幅就不多讲了。这里我想要特别讲一下的是，这部书中许多人物在论述自己的政治主张或说明某个问题时，往往都用阴阳五行思想来加以说明，并且反映也比较突出。计倪告知勾践，"阴阳万物，各有纪纲"，"金、木、水、火、土更胜"，作为君主，必须掌握，"审金木水火，别阴阳之明，用此不患无功"。尤其有趣的是，他还将五行直接与五个方位联系起来，"臣闻炎帝有天下，以传黄帝。黄帝于是上事天，下治地。故少昊治西方，蚩尤佐之，使主金；玄冥治北方，白辨佐之，使主水；太皞治东方，袁何佐之，使主木；祝融治南方，仆程佐之，使主火；后土治中央，后稷佐之，使主土。并有五方，以为纲纪"（《计倪内经》）。这将金木水火土与东西南北中直接联系起来。古人还将五方之位与一年四季相配：东为春，南为夏，西为秋，北为冬，中为季夏。这么一来，五行、五方和四季便联在一起，这就说明，我们的先人将三者看作是有其内在联系的，而在五行之间，又存在着相生相胜的关系，四时冷暖变化，作物播种生长收藏，都由五行相生相胜推演变化所生。因此，五行之间必须协调，否则"阴阳不调，五行失序"，就会发生灾祸。可见古人是通过五行来研究人与自然万物的关系及相互间的影响变化关系的，因而五行成为古代思想家们一种基本哲学概念。计倪在讲述黄帝治地按五行五方分配之后，接着还说："是以易地而辅，万物之常。王审用臣之议，大则可以王，小则可以霸，于何有哉？"而在《外传枕中》篇里，范蠡亦与越王大谈"金、木、水、火更相胜，此天之三表者也，不可不察，能知三表，可为邦宝"。在范蠡看来，"八谷贵贱之法，必察天之三表，即决矣"。可见计倪、范蠡之教勾践治国安邦，富国强兵，总都离不开阴阳五行之教，这几乎成为他们治理国家的指导思想。可是这种思想至今都很少见到有人加以研究。当然，我们还要告诉大家的是，由于这部书不是出自一人之手，因而其内容和思想都显得很杂。书中既主张尚武，强调兵的作用，有法家思想；又宣传儒家的仁义之教，大讲忠信之道，文王、周公、孔子治国理论随处可见，并称"仁义者，治之门"；阴阳五行，相生相胜，自然又是一家。然而十分奇怪的是，这些思想往往又是出于一人之口。由于追记而成，所以许多内容免不了摘抄有关书籍，尽管摘抄时不加引号，人们一看熟悉的句型，就会联想到它是来自何书。"成大功者不拘于俗，论大道者不合于众"（《外传记范伯》）、"爱之如父母，仰之如日月，敬之如神明，畏之如雷霆"（《外传计倪》）、"五色令人目不明，五音令人耳不聪"（《内经九术》）等等，大家读了以后，总觉得似曾相识，如果按原书去查对，也仅是个别字作过变动而已。所以，这部书的中心思想究竟属于哪一家，看来也就很难下结论，因为作者编写时的手法就是一切为我所用，只要有利于自己的说法，不论是哪一部书的内容，照样都可以拿来，何况后来"补益"者又那么多，内容之杂也就可想而知了。

至于如何看待前人所说"一方之志，始于《越绝》"的说法，这里有必要和大家讲一讲。对于前人研究的成果和所下的结论，本来非常明确，那就是凡是正确的就采用它，不正确的则加以否定，从来就没有人说过前人的结论都是百分之百正确的，前人的记述都是准确无误的，否则我们还要研究什么呢？因此，对前人的说法，必须作科学的分析，而不应当盲目地随声附和。此说最早首推万历《绍兴府志》卷五十八所说："其文奥古多奇，《地传》（指《外传记吴地传》、《外传记地传》两篇）具形势、营构始末、道里远近，是地志祖。"这里作者还是相当有分寸的，人家是讲《地传》"是地志祖"，而没有讲《越绝书》是地志祖。当然，对这样的说法，我们也并不同意，我们早就讲过，研究一部书的类型和性质，不能用一两篇的内容来定全书的性质。正像《汉书》中有《地理志》，不能说《汉书》就是地理书；有《艺文志》，也不能说就是目录学书；即使该书有十个志，同样也不能说它就是政书体，道理是一样的。一部书中的任何一部分都不能决定全书的性质，这就是我们常说的不能以篇（偏）概全，其实这是一个很普通的道理。后来清人毕沅在乾隆《醴泉县志序》、洪亮吉在乾隆《澄城县志序》中都先后讲了"一方之志，始于《越绝》"。众所周知，毕沅只是一官僚政客，他虽喜延聘学者为其修书，但并不是自己所修，就如《续资治通鉴》一书，为其统稿者乃是著名史学家邵晋涵，因而他许多序文多为其幕僚门客所写，章学诚就曾代其写过多篇府县志序文，像章氏这样的幕僚显然不会很多，一般多为只懂些八股文，而不懂方志。"一方之志，始于《越绝》"，其实也就是指始于两篇《地传》而已。因此，对前人有些研究结论，应当持审慎态度，千万不要作无原则的随声附和。

通过上述评价，大家可以了解到，这样一部字数并不多的古籍，存在的争论问题却是不少。其实如果能够深入认真地加以研究，抛弃墨守成规和成见，本着追求真理、修正错误的精神，这些争论问题是完全可以解决的，况且有的问题别人早已解决了，只不过有的人视而不见、不承认罢了，这种做法并不是学术研究应有的态度，不利于学术的发展。我们可以肯定地告诉读者，这是一部记载春秋晚期吴、越两国争霸史事的地方史，而绝不是地方志。最早成书于战国后期，历经秦汉魏晋常有人作"附益"，就像许多古书一样，成书后常有后人"附益"，如著名的编年体史书《左传》，顾炎武早就指出其"成之者非一人，录之者非一世"，千万不要以为有东汉或魏晋时的内容，就一定认为是这个时期所作。书的作者正如书中所说是"吴越贤者"，这就说明写《外传本事》时已无法确指作者为谁，只能就说"吴越贤者"。至于袁康、吴平，不仅不是该书作者，历史上也根本就不存在这两个人物，完全是子虚乌有，是杨慎臆造的人物。而书的名称《越绝书》之"绝"，正是取孔子作《春秋》因获麟而绝笔之意，因为越国最后一个称霸，而称霸以后，勾践便得意忘形，再也听不进谋臣们的意见，逼死了文种，逼走了范蠡，足智多谋的范蠡从此浪迹江湖，越国的前途也屈指可数了，故至此绝笔而不书，实属情理之中。

《越绝书》作为古籍来说，篇幅并不多，每篇文字也并不太长，但是由于成书于战国后期，因此文字难免艰涩难读，"古奥多奇"，除了专门研究以外，将其通读的人显然不会太多，因而从民国至今连一部注释本也未出过。二十世纪八十年代以来，先后曾出版过两部点校本和一部白话本，其中以李步嘉先生的校释本为最佳，白话本问题最多，这是完全可以想象得到的。对于古籍整理，我们向来主张只作注释，特别是详注，以帮助一般读者阅读，而反对翻译。长期以来的事实说明，要将古籍的内容翻译成白话，能够翻译得非常贴切，应当说是不可能的，因为许多古代文字，都是反映当时社会的风貌和人们的心理状态，在今天来说大多是"只可意会而不可言传"，许多古籍译本所出现的问题和笑话，已经能够说明这个问题，应当引起学术界和出版界高度重视，树立对社会的责任感。但是，古籍注释工作，乃是一项相当细致、复杂的古籍整理工作，是通过整理、点校、注释，使古籍走向社会、走向大众的一项工程。许多事实证明，并不是凡能阅读古文的人都能够从事、胜任这项工作，还必须具备相关的专业知识，特别是历史基础知识。所以我一直认为，校注工作是一项相当复杂的科研工作，因为它涉及的知识面实在太广。就像《越绝书》这样一部古籍，看起来其篇幅、内容并不很大，但涉及的知识面却实在太广，天文、地理、历史传说、历史典故、历史人物、古代方言、古代物产、古代风俗、古代建筑等等，凡所涉及，都得作注，仅此列举，就足见其复杂性。绍兴社科院张仲清先生，长期从事吴越文化研究，尤其对《越绝书》研讨亦已多年，经过长期研究和积累，于最近完成了二十余万字的《越绝书校注》工作，并请我为之作序。我在阅读书稿后，深深感到作者花在书中的功夫实在是相当深厚的，尤其是能够博采众家之长，丰富了注释的内容，因而我亦从中受益匪浅。归纳起来，全书具有三大特点：

首先，针对读者往往在阅读每篇文章后不知所云，得不到要领，于是在每篇文章之前都设一题解，将本文的主题思想或写作宗旨，作一简单说明，文字长短不一，但确实能够起到导读的作用。如《内经九术》篇《题解》曰：

> 越王勾践在臣吴返国以后，为了达到雪耻复国的政治目的，不时地向群臣问计。本篇所记，是勾践问计于大夫文种，文种向越王勾践献"伐吴九术"之事。
>
> 文种所献"伐吴九术"，在吴国来说是阴谋，但对越国来说却是实实在在的行动计划。在当时，吴越两国力量对比十分悬殊，越王勾践若要完成雪耻复国大业，一方面需要富国强兵，另一方面则要千方百计地削弱吴国。所以九术之中，三术治内，六术谋吴。治内三术贯穿于"生聚教训"富国强兵的基本国策当中。谋吴六术，归结起来，就是腐蚀吴国君臣的意志，离间吴国君臣的关系，消耗吴国的国力。美人计、离间计、借力杀人计环环相扣，从而影响了两国战略态势的变化，越国由弱转强，赢得了主动权。但说到底，谋吴六术的成功则需要有一个基本条件：吴王愚昧昏庸。这叫作"外因通过内因而起作用"。在家天下的君主制时代，君主的明智与否，关系到国家的兴衰存亡。夫差的愚昧昏庸导致吴国灭亡，教训是十分惨痛的。
>
> 据《吴越春秋》，越至败吴后，听信谗言，怀疑文种有篡国图谋，赐文种以属镂之剑自杀，其理由是"九术之策，今用三已破强吴，其六尚在子所，愿幸以余术为孤前王于地下谋吴之前人"。三策指本篇所述两策加《请籴内传》的"请籴"一策，其实在谋吴过程中，是九术连用，并无彼此，只是此三术对于劝导为君者加强自身修养，关心国计民生具有深刻的现实意义。

通过这一番说明，什么是九术以及每一术所指的内容是什么，就非常清楚了，特别是其针对性，即"三术治内，六术谋吴"，作了解释以后，再阅读原文，自然就通顺得多了。又如《请籴内传》的《题解》是：

> "请籴"是文种"伐吴九术"中的第三术："贵籴粟槁，以空其邦。"（见《内经九术》）是越王勾践质吴三年返国之后与吴"交锋"的第一个

回合，借以试探吴国君臣对越国的态度。文中又与第七术"强其谏臣，使之自杀"连用。

吴国君臣对越国的"请籴"，是卖还是不卖，这跟当年勾践兵败求和，是许还是不许一样，形成了两种不同意见，造成了对立冲突，导致产生了不可调和的矛盾。这使得越王勾践的阴谋得逞：得粟且又离间了吴国君臣。

伍子胥的被杀，是吴国的悲剧。对越王的"请籴"阴谋，伍子胥有着清醒的认识，他认为"越王之谋，非有忠素。请籴也，将以此试我，以此卜要君王，以求益亲，安君王之志"，"狼子野心，仇雠之人，不可亲也"，显示了他的深谋远虑和洞察力。由于吴王夫差的自大愚昧和沽名钓誉，听信伯嚭、逢同等的谗言，视敌为友，计害忠良，把吴国推向了灭亡。这里说明了一个道理：国之兴亡，在于用人。作为君主，必须"亲贤臣，远小人"。

这则《题解》看来就更加重要了，因为它不仅介绍了本篇的主题内容，更重要的是起到了前后呼应的作用。由于本书的篇目编排顺序，因多次变动，前后内容大多并不衔接，阅读起来就有零乱的感觉。如《内经九术》排在第十二卷第十四篇，而作为"九术"之一的《请籴内传》则编排在第五卷第六篇，这样编排显然是很不科学、很不合理，但这是长期来历史所形成。为了解决这不合理给读者带来的困难，故这个《题解》开宗明义就指出："'请籴'是文种'伐吴九术'中的第三术，'贵籴粟槁，以空其邦'（见《内经九术》）。"这就告诉读者，"请籴"乃是文种向越王勾践所献的"九术"之一，并且是"九术"中的第三术，因此，不妨将两篇同时阅读，可以起到相得益彰的作用。这样既节省时间，又容易理解。《题解》的导读作用这里就显而易见了。

其次，本书的注释详尽，真正做到了广征博引。下面我们也举例说明，为了同时说明古籍翻译很难做到意义绝对贴切，这里我们列举本书中两句话，先将刘建国的《白话越绝书》对这两句话的翻译列出，再将本书对这两句话所作的注释也全文抄录，供读者一道来评论：

一、兴乐石城，走犬长洲。（出自《记吴地传》）白话本翻译是："到走犬长洲欣赏音乐歌舞。"这句翻译实在是风马牛不相及。

本书注释是：

> 兴乐石城，钱培名曰："兴乐石城，原脱'石'字，'城'误'越'，又自'越'字以下，断入下节，致不可通。今悉依《吴越春秋》补正。"张宗祥云："'越'疑衍文，或越下脱一'宿'字。"乐祖谋校："各本'兴'下均有注：'一作与。'"仲清按，乐祖谋校本作"兴乐越"。检之《吴越春秋》卷四作"兴乐石城"。钱说是。"越"当是"城"字之误，并漏"石"字。今从钱说补正。石城，在今苏州市西南15公里处之灵岩山。《吴郡志》卷十五："刘逵注《吴都赋》引扬雄《方言》云：'吴有馆娃宫，吴人呼美女为娃。'又云：'砚石山有石城，去姑苏山十里，阖闾养越美人于此。'"顾炎武《肇域志》云："灵岩山，在县西三十里。一名石鼓山，又名砚石山，又名石射堋山。今吴王离宫也。《郡国志》云：吴王离宫在石鼓山，越王献西施于此。"仲清按，《吴越春秋》卷四徐天祐注："在吴县东北，吴之离宫。越王献西子于此。"疑误。
>
> 走犬长洲，《吴越春秋》徐天祐注："有走狗擅，田猎之地也。"走犬：狩猎，游猎。走，使动用法，使……走（奔跑）。长洲：指长洲苑。在今江苏苏州市西南，太湖北。《吴郡志》卷八云："长洲，在姑苏南、太湖北岸，阖闾所游猎处也……长洲苑，《旧经》云，在县西南七十里。"《苏州市志》（1995年版）："有在吴县胥口、望亭、东山等说。"

通过这两个注释，将"兴乐石城，走犬长洲"这句话就明白地表达了出来。与上引白话本那句翻译两相对照，我们无须再作任何评论，读者都会非常清楚的。

二、龟山者，勾践起怪游台也。东南司马门，因以炤龟。（出自《外传记地传》）白话本翻译是："龟山上勾践修建了一座怪游台，在司马门的东南，在上面夜间点火照龟的活动情况。"

本书注释是：

> 龟山，一名飞来山、怪山。南朝宋时于山南坡连山建宝林寺，因称

宝林山。山巅建浮屠，后俗称塔山，在浙江绍兴市区南。海拔约33米。

怪游台，观星台。《吴越春秋》卷八："立增楼冠其山巅，以为灵台。"

司马门，王宫的外门，为掌管军政的官员驻地。《史记·项羽本纪》："至咸阳，留司马门三日。"裴骃《集解》："凡言司马门者，宫垣之内，兵卫所在，四面皆有司马，主武事。总言之，外门为司马门也。"司马贞《索隐》："按：天子门有兵阑，曰司马门也。"仲清按，此所言"东南司圣卫"，当为龟山东南勾践小城之西门。

炤龟，古代一种占卜方式，即用龟甲占卜。卜时灼龟甲，视其裂纹以判吉凶。炤同"灼"，用火烤。嘉泰《会稽志》引《越绝》即作"因以灼龟"。龟，龟甲。古人每有军事行动，必预先占卜。龟山即为勾践时期的占卜场所。

通过上述两句话的注释阅读，我们可以这样说，该书的注释工作，确实做得相当详尽、相当仔细，我们说它集思广益，广征博引，吸收众家之长，绝不是出于虚夸之辞。因此，通过这样的注释，也基本上解决了阅读难的问题，特别是配上每篇前面的题解，对于阅读自然起到了相得益彰的作用。

本书的第三个特点，则是校勘工作后来居上，吸收了前人在校勘工作上所取得的各种成果，因而有可能做到精益求精。明清以来，《越绝书》就曾多次得到刊刻，民国时期亦曾出过《龙溪精舍丛书》本、《四部丛刊》本、《四部备要》本、《丛书集成》本等。新中国建立后，1956年商务印书馆出版了张宗祥先生的校注本。在当时来说称得上最佳本。张先生在该书研究上确实是下过功夫，也提出过不少宝贵的见解。1985年上海古籍出版社出版了乐祖谋的点校本。1992年武汉大学出版社出版了李步嘉的校释本，到目前为止，从校勘角度来看，此本称得上是集大成之作。而《校注》本则是在前人研究的基础上，兼取众家之长，吸收了各家的校勘成果，自然就有可能做到后来居上，并且在详细精到的注释方面，在目前国内还是第一部。对于各家的不同意见，作者在校注中不仅一一予以指出，还提出自己的看法。如《外传本事》篇中讲到勾践"行霸琅邪"，这个琅邪郡治在山东胶南西南。秦代所设郡治大都在原诸侯国都所在地，因此越都琅邪以山东胶南为确。又如《吴内传》中的"历山"、《外传记地传》中的"鸟田"、《篇叙外传记》中的

"色斯而举"等条,都提出了与众不同的看法。因此,我们可以这样说,有了这部《越绝书校注》,阅读这部古籍,大体上应当是不成问题了。

我们一直认为校注工作是一项相当复杂的工作,因为它涉及的知识面太广,要想做得很完善是很不容易的,尤其是这部先秦时期成书的古籍,流传过程中又不断经后人"附益",问题很多,校注起来又增加了复杂性。因此,全书的校注工作,虽然总体是相当成功的,能够做到这样当然是很不容易的,但也要指出在个别注释中,用词、用字不够贴切之处还是存在的,这就再一次说明,一部古籍的校注工作要做到十全十美是很困难的。

2008年初夏序于浙江大学独乐斋

(原载张仲清校:《越绝书校注》,国家图书馆出版社2009年版)

《章学诚生平与思想》中译本序

美国斯坦福大学倪德卫教授所著的《章学诚的生平与思想》一书中译本即将与广大读者见面,在正式付印之前,参与翻译的同志要我为中译本写篇序。这也是我去年在美国期间答应过倪德卫教授的,即一旦出中译本,我一定为之作序。我与倪德卫教授交往已经十多年了,1987年8月的一天,我突然接到倪德卫教授从上海给我寄来的一封信,信中首先说明,他在上海一家书店购得我在中华书局出版的《章学诚和〈文史通义〉》一书,但书中既无自序,也无后记。因此也就无从得知我在什么单位工作。后从上海社会科学院我的朋友汤志钧教授处打听到我在杭州大学历史系任教,当即给我写了一封信,约我去上海见面。不巧的是他所约定见面的那天,正是《萧山县志》出版召开座谈会,由于早已受邀,加之主编费黑的盛情要求"千万千万光临",于是我只好给倪德卫教授发了一份特别长的电报,说明无法赴沪原因,并邀请他到杭州来做客、见面。遗憾的是他的回程机票早已买好,于是我们就这样失去了第一次见面的机会。但是,他回国后立即就给我寄来了这本《章学诚的生平与思想》一书,从此就开始了我们的交往。因此,可以这样讲,我们之间的交往、友谊是由章学诚为我们建立起来的。去年4月间,我到美国之后,在电话交谈中告诉他,浙江省志办已将翻译他这部著作列入2000年重点工作计划,他听了非常高兴,并主动为做好翻译工作提供了有关资料。在8月初我回国前和他一次通话中,他还表示,如果在中国召开章学诚学术研讨会,他一定参加,并且要和他的研究生(现早已为教授)一道来参加,因为这位教授正在汇编全世界研究章学诚的有关论著。一位年事已高的美国学者,居然对章学诚研究是如此一往情深。此种精神,值得学习。

外国学者研究章学诚,倪德卫教授不算最早,日本学者内藤虎次郎在20世纪初首先编纂出版了《章实斋先生年谱》,还发表了《章学诚的史学》等。后来法国学者戴密微教授便写出《章学诚和他的史学思想》一文,称章学诚是中国第一流之史学天才，可以与阿拉伯的史家伊本凯尔东或欧洲最伟大之史家并驾齐驱。正如倪德卫教授在他这部著作的《导言》中所说："凡是阅读过这篇文章的人，很自然地会相信章学诚是中国造就的最有魅力（最迷人的）的思想家之一。"非常遗憾的是，这位戴密微教授在70年代末曾托云南一位学者打听我的下落，可惜当1986年我得知此信息时，再一打听，这位教授已经去世。而倪德卫教授从1942年就已经开始接触章学诚的著作，1953年作为当时学位论文正式开始撰写此书，直到1966年出版，历时13年之久。其撰写过程，在自序中都有详细说明。此书是外国学者研究章学诚篇幅最长的一部。80年代以后，韩国学者中先后有多位从事章学诚研究并发表了论文，中央大学教授权重达写过《章实斋之博约论》，西江大学教授曹秉汉写过《章学诚儒教史观的基本概念和其政治的意味》，中北大学教授崔秉洙写过《章实斋史学方法论》、《章学诚方志学试论》、《章学诚史学上"述而不作"》、《章学诚的史书体例论》、《章学诚的方志体例论》、《关于章学诚方志理论的研究》和《章学诚的良史论》，等等。当然，还有其他外国学者研究章学诚的论著，这里就不再一一罗列。这些事实说明，章学诚早已用他的杰出学术思想跻身于世界文化名人之列，已不仅是世界史学名家了。他的学术思想早已经成为世界文化知识宝库中可贵的财富，这自然也是我们中华民族的骄傲。面对这些事实，那些长期以来一直在贬毁章学诚的各种言论，自然也就无须去辩驳了。

人们可以看到，作者在该书《导言》中对作为一位思想家的章学诚在中国学术界长期未得到应有的承认和地位而深感遗憾，他说："（在中国）研究章学诚的学者绝大多数是专业历史学家，他们着重研究章氏的历史编纂学理论，特别是他的方志学理论。因此章学诚是作为一个史学方法评论家而为人所知；相对来说，他的校雠学和文学批评思想则很少有人感兴趣。不仅如此，即使在中国，章学诚在哲学史上还未得到一个公认的位置。但我深信，章学诚理应得到作为中国哲学家的重要地位。承认这一点只是时间问题而已。"这就是说，在倪德卫教授看来，章学诚不仅是一位史学评论家，而且是一位文学评论家和哲学家。而后两者的确很少被人们重视。尤其是在哲学史上，从来不被哲学史论著收入，而文学理论批评史有的著作中还是有所收入。总的来说，倪德卫教授当时指出的国内对章学诚研究的现状，确实就是如此，长期以来，一直就是把章氏当作史学评论家和方志学奠基人。其实章学诚在哲学思想、文学理论、校雠学、谱牒学、教育学等方面都有自己的贡献，随着人们不断地深入研究，这些问题才也都逐渐为人们所发现。需要指出的是，侯外庐先生1956年在人民出版社出版的《中国思想通史》一书第五卷中单立了《章学诚的思想》一章，而该章的第三节则是《章学诚的哲学思想》。也许因为条件限制，倪德卫教授很可能并未看到过此书，因为在他的著作中似乎没有谈到过，连侯外庐先生的名字也未涉及。而关于章学诚的文学理论方面，朱东润先生1944年在开明书店出版的《中国文学史批评大纲》中也已立了专章作了评论，该书1957年又由古典文学出版社再版。由于当时条件限制，倪德卫教授很可能也未见到过此书。值得庆幸的是，正如倪德卫教授所预言，作为思想家的章学诚，现在已经为我国学术界所公认，我国著名学者匡亚明先生所主编的"中国思想家评传丛书"中，就有《章学诚评传》。而此评传正是由我负责撰写。我们在撰写评传时，正是从思想家角度入手，因而在叙述生平和时代背景以后，首先列了《倡言改革的社会政治思想》和《朴素唯物论的哲学思想》两章，而对于倪德卫教授所指出的不被人们重视的校雠学和文学理论思想，也都列有专章论述，而史学思想、方志理论，以及谱牒、教育等思想，同样都有专章，以体现作为思想家的章学诚学问之渊博。至于章氏的文学理论方面，80年代以来出版的中国文学理论批评史、中国文学批评史等著作，也都相当重视章学诚文学理论的研究和评论。只有哲学界至今似乎尚无人问津。

倪德卫教授的《章学诚的生平与思想》一书，对章学诚的生平、学术著作、学术思想、政治思想、哲学思想都作了全面的论述，实际上是一部较早出现的《章学诚评传》，从各个不同角度论述了章学诚的奋斗经历、著述过程和对后世的影响。特别是对后世的影响，列举了许多具体人物，认为章学诚的思想，影响了章太炎和龚自珍，尤其是对龚自珍的影响，似乎还是多方面的："如章学诚年轻时一样，他写了一篇建议文章，强调（如章学诚已经做的）一部府志应成为省志的资料来源。一午以后，他写了政治和哲学论义集，更加明显地表现出了章学诚的影响。""章学诚刺激了年轻的龚进行有意识的政治思考这一点是重要的。""作为思想家的章学诚的才干得到公开而普遍的承认，还只是1920年以后的事。内藤虎次郎的著作，之后是胡适的著作，在中国和日本引起了广泛的注意。章学诚不仅成了学术好奇心的对象，而且作为一个对其职业有着高度创造性思想的中国历史学家，章学诚在帮助中国史学家顺应新的史学方向方面发挥了重要作用。胡适在章学诚那里受到了历史和哲学方法的激动人心的启发，这些历史和哲学方法帮助他自己给在西方所学到的东西加上了中国的印记；顾颉刚说在年轻时读到一篇章学诚的文章，深深地影响了他的思想；冯友兰则求助于他的有重要意义的对中国哲学史的洞察力。""章学诚的名声是稳固的。然而，顾颉刚只是对章学诚思想的一个片段有反应；历史学家把他技术方面的东西看成是独立于其哲学母体的；甚至胡适也误解他；冯友兰虽然充分地利用了他的思想，但未能看到他对史的普遍化是'从哲学的角度思考历史'的，而不是从历史本身的角度。章学诚一直没有很好地被人们理解，对大多数人而言，章氏只是一个有学问的人，而不是一个需要认真研究的思想家。"以上所引说明，倪德卫教授在该书中很注意章学诚的思想对后人的影响，这确实很重要，因为在章氏的学术思想中确实具有浓厚的启蒙色彩，所以，侯外庐先生将他作为一位重要的启蒙思想家而列入《中国思想通史》中的《中国早期启蒙思想史》卷，至于这些启蒙思想对后世究竟有哪些影响，都有待于进一步作深入研究。近日在绍兴参加"章学诚逝世二百周年座谈会"，会上有位朋友就曾讲了章学诚对鲁迅也是有影响的。我对此没有研究，所以也就不好轻易地发表意见。不过我还是可以举出一点，鲁迅在《中国小说史略》中，在评论《三国演义》时就引了章学诚的论述，书中说："然据旧史难于抒写，杂虚辞复易滋混淆，故明谢肇淛（《五杂俎》十五）即以为'太实则近腐'，清章学诚（《丙辰札记》）又病其'七实三虚惑乱观者'也。"章学诚在《丙辰札记》中对演义这一文学体裁进行评论时，认为应坚持"实则概从其实，虚则明著寓言，不可虚实错杂"，并以《三国演义》为例，指出该书"则七分事实，三分虚构，以致观者往往为所惑乱"。鲁迅在评论该书时便引用了这一论点。可见鲁迅对章学诚的著作，不仅阅读过，就连章氏笔记也都看了。所以今后研究章学诚的学术思想对后人的影响，应当成为研究章氏学说的一个重要课题，因为它直接体现了章学诚学术思想的价值和历史地位。

总之，倪德卫教授这部著作，对章学诚的评论是相当全面的，评价也是相当高的，认为"章学诚和17、18世纪的顾炎武、王夫之、黄宗羲、戴震等人一样，试图以自己的方式摆脱过去，思考出新的见解，提出新的问题，

用新的方法解决旧问题。与其他人一样,他最终也未能摆脱传统的束缚"。(以上所引均见该书第十章《晚来的赞誉》)

值得注意的是,《章学诚生平与思想》一书封皮内出版者写的著作介绍,也确实概括了该书的基本观点,介绍是这样说的:"章学诚不是他那个时代的代表人物。他同时代的人认为他是一个怪人。他没有口授的'门生',没有继承者。他缺乏耐心仔细考察当时时髦的考据之学,在自己的著述中,他表现出了罕见的、几乎是现代的思辨特征。作者倪德卫视章学诚为中国最重要的哲学家之一。"无论是作者的评论,还是出版者的介绍,都值得我们很好地重视,章学诚究竟是一位什么样的历史人物,应当尽可能还其本来面貌。

需要说明的是,翻译是一项难度相当大的工作,因为每个国家语言文字,都有自己的民族风格,要想翻译得非常贴切,是相当困难的。特别是我国传统文化,有许多内容很难翻译,由古文译成白话,已经是如此,尤其是有些文句、诗词,人们常说,"只可以意会,而不可以言传",若是翻译成外文,难度自然就可想而知。现在再从外文译成中文,有些地方与原意是否会产生距离,就很难说了。

当然,还要说明的是,我这篇序只是对倪德卫教授这部著作简单作些介绍,而不是评论。因为评论是要全面的,既要肯定其长处,又要指出其不足。我想这个工作还是留给广大读者来做吧。不过我也可以表示,书中有些观点和提法,我也不完全同意。这就说明学术上不同的观点和见解存在,完全是正常的,这就叫作仁者见仁,智者见智,经过进一步研究和讨论,最终也许会取得一致看法。

倪德卫教授长期从事中国传统文化的研究,重点研究中国哲学和中国语言,特别是中国思想史。他的主要著作,除该书外,还有《行动中的儒教》、《共产主义道德和中国传统》等。近年来他对中国古代的一些典籍和夏、商历史还进行研究,并发表了《论"今本"〈竹书纪年〉的历史价值》等论著。其研究精神令人敬佩。他实际上是在向西方传播中国传统文化,成为一位光荣的文化使者。

(原载〔美〕倪德卫:《章学诚的生平与思想(1738—1801)》,王顺彬、杨金荣等译,方志出版社2003年版;又载《浙江方志》2002年第6期。收入《独乐斋文存》)

《仓修良探方志》序

近两年应邀先后到浙江、江苏、湖北、重庆、山东等地讲课、考察和商讨研究，方志学界许多朋友都提出要求和建议，希望我将有关方志的论文，有选择地结集出版，以便于大家的阅读。尤其是在每次讲习班、培训班上，这个要求更为强烈。他们认为拙著《方志学通论》虽然已经修订再版，但是作为一部学术著作，由于篇幅和结构的限制，对于许多问题的论点不可能像单篇文章那样深入展开，也有的内容就不便于收入，特别是对上一届新修志书中存在的问题和新一轮志书如何编修，不可能全都写到《通论》之中。而单篇论文又都是发表在各地的刊物之上，查找起来殊多不便，尤其是时过境迁，许多刊物在各地也未必都有保存。在一次交谈中，我谈了自己的想法，居然得到朱杰人教授的热情支持，这一心愿得以很快实现，我还能说些什么呢？只有感谢而已。

当然现在奉献给读者的这部书中，也有几篇是首次发表，而总的内容大体可分为三类：一是关于方志的历史和方志的理论。我认为要参加方志的编修工作，首先应当认识方志是一种什么样的著作，它是怎么样产生和发展的。所以在20世纪80年代初，修志工作刚开始，各地办培训班、讲习班时，我总要给大家先讲这些内容，不久就先后发表了《论方志的起源》和《再论方志的起源》。根据我的研究，方志发展的历史是经历过地记、图经和成型方志三个阶段。这三个阶段的形式和特点是有所不同的，特别是它们所反映的时代精神与发展规律也是各不相同的。但却很少有人作专门研究。尽管也有人写过《地记与图经》一文，也仅仅作些现象的罗列，什么是地记，什么是图经，都没有作出确切的回答。这基本问题都没有解决，还谈什么方志发展史呢？为此，我也写了《地记与图经》。特别是我写了《从敦煌图经残卷看隋唐五代图经的发展》一文，大体解决了图经是什么样的著作这一问题。说老实话，起初对于图经是什么，我也讲不清楚，因为许多说法与我所看到的并不一致。有的说图经是以图为主,也有的说图经就是地图加文字说明。但是,我所看到的事实并非如此,如敦煌图经两个长的残卷并不见有图,而成于北宋的朱长文《吴郡图经续记》亦不见有图。所以在20世纪80年代初写《方志学通论》时,对这一内容我只作介绍,却很少谈自己的看法。尽管当时我已掌握了敦煌图经残卷的材料,由于自己尚未作深入研究,还不敢轻易妄加论断。又由于当时教学和科研任务重,还抽不出更多时间来作研究。在那十多年中,我一直想让研究生以此作为毕业论文而进行研究,他们总都是认为太难而不愿接受。后来我发现真正的原因是对这个问题有几位名家已经有了看法,因而他们就不敢去"碰"了。2000年我下决心去美国住了半年,专门对此进行研究,因为到了美国,就没有更多的干扰,并写成《从敦煌图经残卷看隋唐五代图经的发展》一文,图经究竟是什么样性质的著作,文中都作了正面的回答。

关于章学诚的方志学我曾写过好多篇文章,并且大都是应约而写。选入的这篇《论章学诚的方志学》,则是应中华书局之约而写。1982年为了适应全国开展修志工作的需要,他们编辑一本《中国地方志论丛》,主要是选编报刊上发表过的文章,而这一篇是约请我单独再写,要求做到论述全面而准确。因为章学诚的方志文章很多,延续时间很长,因而前后论述有时并不一致,作为后人研究而言,自当以晚年论述为准,说明他的认识也是在不断发展变化,这是很正常的现象。但是方志学界有些人的研究并不如此,他们不管写作时间早晚,也不管正确与否,只要是章氏讲过的,即使章氏后来对有些观点已经作了否定或发展,他们照样进行宣扬,错误的说法,照样当作经典。如有的同志根据章氏在26岁时所写的《答甄秀才论修志第一书》和《修志十议》两篇文章的论述,就确定章氏主张志书是"分列为外纪、年谱、考、传四体"。我们认为这完全是出于误解。应当知道,这两篇文章,乃是章氏早年之作,当时不仅读书不多,也尚未经过实践,完全出于一种设想,加上文中已经讲的有避"僭史之嫌"的思想,故而更改名目,分列四体。可是他的方志理论,随着年龄的增长,阅历的丰富,避嫌思想不仅不复存在,而且再三强调要紧扣史法,并直接提出"仿纪传正史之体而作志"。我们统观章氏所撰诸志,可谓纪、传、书(考)、表、图五体俱备,一如正史之规,而并非所谓"四体"。尤其是《湖北通志》,更为完备。而"外纪"、"年谱",并无志书用过。因此,"四体"说不能代表章氏的方志理论和主张,因为他的思想和主张后来都有了很大的发展。又如章氏在26岁时所写的《答甄秀才论修志第二书》中,确实曾讲过"史体纵看,志体横看"两句话,这显然是年轻时读书不多阅历不深而产生的说法。到了成年以后,对此错误也早已作了否定,特别是在《方志立三书议》开头一段便提出"仿纪传正史之体而作志",这就是说他认为方志的编写,应当仿照纪传正史之体来编写,实际上也就是对前面所举的两句话的否定。既然要用纪传正史体裁来编修方志,当然也就不存在"史体纵看,志体横看"了,这是十分明显的事情,因为史体与志体本来就不存在纵写与横写的区别,对此我在有关文章中也早已作过论述。然而令人遗憾的是,20世纪80年代,方志学界有人竟根据这错误的两句话,编造出方志特点是"横排竖写"的理论,并且说是章学诚讲的。我发现以后,虽然曾多次在论著中进行批评,可是却从未起过丝毫作用。不仅如此,这如今已堂而皇之地变成了修志的经典理论,许多新修方志已经将其写入凡例之中。大家也许还会记得曾经流传过的"谎言重复千次,也就变成真理"的荒谬言论。我们做学问的人决不该捕风捉影吧,更不该胡编乱造,为什么正确的意见就听不进呢?至于《章学诚方志理论的三大来源》一文,目的在于告诉方志界同仁,章学诚所以能够成为方志理论的奠基人,首先是由于他有着丰厚的史学理论,他首先是位史学理论家,他的《文史通义》与刘知幾的《史通》,并称为我国古代史学理论的"双璧"。他用自己的史学理论来指导修志,再用他的史学理论来总结自己修志的经验,并使之升华再形成修志理论,这是最关键的因素。当然他还总结吸收了前人的修志经验和教训,单纯的修志实践,是不可能产生如此丰富而深厚的方志理论的。事实上,他的许多方志理论,都融入了许多史学理论和历史知识。只要细心阅读他为每部志书所写的各篇序例,就可以发现,无一篇不是从史学角度入手而加以论述,最后落实到方志的编修,可谓事事论述有据,篇篇言之成理。与章学诚同时代的许多方志学家,尽管志书修得也相当多,如洪亮吉所修府县志就有十多种,其方志理论就远不如章学诚那么系统而丰富,原因就在于他不具备丰富的史学理论。而《编修方志是中华民族文化中一个优良的传统》一文,则是应一所大学学报之约而作,文章概述方志产生后从古至今的发展情况,其中特别指出这是我们中华民族所特有的文化传统,批判了那种无根据地认为西方国家也有方志这种著作的错误说法。香港有家杂志曾三次来信要刊登这篇文章，在收到第一次来信后，我曾写了封回信，说明为了弘扬中华民族传统文化，我同意刊登，可以不要稿酬，但我也不会付所谓版面费，因为这是他们自己要刊登的，不是我要他们登的，还要我付版面费，简直是莫名其妙。

书的第二部分内容主要是对第一届修志中出现的问题提出商讨和评论，对于好的和具有特色的志书加以评介，向读者推荐。第一届修志的前期，由于对方志编修认识不足，早期修成的志书中存在着不少问题。1992年4月，我在浙江建德方志馆查阅了229部新修方志[①]，发现半数以上新方志将"艺文志"砍了；民国时期内容不仅很少，而且有的还将民国时期的政府机构和国民党等的内容都放到附录中去了；许多新方志的序很多，三序四序已不足为奇，有的竟达七八序之多，实际上成了排位子、拉关系的手段，成了典型的装饰品；方志本是资料性著作，胡乔木同志在全国地方志第一次工作会议上的报告中讲得十分清楚，有的则在大谈宏观，大讲规律等等。这些问题的出现，又与有些方志理论工作者的误导有着密切关系。当时的方志学界就曾出现了不少奇谈怪论，有人说千百年来修志过程中所形成的"存史、资治、教化"六字功能已经过时了；长期以来修志中所形成的优良传统"据事直书"在新时期已经不适用了；有的还编造出"横排竖写"是方志的"特点"，并且硬说是章学诚讲的；等等。还有不少著作，将历来公认的舆地著作《元和郡县志》、《大清一统志》等也都列入了方志的行列。面对这些情况，经过再三考虑，我撰写了《对当前方志学界若干问题的看法》一文，列了十大问题，附带又讲了三个问题，对这些问题提出了批评和看法。而在此之前我已先后发表了《新编方志艺文志必不可少》和《新修方志中艺文志不可少》两篇文章。为什么在同一时间段内要发表两篇内容、标题均大同小异的文章？其中还有一段故事，这里只好从略。文章都强调对于新编修的地方志，艺文志是一个必须引起注意的重要内容，而绝不是可有可无的；也批评了有些志书用诗文选代替艺文志的错误做法。至于如何编写好艺文志，文中也提出了建议。还有一篇《序跋琐议》也要作点说明。方志学界的一书多序已经成为

[①] 当时全国已经出版的新县志只有500种以上。

风气，不仅序多，而且有的还要加跋。文章告诉读者，跋实际上也是序，有的称为后序，早年许多序往往都放在后面，如《史记》的《太史公自叙》就是如此。序为什么那么多？除了地方官排位子以外，往往还要请上一两位专家学者来写，目的自然是要扩大影响，这就是人们常说的"名人效应"。文章也告诉大家，书的好坏，是由书的本身质量所决定的，单靠别人吹捧是靠不住的，就如康海的《武功志》，修得并不好，许多文人在序中将其吹捧得很高，然而，从章学诚到梁启超，一直到今天，对这些吹捧一直在进行严肃的批评。又如梁启超在为余绍宋《龙游县志》所作的序中，将这部县志推崇到无以复加的地步。当代著名方志学家傅振伦先生在《中国方志学通论》一书中则对这部县志提出了无可辩驳的六大缺点，认为这部志书不仅称不上佳志，而且"仅可说是一邑文献的私家杂记"，指出"梁氏之言，实属妄誉溢美之词"。梁启超应当说是大名人了，在中国近代资产阶级史学界，具有"万流归宗"的崇高地位，尽管如此，所写之序由于不实，照样受到严厉的批评，他所封的美志、佳志，人家照样不认账。可见一部书的价值高低，是由本身内容质量所决定的，把希望寄托在"名人效应"上是要落空的。

在第一届修志开始以后，我一直坚持不为新修志书写书评，原因很简单，在当时的条件下我是写不好的。我一直认为，作为书评必须做到既讲这部书好的成功的一面，特别是优点和特色，又要指出其存在的问题和不足之处，而不能只唱赞歌。要遵循大史学评论家刘知幾对评论家所提出的要求去做。那就是必须做到"兼善"和"忘私"，才能对一部书作出公平合理的评论。然而，在当时志书评论中，虽然也有一些写得很中肯的评论文章，但大多数都存在着廉价的虚美和恭维，自编的评论集更是如此，"名志"、"佳志"比比皆是。事实上，当时中国地方志指导小组秘书长郦家驹先生在一次讲话中已经有过评估："真正高水平的志书是少数。"在此情况下，让我如何评论呢？若是作实事求是的评论，请托者显然是不会高兴的，所以对所有请托者还是一律谢绝为好。这里我还要多说几句的是，此种情况也不单是方志学界如此，整个学术界都存在这种风气，就连有些报刊的编辑先生，也受了此风的影响。大约在三四年前，我一位在史学界知名度很高的老朋友新著问世，约我写篇评论，我虽然去信讲了，自己不善于写这种文章，但是毕竟是老朋友，还是写了。评论最后，提出了该书三点不足之处，希望再版时能加以改进。我这位朋友看了稿子后，也深感三点建议非常中肯，然而见报后这三点全都不见了。这样一来，读者自然不知情，必然要批评我讲一套做一套。面对报上发表的文章，只有暗自叫苦。前两年应约写过一篇新志书评论的文章，最后提出三点批评和建议，约两千字，发表后这项内容只剩下四五百字。发表前虽通过电话，我答应可作"适当"修改，也仅仅答应"适当"而已。可见要发表一篇"真正的书评"文章还是不太容易。为了解决书评不太好写，又要将新修志书中确实很好或比较好的向广大读者推荐的难题，经与时任主编的诸葛计先生商量，采用写"特色过眼录"的形式在《中国地方志》上连续发表，只讲特色和长处，不讲缺点和问题，每篇写四部志书；后因刊物篇幅所限，从第二篇开始，每篇分成上下两次发表，原计划共写四十部。在《特色过眼录》之五（上）中，我照例写了两部，一是《上海县志》，二是《通渭县志》。可是在2003年正式刊出时，只发了前者，后者被告知先放一放再说。我马上意识到这部志书的内容介绍遇上了红灯，因为从标题到内容在有些人看来似乎都有问题——标题是《留得真情在人间》，内容是写该县1958年"大跃进"、人民公社化所产生的负面影响。这些问题作为新修方志究竟该不该写，实际上早已不存在问题，因为许多文章对于第一届新修志书中没有记载这些内容而先后提出了批评。如今人家如实地记载了，自然应当予以肯定和赞扬，赞扬他们敢于实话实说的实事求是精神，而记载这些内容，在他们开始编修的年代，"左"的思想影响尚未完全清除，应当说是要冒很大政治风险的。所以我在文中曾说："我们这些修志工作者却也敢于'实话实说'，这当然既要有胆，又要有识，对于他们这种敢于坚持讲真话的精神，自然值得人们尊敬！是他们的敬业精神，修志工作者的责任感，驱使他们要把通渭的历史和现状如实地书写出来，要把真情留在人间！"特别要指出的是，对于他们这样记载，甘肃的许多专家和各级领导在审查时也都照样放行，而没有用"左"的眼光将这部志书扼杀在摇篮之中，他们对历史负责的态度和实事求是的精神，同样值得我们尊敬和歌颂！还要告诉读者的是，通渭所发生的那场灾难，已经成为震惊全国的"通渭事件"，自然尤其应当记载。也许有的读者已经看过由人民出版社出版的《告别饥饿》一书，这本书是20世纪80年代初由四位新华社记者所写。1980年春，新华社四位记者受命去西北黄土高原四省区、三十九个县进行实地调查，他们除了写内参供中央高层领导阅读外，还写了一本《告别饥饿》，书中所写在当时都还是"禁区"，"写这些话，要冒极大的政治风险，但是我们坚信一条：对中央一定要讲真话"。正因如此，书稿直到十八年后的 1999 年方由人民出版社出版。书中所记内容着实要比《通渭县志》所载严重得多。由于这些内容都早已"解禁"，所以也都出版了。既然人民出版社能够出版这样一本书，那么为什么我所写类似内容的"过眼录"还得放一放再说呢？我从来不勉强人家为我发表文章，既然如此，我便请他们将原稿寄了回来，作了适当变动调整，将其改为一篇书评，寄到另外刊物发表了，而其内容基本没有删改。读者不妨看一下，这篇文章究竟哪些内容触犯了条规而不宜发表。也许有人会说，这是个导向问题，我倒认为这个导向十分明确，也非常正确，就是希望修志界同仁能够向这部志书的作者们看齐，学习他们敢于讲真话，敢于如实记载本地的历史和现实，使我们所修志书，内容更加可靠、更加充实。本来还计划挑选一两部记载"文化大革命"内容比较好的志书用"过眼录"形式向大家推荐，如今这一部书的"过眼录"方且遇上红灯，当然也就不必再写了。为此，这里只好向广大读者作点说明，笔者在《中国地方志》上连续发表的《新修方志特色过眼录》到此就告一段落，不再撰写。只好向广大读者表示歉意，并感谢广大读者长期来的热情关怀和支持，也希望大家能够谅解！同时也要感谢该刊许多位认识和不认识的编辑同志为编发我的文章所付出的辛勤劳动。

这部书的第三部分内容，就是谈论新一轮志书如何编修。对此，原中国地方志指导小组副组长王忍之同志 2000 年 7 月 26 日《在全国续志篇目设置理论研讨会上的讲话》中提出了具体要求，认为新一轮志书编修要完成两大任务："一个任务是续"，"第二个任务是修"，"这次修志应该做到既修又续，不能偏废"。《讲话》还同时提出了具体编修思路，应当说内容相当全面，相当详细，若能按照《讲话》要求去做，新志编修就完全可以顺利进行。在当时来说，各省许多修志高层领导对这个《讲话》实际上已经是"很不理解，很难接受"。（后来事实证明，是根本不接受。）就在这个背景下，《浙江方志》主编王志邦教授约请我为该刊写一篇关于新一轮志书应当如何编修的文章，于是我就如约写了《千锤百炼著佳章——新志续修的一些想法》。这篇文章实际上是在解读王忍之同志的《讲话》。文章首先表示同意王忍之同志的《讲话》中所提出新一轮志书编修的方案和思路，因为它符合我国传统修志的方法和形式。传统的修志方法对于补、正、续三者都照顾到了，因此，它又称为"广义的续修"，我国流传下来的八千多部旧志中，绝大多数都是"广义的续修"，真正意义上的续志是很少看到的。采用这种广义续修方法可以出精品佳志，因为它一般都吸取了前志的长处，是以前志为基础，经过多次反复锤炼的，内容和体例当然就有可能更加完善。我一直认为精品都是"修"出来的，锤炼出来的，唐宋八大家的文章所以好，自然也是如此。欧阳修深夜修改文章的故事就是例证。当然，现在有些人对重修产生了误解，认为重修就是推倒上一部志书所取得的成果，实际上并非如此。也有一些人认为"广义的续修"，许多内容重复，是在炒冷饭。我可以明确地告诉大家，这种编修，对于以前的内容绝不是简单的重复，而是要对其内容加以提炼，去掉价值不大的内容，删除所有的空话、套话和大话，补充遗漏的内容，修订错误记载，使原有内容更加精炼、更加完整、更加充实。再把时间向后延伸，将新的内容续上去，不就是一部完整的新志书吗？采用这种形式编修方志，自然就能够创精品，出佳志，历史事实已经一再证明。而那种真正意义的一刀切式的续修，许多内容同样都要重复，只要想一想，如建置、地理、军事、文化、方言、风俗、人物等主要内容，二十年能有多少变化？而作为一部方志，这些内容又都是必不可少的，你不重复行吗？况且这样所修的志书，内容肯定是不完整的，势必给用志同志带来不必要的麻烦，本来只需查找一部志书就可以了，而现在就得翻阅两部。修志的目的最终就是为了用志。

我一直在讲，编修方志是我们中华民族文化中一个优良传统，如何能使这个重要的优良传统不中断地永久传下去，这是继承和发扬中华民族文化的一个不可忽视的大问题，我们必须慎重对待。为此，我上述那篇文章最后有这样一段话，在这里再重述一下：

> 当然，我在文章开头已经讲了，王忍之同志提出的"修"与"补"的任务，修志界同仁已经是很难理解，很难接受，而我的一些想法又能有谁来理会呢？作为一介书生，由于人微，言再重也肯定不足以动修志界同仁之视听。尽管如此，作为方志理论工作者的我来说，在修志工作

面临转轨的重要关头，何去何从，为了对方志事业负责，对子孙后代负责，我不能不说，否则就是我的失职，就是对方志事业和子孙后代的不负责任。讲了无人理会，那就不是我的责任了。这里我还想向修志界同仁提出一个问题，特别是向各位掌权者提出，现在所修称续志，如某某县续志，那么以后再修如何称呼呢？每二十年修一次，又如何称呼呢？难道你们真的就不为以后再修者们想一想吗？这是必须回答的问题，不论你愿意还是不愿意，都得作出回答。

这篇文章写好后，2001年春天，"全国续修志书理论研讨会"在杭州召开，我应邀参加了研讨会。也许王志邦先生想听听大家的看法，就将此文印发给每位参加会议的同志。不过我在会上作了说明，文章不是专门为会议而作，而是受《浙江方志》约请而写。虽然会上我没有再作发言，但却一直参加会议始终，因为参加会议的指导小组三位秘书长和许多省志办主任都是我的老朋友。三位秘书长回京不久，我就收到《中国地方志》编辑部同志打来的电话，说他们要刊登这篇文章。我回答说，中国有句老话，"一女不能二嫁"，此文是为《浙江方志》而作，我已经无权再答应你们了，你们只有去和王志邦主编商量，只要他答应了，你们就好采用。大约经过商量，两家同时刊出。

还有一篇专门谈续志的则是《续修志书的几点意见——在全军军事志编纂骨干培训班上的讲演稿》。这篇《讲演稿》的形成，也有一个过程，其中有些内容曾在浙江省方志高级研讨班上讲过，又在江苏全省续志培训班上讲过，当然内容都有所不同。在接受全军军志办的邀请后，经过一番研究、调整和修订，才形成如今的《讲演稿》。在《讲演稿》中，虽然讲了五个问题，但重点强调了其中三个，即《成功与失误都要记载》、《提倡创新，反对新创》、《突出重点，反映特色》。在第一届所修志书中，许多新志书尽管修得相当不错，但对于当地工作中所产生的失误却记载很少，特别是失误所产生的负面效应更是很少记载。诸如1958年"大跃进"、人民公社化所造成的重大影响，有的就避而不谈，有的则避重就轻，轻描淡写地写上几句；至于历时十年的"文化大革命"，许多志书都没有很好记载。这些情况就连获得全国一等奖的《绍兴市志》主编任桂全同志也不得不承认，他们也是如此，其他也就可想而知。所以我这次在讲演中特别强调，新一轮修志中必须做到成功的和失败的都应当认真如实加以记载，真正完成所担负的"存史"功能。地方志发展的历史告诉我们，地方志的编修是在不断的创新过程中发展起来的，但是，所有的创新又都是在保持地方志的本质属性前提下进行的，就如上一届修志中，经过十万修志大军的共同努力所建立起来的新的志书体，无论从体例上还是从能够包容的内容来看，都超过了历史上任何时期，应当说是相当完善的，它凝聚了十万修志大军的心血结晶，我们应当珍视它，爱护它，使它在不断改进中顺利发展和更加完善。目前有的地方在续志编修中提倡"方志编修年鉴化"，我认为是绝对不可取的，因为这种做法会导致地方志走向消亡，这绝不是危言耸听。地方志与年鉴，两者性质根本不同，前者是著作，这是胡乔木同志1986年12月在全国地方志第一次工作会议上所作的报告中早已指出的，而年鉴则是工具书性质，这是众所皆知的事，难道这一点也不懂吗？既然年鉴化了，作为方志的性质自然也就不复存在了，这不就是消亡了吗？这是明摆着的事实，根本无须多作辩论。有鉴于此，所以讲演中我特别强调，提倡创新，但坚决反对异想天开的新创！为此我不得不再次提出，恳切地希望方志界同仁，认真地、负责任地共同来呵护好已经延续了两千年之久的文化瑰宝，千万不能在我们这一代使其变味而消亡。当然，我们也不得不严肃地指出，无论在什么时候，无论是什么人，若是真正断送了这个优良的文化传统，必将成为千古罪人！也许有人会说，这样未免大惊小怪，我则不以为然。因为这事关方志的发展与存亡问题，并非小事。作为方志理论工作者，既然已经知道此事，就有必要表明自己的态度，发表自己的意见，否则就是对方志事业的不负责任。

上一届修志中，许多志书虽然体例相当完善，内容一应俱全，但却很少注意突出重点，反映特色，只要通过比较，就会立刻反映出来。如苏州、杭州，同被誉为人间天堂，说明这里的环境优美，都令人向往。《苏州市志》为了反映这 重点和特点，特将"苏州园林"单独成篇，又在相关篇目中设立章节加以衬托；为了反映出历史文化名城，同样也设立了相关篇章，围绕着历史文化名城做文章。这样一来，既突出了重点，又反映出特色。而《杭州市志》却没有这样做，按理讲，应当将西湖独立成篇，而将西湖周边的风景名胜、历史遗迹全部纳入其中，就可以把杭州的品牌打得非常响亮，令人遗憾的是，编纂者们没有这样去做。又如《徐州市志》，内容、篇目都很齐全，资料也很丰富，但单从篇目上，就是看不出重点和特色所在。众所周知，徐州也是一座历史文化名城，自古以来又一直是兵家必争之地，军事重镇；楚王墓、兵马俑、汉画像石，都是享誉全国、蜚声世界的内容。作为《徐州市志》来说，都没有将这些作为重点而大书特书，整个篇目，四平八稳。特别是震惊中外的"淮海战役"，是决定中国命运的关键的一次战役，在篇目中居然找不到，自然太令人遗憾了。还有一种情况就更加令人不可思议了：别人已经明确指出应当加强或突出的内容，但是有些同志就是领会不进去。浙江永嘉是包产到户最早的发源地，但是现在的新闻媒体每每以安徽小岗村为最早而报道，事实上永嘉农村实行的联产承包责任制在1956年春天已经搞起来了，而小岗村是在1978年党的十一届三中全会后才搞起来的，两者时间相距二十多年，只不过永嘉农民的创造是被压了下去。著名党史专家廖盖隆在为《中国农村改革的源头——浙江省永嘉县包产到户的实践》①一书所写的序中就曾明确指出："人们通常都说，农村家庭联产承包责任制即包产到户是1978年12月党的十一届三中全会以后，由安徽、四川等省的农民首先搞起来的。其实远在1956年和1957年，以后又在三年暂时困难时期，许多省区农民就搞起包产到户这种农业合作的责任制形式了。……根据搜集到的材料，包产到户这种责任制形式，最早是1956年春，由中共永嘉县委选派得力干部深入农村，帮助农民搞起来的。"而在1957年10月13日《人民日报》发表的《温州专区纠正"包产到户"的错误》一文中就明确指出："这个办法是中共永嘉县委副书记李云河错误地认为'包产到户'能调动农民的积极性。"当年县委正副书记都被开除党籍，正书记送农村改造，李云河和宣传部下去试点的干部还都下了监狱，直到七八十年代才得到平反。这是当代中国农村所发生的一件大事，故有必要在此多讲几句，希望新闻媒体今后再作"包产到户"的报道时，应当尊重历史事实，不要再忘记永嘉农民的首创之功，他们是为此付出沉重代价的。当然，这件事在永嘉历史上更是一件大事，作为新修志书，理所应当大书特书。为此，我在参加《永

---

① 中共永嘉县委党史研究室、永嘉县农业局、永嘉县档案馆合编：《中国农村改革的源头——浙江省永嘉县包产到户的实践》，当代中国出版社1994年版。

嘉县志》稿评会议期间，会上会下都多次提出此事应当单独成篇，因为此事记载并不困难，当事人李云河同志及宣传部下乡试点干部戴洁天都还健在，有关的书《中国农村改革的源头——浙江省永嘉县包产到户的实践》、《燎原火种——1956年永嘉包产到户始末》等也已出版。令人不解的是，该志出版后，此内容竟连章的地位也未给，更不要说单独成篇，仅仅放在节的地位，字数也很少。不仅如此，该县"桥头纽扣市场"是改革开放后国内产生的最早的小商品市场，是"温州模式"的重要内容之一，因此，评稿会上我也建议应当重视这个内容的编写，因为它对后来全国小商品市场的兴起起到了星火燎原的作用，如今规模宏大的义乌小商品市场、绍兴柯桥轻纺市场等，都是在它的影响下产生的。然而，出版后的志书中竟在目录上还找不到这个内容，也就是说连一个目的地位也没有给。这究竟是主编的主意还是顾问的主意，我就不得而知了。这是什么问题呢？读者应当可以明白。后来在首发式上，我当着主编和顾问的面，只好将上述看法再重述一次，自然已经无济于事了。这里要说明的是，我们这样评论，绝无贬压某些志书或责备某些同仁之意，而是旨在总结经验教训，以便在新一轮修志中更上一层楼。况且所批评的这些志书的主编同志，我们之间都是比较熟悉的，实际上有的早已经是老朋友了。既然如此，对他们所编修的志书，如果有问题，则更加应当及时指出或批评，我这样做是出于我的职责，他们定会体谅的。这里我还可以顺便告诉大家这样一个真实情况，在我主编的《中国史学名著评介》的初版前言中，对我高中时一位同班同学在20世纪80年代初那场"文化热"中所发表的对中国传统史学的错误观点，照样作了十分严肃的批评。我向来认为在学术问题上，必须做到一视同仁，只有这样，才有利于学术发展。方志学界自然也不能例外，其目的必须有利于方志事业的发展。但是，任何学术批评，都必须做到实事求是，与人为善，有利于学术发展，并且，批评是对事而不对人的。我坚决反对那种借批评而进行人身攻击的不良行为和做法。

除上述三个方面内容外，书中还收录两篇内容都很重要，性质又不相同的文章。一篇是《地方志与区域文化》，这一篇从多方面论述地方志是研究区域文化和区域历史非常重要的宝库；另一篇则是评论《清代台湾方志研究》的书评。《清代台湾方志研究》是一部反映台湾方志发展历史的学术专著，作者是台湾著名学者陈捷先教授。书评写了一万多字，原因在于它不同于一般的书评，要通过具体的史实，批判李登辉、陈水扁一伙"台独分子"的谎言。这些"台独分子"为了搞分裂活动，居然打出了所谓"台湾意识"、"台湾文化"。我在文中指出，所有这些都不过只是中华民族传统意识和传统文化所具有的一些地方特色而已，也正如大陆各地所掀起的区域文化热一样，诸如吴越文化、楚文化、齐鲁文化、三秦文化等等，都有一定的地方色彩和特点，但又都是整个统一的中华民族文化的组成部分，这是谁也无法否认的历史事实。特别是地方志的编修，这种传统文化的统一性就更加突出了。有清一代台湾共修了四十多种方志，有府志，有县志。有的是奉命而修，有的则是地方官受社会风气影响而主动编修。在这许多志书中，"归结说来，都是由宋、元、明、清各朝方志一脉演进下来的"。尤其是许多志书都是直接仿效元明时期一些有影响的志书而进行编纂。按照陈先生的研究，《诸罗县志》在台湾是编纂得最好的一部方志，而该志的编修人员很明显是受到《吴兴备志》的作者董斯张等家的影响。而乾隆年间刘良璧编纂的《重修福建台湾府志》，所用的"这种体例很像南宋嘉定卢宪的《镇江志》一样"，"也是传统中国方志体例一种"。再如范咸的《重修台湾府志》就更加明显，因为范氏在乾隆二十二年（1757）曾修过《湖南通志》，而此志的编修，"似乎又略仿南宋范成大的《吴郡志》体例"。可见台湾方志的编修，不仅是按照清政府修志的统一要求在做，而且编修的体例和方法，也是参照历代有影响的一些志书。因此，台湾的方志自然就是中国方志宝库密不可分的重要组成部分。正因如此，陈先生在书中说"台湾方志堪称中国方志学发展的缩影"，是很有道理的。同时还指出"在宝岛成书的方志为清代台湾学术文化中最佳产品，我们应该珍惜这批先人留下的文化产业才是。"这又说明了方志在清代台湾学术文化中起着不可忽视的作用，这就是说，离开了方志，台湾的历史将无从研究。这也就是我在上文中已经讲过的地方志是研究区域文化和区域历史重要的无可替代的资料宝库。总之，读了这部书，深深感到陈捷先教授对于我们中华民族的传统文化有着深厚的感情，对作为传统文化的重要组成部分的方志文化，更是一往情深，因此，书中曾不无自豪地说，方志已"成为全世界文化中的一项特有瑰宝"，能不自豪吗！特别是全书最后的结语写得更是相当精彩，这些带有深厚感情的语言，不仅充分反映这位台湾学者对祖国传统文化的热爱，而且也是对"台独分子"谎言的无情揭露和深刻批驳。在"台独"势力十分张狂的今天，我尤其要向广大读者推荐这样一本好书。只可惜此书是在台湾出版，大陆读者恐怕难以看到，所以评论文章有必要写得长一些。

还有一篇《我与方志学》，则是应中华书局《文史知识》杂志之约而写。起初我是不想写这个题目，我觉得如果我写这个题目，或许会有人看了不舒服，本着"息事宁人"的心态，与杂志编辑部同志商量再三，能否改写另外题目，如《我与史学史》等，但他们执意不改，并说为了满足读者要求，是作为"治学经验谈"，发表时还配发照片。后来事实，果然不出所料。因而使我想起章学诚当年曾讲过的两句话："学问本属光明坦途，近乃酿成一种积棘险隘，诡谲霭昧，殊不可解者。"（《文史通义新编》外篇三《又与朱少白》）

还有一篇若从标题上看，似乎与方志搭不上边，即《我与中国史学史》，这也是应约而写的谈个人治学经历的文章，出版后的书名叫《学林春秋》，书中共收入全国社会科学界128位专家学者所写的治学经历。我在其中其实只是一名名副其实的晚辈、小辈。在这篇文章中我讲述了方志与谱牒都是史学发展过程中所产生的两个分支，因此"方志学是我研究的重点内容之一，与史学研究同步进行，因而收到相得益彰的效果"。文中还讲了我在研究方志学过程中所遭受到的挫折。完全是从谈自己治学经历角度出发而写，说明我在研究方志发展史和方志理论时，得益于掌握中国史学史和史学理论的地方的确是相当多的。我可以坦诚地告诉大家，如果我不懂得中国史学史，在方志领域研究中也就无法做到运用自如，得心应手。故将其收入，或许对大家有所启迪，特别是对青年朋友。

最后还要指出的是，书中还收入日本学者稻叶一郎教授的一封信。因为我们一直认为编修地方志是中华民族特有的优良传统，关于这一点，笔者在多种论著中都从不同角度作过论述。当然这并不是我一个人的看法，老一辈学者大都持此观点，著名历史地理学家谭其骧先生就是代表人物。但是，一直以来，也确实不时有人会出来发表不同看法，直到去年下半年还有人以日本为例发表文章，说明方志编修不是我们特有的文化传统。为此，春节前我给稻叶一郎教授写了一封信，请他谈谈对日本编修过地方志这一说法的看法。想不到他竟如此认真负责，花了四个月的时间，查阅许多相关材料，将日本在历史上编修过方志的情况及最后演变为地方史的事实，在信中都作了详细说明。因此，与其说是一封信，不如说是对日本历史上编修地方志的概述。此信告诉我们，日本历史上只是在两个时间段里编修过方志，但都未能持续下来，更谈不上普遍化和制度化，尤其到了明治维新以后，便全都演变为地方史了，这与笔者在论著中的论述是相一致的。我们早就讲了，历史上不仅日本有些地方修过地方志，朝鲜、越南也都修过，但是由于各个国家生活习惯各异，对于这种著作，没有一个国家坚持下去，不是自行消失，就是完全变味。这就是历史事实，不承认是不行的。我们所以讲这种文化现象是我们所特有的，就在于这种著作产生以后，两千年来从未中断。所以会如此，是因为历代统治者对编修这种著作都很重视，历朝都定有相关制度，因此也就有可能做到连续性与普遍性。这一点是别的任何一个国家都不可能做到的。为了能够让全国修志同仁和广大读者都看到日本学者所讲日本历史上修志的真实情况，征得稻叶一郎教授同意，特将此信一字不删地收入书中。

综上所述，可见全书所收之文涉及的面相当广泛，这些内容当然不可能全都写入《方志学通论》之中，况且每篇都有一个主题或议论中心。而《过眼录》和书评，也不只是谈论一部志书，也谈了修志过程中一些共同性问题，尽管都是谈论方志，情况显然各不同。为了感谢方志学界朋友们的厚爱，满足大家的要求，特将多年来所写方志论文，加以选择后汇集出版。在选编过程中，尽量考虑使全书内容做到系统而完整，虽是文集，却能有一个整体感。但是有一点还得说明，有些文章之间内容论述存在着一定的重复现象，这是不可避免的，因为每篇文章的撰写，各自都有一个独立性，以保证自己的首尾完整。因此，如今只能维持原状，这只好请广大读者谅解。当然，这里我们也必须说明，这部书能够很快出版，能够满足大家的要求，首先要感谢华东师范大学出版社社长朱杰人教授的鼎力相助！我们早已经是老朋友了，两年前朱社长还为我们出版过《二十五史警句妙语辞典》。据我所知，该社长期以来出版了许多很有价值、很有影响的学术论著，为学术著作的出版开了绿色通道，这一点尤其值得称颂，因为它为繁荣我国学术文化作出了贡献。为了出版此书，张勤和鲍永军两位同志，为我查找刊物，复印资料，做了许多具体工作，责任编辑姜汉椿先生为编辑出版此书付出了辛勤劳动,对于他们的深情厚谊,我由衷地表示感谢和敬意!

最后,热忱地希望学术界、方志学界同仁和读者朋友,特别是我那许多老读者朋友,对本书批评指正!

2005年2月6日序于浙江大学独乐斋
2005年6月最后修订

附记:本书所选文章,由于早、晚期发表时间相距较长,因此各篇引文注释形式就很不一致,大多数是夹注,也有集中注在篇末,还有少数则是脚注;而对章学诚《文史通义》的引用,早期和晚期文章所引版本则有两种。以上两种情况,考虑到不给排版增加麻烦,故一律保持原状,请读者见谅!

(原载《仓修良探方志》,华东师范大学出版社2005年版)

《陕西省图书馆藏稀见方志丛刊》前言

编修地方志是我们中华民族特有的优良文化传统。这一优良传统，至今已有 2000 年历史。而在其产生和发展过程中，曾经历了地记、图经和成型方志三大阶段。特别是自隋唐直到清朝乃至民国，每个朝代的中央政府总是三番五次地下令各个地方政府，必须按时编修，限时上呈。所有这些，史书都有明确记载，有案可查，有些命令甚至对具体编写内容都有明确规定。因此，我们说我国的方志编修，任何时候都是政府行为，由中央政府下令，各个地方政府执行编修。因而无论任何时期、任何地方都是普遍的、连续不断的，这种情况在任何一个国家都是不可能有的。尤其是到了宋代，方志成型以后，历代竟还会留下 3500 多种各类志书。这是我国一个伟大的、特有的文化宝库，这中间蕴藏着许多史书不曾记载的重要史料，可以补史书记载之不足。可见这座文化宝库是非常丰富、非常重要的，不同学科、不同行业的人，从中都可以或多或少得到自己所需要的各种资料。所以，我们应当很好地重视它、珍视它，更要很好地开发和利用它，使它能够在发展和繁荣社会主义文化事业中起到应有的作用。

非常可喜的是，近年来已有多家出版社先后出版过各类方志丛书，而北京图书馆出版社去年开始陆续推出的由全国数十家著名图书馆收藏的《稀见方志丛刊》，则是其中别具特色的一种。我们说这套方志丛刊最显著的独特之处，就在于都是"稀见方志"，这就是说，这些稀见方志以前很少在社会上流传过，其中有许多都还是钞本和稿本，还有许多则是该地建置后首次所修之志书，长期以来一直分散收藏在全国各地的图书馆之中，当然也就很少有人能有机会看到，因此，我们可以这样说，这么多的稀有方志，大都还是"藏在深闺人未识"。就以已经出版的《华东师范大学图书馆藏稀见方志丛刊》而言，这些方志之中，有些原是清末藏书家方功惠碧琳琅馆旧藏，后归清邮传大臣盛宣怀愚斋收藏，有的还盖有"方功惠藏书印"、"读耕斋之家藏"、"愚斋图书馆藏"等藏书印章，当然弥足珍贵。又如收藏在陕西省图书馆的明代天顺年间刊刻的《襄阳郡志》，万历年间著名藏书家黄居中、黄虞稷父子的藏书目《千顷堂书目》中竟然没有著录此书，而千顷堂乃是一家享有盛誉的大藏书楼，当时藏书已有6万余卷，却尚未收藏到这部志书。到了近代，著名方志学家朱士嘉所作的《中国地方志综录》也未著录此书，可见传本之少，洵可珍贵。书中钤盖有清乾隆年间太仓藏书家陆时化的藏书印，据吴晗先生的《江苏藏书家史略》载，此人"嗜法书名画，精鉴别，聚书万卷，购善本而手校雠之"。又书中还有丹徒赵氏积微室藏书印等。后来又不知于何时流传到北方，并为陕西省图书馆所收藏，这就不得而知了。对于这部志书，《中国地方志联合目录》著录时称刊刻时间为明天顺三年（1459），但阅读其内容则可发现在学校、廨舍、坛场、桥梁、津渡、科举、岁贡等目的文中，却多次出现天顺四年的内容条文，可见此志的刊刻不会早于天顺四年，或许稍迟一些，关于这一点，该书《提要》作者亦已指出。再如收藏在内蒙古图书馆的《绥远通志稿》，就更加特殊了。作为绥远省，今天已经很少有人知道了，因为它仅仅存在26年，1914年曾置绥远特别区，1928年（有的作1929年）改置省，省会在归绥（今呼和浩特市），1954年撤销，并入内蒙古自治区，因此存在时间很短，尽管如此，仍为我们留下一部100卷的省志稿，这也再次说明我们特有的这一文化传统的普遍性，这种现象无论哪一个国家都是不可能存在的。据文献记载，绥远改置省后，首任省主席李培基马上创立了绥远通志馆，先后聘任了馆长、副馆长和总纂，当时荣祥亦参与纂修。到了1936年，《绥远通志》的初稿已接近完成，时任省主席的傅作义从北京请来著名学者傅增湘任总纂。傅接任后，又请来了学界名流吴廷燮、瞿宣颖、谢国桢等人参与修纂，七七事变发生后，修纂工作陷于停顿。1938年应伪蒙疆政府的要求，傅增湘继续了通志的编修，并请来吴丰培、孙楷第等多位学者相助，至次年定稿完成，交伪蒙疆政府内务部。1943年，通志稿竟由日本东亚文化研究所带到东京影印出版，两年后适逢美军轰炸东京，影印成品与定稿遂都付之一炬。1960年和1970年，荣祥等人对绥远通志馆的原稿，先后两次进行了修订，最后定稿100卷，300余万字。这部志稿现收藏在内蒙古图书馆，当然社会上不可能有过流传，今若将其正式出版，自然又是学术界一大福音。这里特别要指出的是，这部志书的编修真是历尽艰险，而十多位学者先后参与其事，真正称得上是专家修志。尤其是吴廷燮、瞿宣颖两位，更是著名的方志学家。前者先后编纂过《奉天郡邑志》、《奉天通志》、《北京市志稿》等；后者则于1930年已经出版了《方志考稿》（甲集），这是我国第一部方志著作提要，全书著录直隶、奉天、吉林、黑龙江、山东、河南、山西、江苏八省方志600余种。既是提要，实际就是对600多种方志进行评论。此书之作，乃是瞿宣颖以天津任振采天春园所藏志书为取材，时任氏已聚方志1500种，而瞿宣颖本拟将这些志书全部写出提要，以成"乙集"、"丙集"之计划，后因故未果，但他个人阅读方志之多却于此可见。

这套《稀见方志丛刊》第二大特点就是"乡土志"特别多。乡土志其实也是方志的一种，只不过在编修过程中，不够规范化而已，不过，实际情况也并非全是如此，有的乡土志篇目设置相当规范，只是名称不叫县志、州志，还是称乡土志。这里不妨举例说明，如民国十三年（1924）钞本《白水县乡土志》，在其篇目中，就没有历史沿革、职官、人物等内容，而只记白水的气候、习尚、冠婚丧祭、岁时、物产、陶器、矿产、药材、木属、草属、果属、蔬属、毛之属、花之属、羽之属、虫之属、介之属、方言等内容，这显然就是一部典型的乡土志。又如清末稿本《泾阳乡土志》，现存卷三，主要记载各类人物，门目有耆旧、孝友、忠义、义行、节烈，其他内容均不载，这实际上还是汉魏时期流行的耆旧传形式，当然，这只是乡土志中非常特殊的一种，严格讲不应属于乡土志，因为乡土志一般都要记载该地的山水、物产、风俗等内容。我们还是举例说明，如修于清光绪三十二年（1906）的《朝邑乡土志》（陕西省图书馆所藏为宣统年间钞本），全志约30000字，分历史、地理、山水、政绩、兵事、氏族、道路、宗教、物产、耆旧、户口、实业、商务等门目，在历史门目中还列有沿革表。就其内容来看，已经相当齐全，其实已经称得上相当规范的县志了。如果将其与明代韩邦靖的《朝邑县志》和康海的《武功县志》相比，真正是有过之而无不及。《朝邑县志》全书仅5600字，分总志、风俗、物产、田赋、名宦、人物、杂志七类；而《武功县志》，全书也仅20000字，分为地理、建置、祠祀、田赋、官师、人物、选举七目。对这两部志书，清代许多人将其吹捧得很高，梁启超对这些吹捧者曾作过严厉的批评，指出"耳食之徒，相率奉为修志楷模"。大家可以想象，5600字如今只是一篇中等篇幅的论文而已，若是写一部内容丰富的县志，可能吗？对此，笔者在拙著《方志学通论》中已分别作过评论，这里不再重复，目的仅是用这两部志书来说明，许多内容丰富的乡土志，其文献价值，绝对都在这类县志之上。我们不妨再列举收藏在华东师范大学图书馆的民国初年编修的《崖州直隶乡土志》为例，该志仅两卷，上卷为历史，分沿革、政绩、兵事、耆旧、名宦祠、乡贤祠、忠孝祠、人类、户口、氏族、宗教、实业，下卷为地理，分区域、古迹、祠庙、桥梁、市镇、学堂、山、水、海岸、道路、物产、制造、商务等，共25目。其内容可与光绪二十六年所修之《崖州志》相互参考，并可补其不足。即如"商务"一目，记崖州每年生产、营销进出口物资种类与数量，是研究19世纪末20世纪初海南贸易经济的重要资料。因此，我们切不可忽视乡土志这一重要的地方文献。在这套《稀见方志丛刊》中，乡土志所占的比重是相当大的。就以《陕西省图书馆藏稀见方志丛刊》而言，所收关于陕西的著作共52种，其中乡土志就有22种，可见数量之大。又如南开大学图书馆所收藏的稀有方志中，就有《沭阳乡土志》和《滁州乡土志》，都是稀见的孤本。现在都将其出版，必将有益于广大学人和各地方志编修工作者们。

这套《稀见方志丛刊》第三大特点就是稿本多、钞本多，还有的虽是刻本，但留存的已经不多，并且还是该地首次所修的志书，当然也就显得珍贵。上文已经谈到，内蒙古图书馆所藏之《绥远通志》，就是一部非常珍贵的稿本，而华东师范大学图书馆所藏清宣统三年（1911）所修的《昭觉县志稿》4卷，亦很珍贵。昭觉今属凉山彝族自治州。宣统二年，四川总督赵尔巽奏请设县，是为此县置县之始，宣统二年志稿完成，可见建县与修志实际上是同步进行。加之志稿编纂者徐怀璋又曾任昭觉设治委员，奉命经办昭觉县筹建工作，因此志稿中保存了许多珍贵的原始资料，诸如当时的公文奏牍、法令法规等。举凡城市规划、经费筹措、道路管理，乃至物料工价，无不具载。尤其是志稿中所记载的凉山彝族的情况，对如家族、户口、风俗、文字等，都有重要反映。在第三卷记述风俗时，还将彝族经典传世之作《勒武特亦》（亦作《勒俄特衣》）收入，并译为汉语。凡此种种，都足以说明这部志稿确实非常重要。华东师范大学图书馆还收藏有完稿于1953年的《南浔镇志稿》4卷。南开大学图书馆亦收藏有《新城县志》、《蒲城县志》2部志稿。陕西省图书馆则收藏有3部志书稿本。至于钞本，那就更多了，陕西省图书馆所藏稀见方志共55部，其中钞本竟有31部，而华东师范大学图书馆所藏稀见方志20部，其中钞本则有8部，这些比例都是相当大的。值得注意的是，有的钞本其价值甚至与稿本相当，如华东师范大学图书馆所藏的修于宣统二年的《朝城县志略》并无刻本，只有3部钞本传世。又如万历《开原圃说》，修成后无刊本，仅有4部钞本传世。类似这样的钞本，其价值自然就很珍贵了，而这样的钞本在许多图书馆所藏之稀见方志中大都存在，只不过多少不等而已，我们就不再一一列举了。还要指出的是，在这众多的稀见方志中，有许多都是该地区现存最早的志书，如康熙《中部县志》4卷，是在明志失传后中部县的第一部县志，该志对万历三年（1575）以后的资料作了详细补充。又如顺治《邻州志》4卷，是在嘉靖、万历2种明代志书均已失传之际，知州苏东柱于顺治六年（1649）续修重梓。再如康熙《山阳县初志》3卷，乃是明成化十二年（1476）山阳建县后首次修志，故名"初志"。这些志书对于这些地方来说，都有重要意义。

这套《稀见方志丛刊》更重要的一大特点，还是在于这些方志所保存的丰富资料方面，因为在这众多的方志之中，有些内容是相当丰富的，所记内容称得上是五花八门，对于研究这些地方的历史、民情和经济发展都有相当价值。就以光绪《黑龙江述略》6卷而言，编纂者徐宗亮，光绪十三年（1887）被黑龙江将军恭镗聘为幕僚，在此期间，在搜集大量官府档案和实地调查的基础上，修成此志，记事止于光绪十五年。全志约55000字，分为疆域、建置、职官、贡赋、兵防、丛谈六门。众所周知，咸丰十年（1860），沙俄强迫清政府签订不平等的《中俄北京条约》，将乌苏里江以东包括库页岛在内的约40万平方公里中国领土，强行割归俄国。该志书在《疆域》门中对黑龙江的疆域沿革做了较为精确翔实的考证，记述了大片中国领土被沙俄鲸吞的过程。在《建置》门，对黑龙江（瑷珲）、卜魁（齐齐哈尔）、墨尔根（嫩江）、兴安等七城的建置经过及台站、卡伦、电报局设置过程都作了详尽的记述。《兵防》门则记述了该省陆师、水师设置的经过及练军的兴起。此外，《职官》、《贡赋》等门也都有较详细的记述。该志的显著特点，是强调实边御侮的思想，自非一般庸人所修志书可以比拟，因为它有真实的充实内容。又如万历《开原图说》2卷，亦是记载东北地区情况的一部地情书，它是一部带有军事地理性质的地方文献。鉴于明代中叶起边患连年，出于边防的需要，边防上的重镇、关口、卫所以及沿海要地多修有图志。这就进一步说明，地方志的编修和发展，完全适应当时政治、军事和经济发展的需要。当时就先后产生了《九边图志》、《四镇三关志》、《西关志》、《海宁卫志》等，而万历《开原图说》，亦是这种性质的地情书。开原乃古代肃慎之地，明代在此设三万卫，为东北军事重地。明万历以后，中央政府与东北少数民族关系紧张，开原地位益显重要，其"东北制诸夷，西北制诸虏"。就是在这种情况下，冯瑗编纂了《开原图说》2卷，上卷详载开原所属各戍堡地理位置、军事部署、兵力配备，并附作者按语。下卷叙述建州女真各部世系与有关情况，以及作战营图、对敌形势等。在万历以后东北地区对峙形势日益恶化的情况下，《开原图说》显然成为一部极为重要的军事地理著作，亦可说是当时军情的总汇。这样一部在军事上如此重要的著作，出于军事上的机密，当时没有刊木，完全在情理之中，当然后世也就极为少见。再如康熙《江都县志》和乾隆《通州志》两部志书，则是研究这两个地区在漕运和盐务方面所起重大作用的不可或缺的重要文献。通州素为漕运重地，东南七省，岁入数百万粮以实京师，四方商贾云集；扬州是长江中下游地区经济繁荣的重镇，"盐漕之络绎，商贾之辐辏"，就是这里突出的特点，江都则是扬州之附郭，自然也就处处体现出扬州之特点。整个商业的繁荣，直接渗透到市民社会生活之中，尤其是漕运、盐务两大内容自然就成为这两部志书的特色。还有《当阳县志》也很特殊，其《典礼》一门记载特详，对文庙祭祀的礼器、仪注以及祭祀时所用之乐谱、舞谱都有详细记载，这是其他方志中所不多见的。不仅如此，由于当阳是关羽陵所在地，而关羽在清代被尊奉为"武圣"，故该志《典礼》门在文庙之后又有武庙。至于边疆地区许多稀见方志，大多保存有比较丰富的少数民族资料，如乾隆《广西府志》还专设《土司》一目。而有些县本身就是少数民族的聚居地，其县志内容多记少数民族之事，也就在情理之中了。如上文已经谈到的宣统《昭觉县志稿》便是如此。又如民国六年（1917）所修之《同正县志》，亦是如此。同正今为广西扶绥，旧名永康州，原由土司管辖治理，明代中叶改土归流，自然都为少数民族居住地。再如乾隆《乾州志》4卷，其第四卷《红苗风俗》，辑录地方文献，记载当地土家族民情风俗相当详细。还要指出的是，陕西省许多稀见方志中，还较多地记载了西方传教士在该地传布天主教、耶稣教，广收信徒的史实，仅在南郑一处，就有天主教徒2270余人。可见这些志书所记内容是相当广泛的，并且所记内容亦随着时代的发展和变化，而在不断变更和增加，充分体现出方志的时代性特色，这在每部志书的篇目设置中就可以一目了然，限于篇幅，这里不再举例说明。

最后还要说明一点，这些稀见的地方志书，除了保存许多重要史料和地方文献外，有些志书对于研究方志体例的发展变化亦有参考价值。明代以来，方志编修在体例上形成两大系列：一个是细目并列，即将所记之事一一都列目；另一种则是分纲列目，而在分纲列目中又有多种分法。如有的以天、地、人为总纲，然后再列细目，明代学者王世贞将其称为"三才体"（启蒙读本《三字经》上有"三才者，天地人"之语）。清代赵弘化的康熙《密云县志》就是如此，分天文、地理、人事。亦有按土地、人民、政事三门编设总纲的，最典型的莫过于唐枢的万历《湖州府志》。有人将其称为"三宝体"，这是源自《孟子·尽心篇》中"诸侯有三宝：土地、人民、政事"的说法。清代所修的《续修台湾县志》就是采用了这种体裁。我们在查阅这些稀见方志时就发现，编修于光绪年间的《略阳乡土志》，则按历史、地理、格致分为3卷，下面再分10门43目，所记内容包括政绩、兵事、宗教、实业、方域、物产、商务等内容。这种分类法就相当于明清时期产生的"三才体"或"三宝体"。但是它的分法，却充分反映出志书产生的时代特色。众所周知，清代中后期以来，自然科学得到了广泛的关注和发展，三大类中"格致"的出现，就是自然科学发展的结果，而《实业》、《商务》等门目的出现，同样是在反映新时代的曙光。而且，看来这种分类法，还不是个别现象，如编修于光绪三十二年（1906）的《留坝乡土志》，全书亦是由历史、地理、格致三部分组成，就是明证。又如编辑于乾隆元年（1736）、刊刻于乾隆四年的《襄阳文献录》，则是一部典型的地方文献汇编，该书在分类汇辑文献时，分为"人"、"文"、"景"三编，这种分法也很特殊，其分类编辑的方法，同样值得地方文献工作者借鉴。其"人编"4卷，收录本地自古至清顺治、康熙年间的人物传记资料，举凡传记、像赞、事状、墓表、祠祀等文字记载统统收入；"文编"1卷，收录自元代杨士弘始襄城人之诗文著作，大部分还附有作者小传；"景编"4卷，则收录襄城山川、河流、城垣、建筑、墓冢、古迹等处的文献资料。其余第十卷为"死事",第十一卷为"宦迹",第十二卷为"寓迹"。如此编辑一个地方的文献,还是不多见的,其中保存了许多罕见的珍贵文献。所以我们说,以上种种分类方法,无疑都丰富了方志编修体例的多样性,对于研究方志编修体例发展历史同样具有参考价值。

以上我们从几个方面简单介绍了北京图书馆出版社已经出版和正待陆续出版的一些稀见方志的情况,旨在说明在这些稀见方志中确实蕴藏着不少很有价值的文献资料,对于研究这些地方的政治、经济、文化等都有着无可替代的作用,有些资料还可补史书之不足。可是,长期以来,这些稀有方志分散收藏在全国各地图书馆中,确确实实是"藏在深闺",许多真正需要使用的人,却无缘相识。如今北京图书馆出版社将其分别结集出版,为学术界做了一件大好事,为大家利用这些方志创造了良好的条件。当然,对于这些稀有方志来说,今后也就可以发挥出各自应有的作用了。不过,由于条件的制约——文章篇幅所限,同时也未能尽阅所有稀见方志——我的介绍,还只是肤浅的,也就是说可能还只是停留在表面上。可以肯定,这些稀见方志中所蕴藏的许多有价值的资料,还有待更多的研究者与使用者进一步去发掘与利用。

2006年8月序于浙江大学独乐斋

(原载陕西省图书馆编:《陕西省图书馆藏稀见方志丛刊》,北京图书馆出版社2006年版。收入《独乐斋文存》)

《华东稀见方志文献》前言

编修方志是我国民族文化中一个优良传统，也是我们中华民族特有的文化传统，自两汉产生以来，经历了汉魏六朝的地记、隋唐五代的图经和宋以来的成型方志，至今已有两千年历史。特别是自隋唐直到清朝乃至民国，每个朝代的中央政府总是三番五次地下令各个地方政府，必须按时编修，限时上呈。所有这些，史书都有明确记载，有案可查。有些命令，甚至对具体编修内容都有规定，由中央政府命令，各个地方政府执行编修。因而无论任何时期、任何地方，编修方志都是普遍的、连续不断的，这种情况在任何一个其他国家都是不可能的。就以图经阶段的唐代而言，中央政府规定，各地行政区划府、州、县都必须按时编修图经送到中央，即使边远地区也不例外。敦煌发现的唐代图经残卷中，有《沙州都督府图经》、《西州图经》等就是明证。中唐诗人张籍《送郑尚书赴广州》诗中有这样四句：

> 圣朝选将持符节，内制宣时百辟听。
> 海北蛮夷来舞蹈，岭南封管送图经。

这就证明，凡是版图范围之内的，不论远近，都必须按时向中央政府进送图经，它实际上已经成为国家主权的一种象征。到了宋代，方志逐渐趋于定型进入第三阶段后，各个朝代除了政府规定编修外，社会上还形成一种不成文的规定，即地方官员为官一任，除了治理好地方外，临走时还要为这个地方留下一部好的志书。因此，编修本地志书，已经成为州县官吏职责范围之内的事情。倘若一个地方志书长久失修，地方官就被批评为失职。这种社会舆论，往往还胜过国家法令。因为若只是国家法令规定，地方官还可以将旧志过录一本来搪塞；一旦社会上认为志书是各地方不可缺少的东西，那志书就不仅身价提高，生命力也随之增强了。特别是元代开始编修《大一统志》，更加促使各地方志编修的普遍发展。第一次修成的《大一统志》，所以会缺漏甚多，其中一个重要因素便是好多地方图志尚未送到，这才迫使有二次重修之举，这便是明证。而明清两代，更是一再编修《一统志》，所以都三令五申要各地编修方志，因而至今还流传下来8000多种各类志书，共11万多卷，占我国现存古籍十分之一左右。这是我国一个伟大的、特有的文化宝库，这中间蕴藏着许多史书中不曾记载的重要史料，可以补史书记载之不足，对研究祖国各地历史、地理、物产资源、风土人情、自然灾害等可以提供很多宝贵的材料。可见这座独特的文化宝库是非常丰富、非常重要的，不同学科、不同行业的人，从中都可以或多或少得到自己所需要的各种资料。所以，我们应当很好地重视它、珍视它、更好地开发和利用它，使它能够在发展和繁荣中华民族社会主义文化事业中起到应有的作用。

但是，这8000多种各类地方志书，却分散收藏在全国各地公共、科研、大专院校图书馆，博物馆，文史馆，档案馆和方志馆等，有的更流传到日本、美国等国图书馆。如日本各图书馆共收藏有中国地方志4000多种，其中有些在国内是早已绝版的孤本和善本。就如我的家乡江苏泗阳，清朝时称桃源县，原临时所修的《桃源县志》，国内早就不存在了，而在日本国立公文书馆，却保存了康熙二十六年（1687）的原刻本。即使在国内，由于刊刻时间早，刊刻次数少，收藏单位自然就更少，有的还是抄本、稿本，凡此种种，一般人要想查阅和使用，自然就相当困难了。为此，甘肃省古籍文献整理编译中心特在全国分大区分头编选"稀见方志文献"印刷出版，以方便读者的查阅和使用。《华东稀见方志文献》就是其中之一种。全书共收各类方志18种，按省、直辖市汇编成册。

众所周知，在学术界，凡是研究经济史的学者，在研究明清时期经济发展的时候少不了都要利用江浙一带明清时期所修的各类方志，因为在这些地区许多方志中，记载着由于商品经济的发展，某些地区、某些部门已经开始出现了资本主义因素的萌芽，它反映在手工业、商业和农业的各个领域。尤其是手工业，真是有了长足的发展。就全国而言，虽然手工业中占统治地位的仍是依附于农业的家庭手工业，但在江南的许多城镇，则早已突破了这种局面。纺织、采矿、冶炼、制瓷等独立手工业都十分发达。而能反映出这一情况的，又正是当时各地所编修的各种地方志，关于这一点，笔者在拙著《方志学通论》一书中曾有专章《旧方志的价值与整理》进行论述，这里就不再多说了。这些志书对于了解、研究当地的经济发展和风俗物产自然还是主流文献。如康熙《江都县志》和乾隆《通州志》两部志书，其最大的特点是告诉人们这两个地区当年在漕运和盐务方面所处的重要地位，也就是说，它们是研究这两个地区在漕运和盐务方面所起重大作用不可或缺的重要文献。通州素以漕运重地而出名，东南七省，岁入数百万粮以实京师，四方商贾云集；扬州是长江中下游地区经济繁荣的重镇，"盐漕之络绎，商贾之辐辏"，就是这里突出的特点，江都是扬州之附郭，自然也就处处体现出扬州之特色。整个商业的繁荣，直接渗透到市民社会生活之中，尤其是漕运、盐务两大内容，自然就成为这两部志书的特色。当然，每一部志书所记内容不可能相同，因为它们所记载的地点、时间都各不相同。就以经济而言，各个地方的内容也不可能是相同的。我们上面所讲两地，是以漕运和盐务为主体，而明清时期的苏州地区、湖州地区，则以蚕桑、纺织为主体，特别是湖州、嘉兴一带，实际上已成为全国蚕丝的生产基地。这从我们这次所选的湖州、嘉兴等府县志就可以得到充分的反映，特别是乡镇志，反映得就更加具体。所以，从研究历史角度出发，乡镇志所提供的资料往往都更加具体，更加实用。

　　这次所编选的这些稀见方志中，有几部编修得很有特色，特别是对于研究方志理论都具有很大价值。如嘉靖《山阴县志》，原收藏在日本，这部县志的《述志》写得很有特色，不称序而称述志，这本身就非常特殊，并且毫无空洞的议论，尤其是开头几句话，却讲出了方志的起源是秦置郡县之后，真正揭示了方志起源的历史："夫自禹绝封，秦皇肇制列县，称名张官置理，分合化更，群取联叙，志为邑而作也。"这就是说，由于秦始皇推行郡县制度，派官吏治理，郡县之划分也常有变更，于是为一邑而修的志书也就产生了。看来这位《述志》的作者，确实很有点见解，能够肯定邑志之修是产生于秦始皇行郡县制之后，很显然比我们今天有些地方志理论工作者还来得高明。因为这些方志理论工作者还在抱着《周官》、《禹贡》等书坐而论道，总希望方志产生于西周或者更早能够成为现实，就不愿意面对现实，他们有的固执到连正史记载也不承认。所以我说在这个问题上，他们连封建时代的方志学家还不如。

在这次选编的稀见方志中，还要向大家介绍一部非常特殊的志，说它特殊，就连书名都很特殊，就是冯梦龙（1574—1646）的《寿宁待志》。冯梦龙是明代著名的通俗文学家、戏曲家。他因为编纂了通俗小说"三言"（《喻世明言》、《警世通言》、《醒世恒言》）而出了名。其实他还编著和改编了大量的传奇戏曲，因此在明代文学史上有着重要的影响，当今许多文学史论著中自然也少不了对他的评价，但在这众多的评价中，却很少有提到他还编纂过《寿宁待志》，原因在于这部志书长期收藏在日本，国内自然无法看到。崇祯七年（1634），冯梦龙任福建寿宁知县，清代修的《寿宁县志》，称其在任期间，"政简刑轻，首尚文学。遇民以恩，待士以礼"，是一位正直的文人和清官。在崇祯十年，即离任前一年，他修成了《寿宁待志》两卷。至于为什么叫"待志"，他在该志的《小引》中作了回答：

> 曷言乎待志？犹云未成乎志也。曷为未成乎志？曰：前乎志者有讹焉，后乎志者有缺焉，与其贸焉而成之，宁逊焉而待之。何待乎？曰：一日有一日之闻见，吾以待其时；一人有一人之才识，吾以待其人。

他认为，一部志书要写好是不容易的，前人所写的志书有错误，后人所写的志书有缺漏，既要纠正错误，又要补其遗漏，何必急于求成？况且闻见总是不断增加，各人的才识又各不相同，应当集思广益，使志书内容做到更加丰富。在他看来，一部志书的记载必须是完善而真实的，一个人的精力见识有限，很难做到这一点，因此应当不断得到后人的纠误、补遗和增加新的内容，只有这样，志书的内容方能得到不断的充实和完善。在该志的《旧志考误》中有这样一条：

> 志书即一邑之史，旧志成于邑人叶朝荣之手，未免贡谀戴令，叙事中多称功诵德之语，殊乖志体。宜直载其事，稍删赞美。

言语不多，却代表了他的修志指导思想。《寿宁待志小引》虽然只有短短300字，却反映了他可贵的方志理论和修志思想，很值得我们今天的新志编修工作者借鉴，特别是对那些主张断代续修的人来说，尤其是一篇好教材。因此，我们可以毫不夸张地说，这部志书对于研究冯梦龙为人性格、学术思想和治学之道等方面都有重要价值。

编修方志这一优良的文化传统，从产生以后，2000多年从未中断，就如民国时期，仅短短30多年，又是军阀混战，但还为我们留下了1118部省市县志，这些志书大都是修成后刊印过一次，在社会上流传也大多相似，有的当初可能印数不多，今天社会上流传就相对少些，如张相文主修的《泗阳县志》就是如此，从《中国地方志联合目录》查阅，收藏者很少，所以这次也将其选入。况且在民国时期所修的县志中，它与黄炎培主修的《川沙县志》都是属于相当好的志书，我在《方志学通论》中都给予其很高的评价。当年梁启超对民国时期所修的县志，唯独推崇余绍宋的《龙游县志》，认为这部志书是古今无与比美的佳志。可是，傅振伦先生对该志的评价则完全相反，认为该志具有无可辩驳的六大缺点，根本谈不上佳志："此志仅可说是一邑文献的私家杂记……谈不上有裨实用的地方志书，虽经梁启超荒谬宣传，并不能提高其学术价值。"我是非常同意傅先生的评价，并在《方志学通论》中也作了自己的评论。可见对于同样一部方志著作，会产生截然相反的两种评论，这自然就值得研究。我固然不同意梁氏评论，但还是希望能有更多的人对这部志书作些研究，不是有"奇文共欣赏"吗？因为这部志书虽称不上"稀见"，但也并不是谁想看就可以看到，因此这次也选入其中，目的是让大家能够了解到究竟应当如何正确评价一部方志，对旧方志是如此，对今天新修方志也是如此。

自从宋代方志开始成型以后，流传至今的旧方志有8000多种，其中产生于宋元两代的仅有40余种，在这40余种中，除《长安志》、《南海志》等数种外，绝大多数都产生在华东地区，特别是江浙两省。也许因为这些志书产生时代早，历代常有翻印，因此相对而言，这些志书在社会上流传还是比较广的，尽管如此，为了说明方志发展的历史，还是将北宋朱长文的《吴郡图经续记》、南宋张津的《四明图经》和元代至顺《镇江志》选入。本文开头讲了，方志发展过程中，经历过图经阶段，至于什么叫图经，方志学界曾有一些不准确的说法。有人说图经是以图为主，也有人说地图加文字说明就是图经，这都是出于望文生义。如今看到的《吴郡图经续记》，连一幅地图也没有，更谈不上以图为主。可见做学问是不能想当然的。这部志书还告诉人们这样一个事实，作者是按照我国古代传统的修志方式在编修，虽是一部续志，照样修的是一部贯通古今的地方志，而不是今天某些人认为的"接下去编修"的意思。历史记载非常清楚，吴郡这个地方，《图经》编修是在北宋真宗大中祥符年间（1008—1016），而《图经续记》则成书于元丰七年（1084），两者相距80年左右，按照今天某些人的理解，只需续这80年的内容就行了，事实上并非如此，林虑为该书所写的《后序》讲得非常清楚，观《吴郡图经续记》：

> 千数百载之废兴，千数百里之风土，粲然如诸指掌，呜呼！何其备哉！先生之书三卷若干条，而所包括者，古今图籍不可胜数，虽浮图方士之书，小说俚谚之言，可以证古而传久者，亦毕取而并录。先生岂欲矜淹博而耀华藻哉？举昔时牧守之贤，冀来者之相承也；道前世人物之盛，冀后生之自力也；沟渎条浚水之方，仓庚记裕民之术，论风俗之习尚，夸户口之蕃息，遂及于教化礼乐之大务，于是见先生之志素在天下也，岂可徒以方域舆地之书视之哉？

事实证明，书名虽曰"续记"，但内容还是自古及今，这就是广义的传统修志，因此每部志书内容大多为完整的，这个好的传统，修志同仁千万要传承下去。

台湾自古以来就是我国神圣不可分割的领土，这是众所周知的历史事实。但是近百年来，一些帝国主义野心家却一直处心积虑地在打它的主意。而在台湾岛内，近年来也有小股分裂主义分子在搞"台湾独立"，这些"台独"分子还打着所谓"台湾意识"、"台湾文化"的旗号。这里我们可以明确地告诉大家，这些只不过是中华民族传统意识和传统文化所具有的一些地方特色而已，这也正如大陆各地掀起的区域文化研究热一样，诸如吴越文化、八闽文化、楚文化、中原文化、三秦文化、三晋文化、燕赵文化、齐鲁文化等，都有一定的地方色彩和特点，但又都是整个统一的中华民族的组成部分，这是谁也无法否认的事实。特别是地方志的编修，这种传统文化的统一性就更加突出了，关于这一点，我在开头已经讲了，各地向中央编送方志，实际上早已形成了国家主权的象征。而有清一代，台湾就先后编修府县厅志40多部。由于清代早期，台湾原属于福建省内的一个府，所以40多部大多为府州厅志，到了清末方置省，所以光绪二十一年（1895）便修了《台湾通志》，这就说明，随着行政区划的变更，志书的名称也在变更。当然，台湾这些志书，在全国各地馆藏中，虽称不上稀见，但也并不太多，要想查阅还是不太容易。随着两岸关系日益改善，两岸交流日益增多，为了便于两岸文化交流，便于大陆民众了解祖国宝岛台湾的历史文化，我们从40多部方志中，按不同时代、不同地区、不同类型选入3部。这3部志书都有各自不同的特点，如光绪四年（1878）林豪所修《澎湖厅志》，凡例就有28条，这在旧方志中是不多见的，全文长达4000余字，这不仅在台湾所修方志中为绝无仅有之作品，在全部明清时期所修方志中也很难找到，许多内容都是关于如何修好方志的理论，可以说是非常宝贵的经验之谈。又如，据台湾著名学者陈捷先教授研究，在有清一代台湾所修方志中，《诸罗县志》被誉为"台湾方志中第一佳志"，所以我们将这部志书也选入。这部志书所以修得成功，是因为主笔陈梦林"博学多识，又负经济长才，曾经参与编修漳州及漳浦郡县两志"，因此这部志书不仅体例完善，而且资料翔实，内容丰富，这应当是一部志书修得好的关键。

　　上面我从几个方面简单介绍了《华东稀见方志文献》的一些情况，说明这些稀见方志中确实蕴藏着不少很有价值的文献资料，对于研究这些地方的政治、经济、文化、风俗、物产等都有着无可替代的作用，有些资料还可补史书之不足，至于有些方志理论，更可以丰富方志发展史的内容，总之，资料价值是多方面的。当然也必须指出，每部志的内容多少，价值高低，都不可能是一样的，而每个人对资料的需求也各不相同，因此对有些人来说是很有价值的材料，但对另外一些人来说，则似乎是没有什么价值，这是可以理解的，但资料价值本身还是存在的。由于篇幅所限，我在介绍中只列举了一小部分，并且介绍也还是很肤浅的，也就是说还停留在表面上。可以肯定，这些方志中所蕴藏的许多有价值的资料，还有待更多的研究者和使用者进一步去发掘利用。

（原载《中国华东文献丛书·华东稀见方志文献》［五十卷］，学苑出版社2010年版；又载甘肃省古籍文献整理编译中心编：《文献研究》第二辑，学苑出版社2011年版，标题改为《华东稀见方志综述——〈中国华东文献丛书·稀见方志专辑〉综述》）

一部名实相符的《苏州府志》
—— 明洪武《苏州府志》点校本序

苏州是以方志之乡而著称的，历史上曾产生过多部著名志书，在方志发展史上产生过很大影响。但是明代洪武初年卢熊编著的《苏州府志》，由于社会上很少有流传，因此至今知道的人非常之少，实在是方志发展史上一大憾事。

洪武初年，吴县教谕卢熊"揽众说，摭遗事，芟繁取要，族别类分"，编了一部内容丰富、门类齐全的《苏州府志》。当时著名文学家、历史学家宋濂还为这部府志写了序，并给予很高的评价。这部府志，最初编好时，曾称为《吴郡广记》，因为此时之书稿除了志书内容外，其后还附有其他地方文献，"有文集十卷，以备文艺之实；为外记五卷，以存神仙、浮屠之可考者"。因此，宋濂最初所写就是《吴郡广记序》，此序还保存在《宋濂全集》之中，其后作者又按照志书编写的要求，整齐划一，成为五十卷《苏州府志》，而宋濂也将原作之序改为《苏州府志序》。

这部府志自刊刻之日起，就一直得到好评，首先当然就是宋濂。他在序中说，吴地自有文献记载以来，尽管产生过许多名著，但是却没有一部可以与这部府志相比，他甚至以《史记》、《汉书》相比："熊独能毅然以笔削为己任，效《史》、《汉》之法，损益旧典，为一郡成书，岂非好古之士乎？"在他看来，只要有这部书，"数百里之内，二千载之间，其事可按书而得"。因为这部府志内容确实丰富，所记门类又非常齐全，自然就成了典范。到了清代，著名学者钱大昕在其日记中，对这部府志亦作了极高的评价："卢熊《苏州府志》五十卷，洪武十二年刊本。前有宋濂序，熊字公武，作志时方为吴县教谕，……前有图一卷，其书详赡有法。"（《钱大昕全集》第8册《竹汀先生日记钞》卷1）其评价就是一句话，若不注意，自然就忽略过去了。虽然只有一句话四个字，但千万不能轻视它，它在告诉人们，这部府志内容非常丰富而可信，编写体例又很得法，一部书能有这样好的评价，还是不多见的。我要告诉大家的是，就是这位钱大昕，他著《廿二史考异》一书，对正史尚且一部一部进行挑剔，而对这部府志却作了如此好的评语，其身价如何自然就可想而知了。

民国年间藏书家傅增湘曾为这部府志写过一篇跋，文章其实并不长，却将府志全部篇目抄录在其中，看来他是担心此书很可能失传，因为当时明初刻本已很难见到，而诸家著录多为传抄，因而想通过他所写的跋，让更多的人知道这部府志的内容。

> 图说一卷，凡十八图，一春秋吴国境，二秦汉会稽郡，三东汉吴郡，四三国六朝郡境，五隋唐五代州境，六宋平江府，七元平江路，八本朝苏州府境，九苏州府城，十苏州府治，十一苏州府学，十二吴县界，十三长洲县界，十四昆山县界，十五常熟县界，十六吴江县界，十七嘉定县界，十八崇明县界。卷一沿革、分野、疆界，卷二山，卷三川、水利，卷四城池、乡都，卷五坊市，卷六桥梁，卷七园第，卷八、卷九官宇，卷十户口、税赋，卷十一赈贷、廪禄，卷十二学校，卷十三贡举，卷十四兵卫，卷十五祠祀，卷十六风俗、氏族，卷十七封爵、旌表，卷十八至二十牧守题名，卷二十一至四十一人物，卷四十二土产，卷四十三古迹、寺观，卷四十四冢墓，卷四十五异闻，卷四十六考证、杂志，卷四十七、卷四十八集文，卷四十九、卷五十集诗。

笔者不厌其烦地将这部府志的篇目也全部抄录下来，目的是让当前方志界同仁通过阅读，能够了解我国古代学者在编修地方志时，所编著之书向来都是贯通古今的，当然，它的内容，既有历史，更记现实。从篇目也可看到，所记确实都是实实在在的，都在反映苏州的历史和现状，同样也体现了苏州的地方特色。城池、乡都、坊市等，其他地方可能也都有，但是桥梁、园第等，别的地方就未必都有。因为苏州自古以来就是江南水乡，河流特别多，桥梁自然也就多了。河流纵横交错，桥梁星罗棋布，是苏州的写照。在这里"街道依河而建，民居临水而筑"，"河街相邻，前街后河"，自古以来就是如此。对此特有的水乡城市景色，唐宋以来，早有诗人作诗称颂："处处楼台飘管吹，家家门前泊舟航"，"绿浪东西南北水，红栏三百九十桥"。我们用星罗棋布来形容苏州河桥之多一点也不过分。据记载，最盛时平均每平方公里就有25座，故有"一步两桥"之说。明初编修府志，将其单独成卷也就理所当然了。众所周知，苏州的园林建筑不仅历史悠久，而且居全国之冠。据当地文献记载，明清时期最为鼎盛，在原吴县、长洲、元和境内，各式园林和庭院建筑就多达300余处，这又成为本地的特色。为了向世人反映这一精美的内容，府志的编纂者又单独设置了园第卷，可见编纂者还是别具慧心。又如，苏州自古以来就是世家大族的聚居之地，后来又为达官贵人居住之所，还在唐代，当地就居住了朱、张、顾、陆、暨五大姓氏。这部府志在风俗之后，接着就记载氏族这一内容，以反映社会的现实，这自然也就成为这部府志出色之处。还要特别指出的是，这部府志在异闻之后，还有一卷考证和杂志，这也是在其他志书中所不多见的。特别是杂志，清代方志学家章学诚在他的论著中就曾一再强调，在编修志书时，应当增加杂记或杂述这一内容，因为有许多内容，非常零碎，无类可归，丢弃又非常可惜，可在最后设杂记全部收入，三言两语，长短不拘，章学诚的原话是说："谣歌谚语，巷说街谈，苟有可观，皆用此律。"(《文史通义新编》外篇三《修志十议》)明初的卢熊在府志中已经这么做了，可见其修志见解之高明。对于这一好的做法，当代苏州方志同仁已经将其继承下来了。我们非常清楚记得，首轮所修之《苏州市志》后面，就有《杂记》一卷，对志书内容起到拾遗补阙的作用。大家知道，方志有别于其他著作的重要表现就在于"全"，对于一个地方的方方面面，特别是奇闻轶事，大都有所记载。然而当前许多地方修志过程中，过于强调整齐划一，对于许多无类可归的内容则弃而不载，这无疑损害了方志记载这一重要特点。故笔者在此特别强调一下，希望能够引起一点点重视。

还要指出的是，这位藏书家对这部府志不仅评价很高，而且对其长期未能刊刻而抱不平，并想推荐编入《四部丛刊续编》，看来也未能如愿。他在《藏园群书题记》中说："考吴门地志，以范石湖所撰《吴郡志》为最有名。其后赵节斋之《续志》、章慈之《吴事类补》相继而起。元总管赵凤仪尝事集录，其书未成。公武闵前志之乖纷，毅然以笔削为己任，博揽帝撝，芟繁取要，撰为此编。宋濂序称其效《史》、《汉》之法，损益旧典，为一郡成书。郡守高邮汤德为之梓行。洎后王文恪增入明代事实，遂成《姑苏志》六十卷，世称宏著，然其取材不出此编，且删易或多未协。是公武之书，上承石湖，下启文恪，翔实淹雅，蔚然为五百年来不刊之作。今范、王之书一再雕行，流播广远，学者咸得披观，而公武此编，乃不得上登于秘阁，又无人为之覆刊，只此三数遗帙，流转当代，在若存若亡之间，文章之显晦，其殆有数存耶！嗟乎！公武既雅负材隽，著述等身，……而禄仕迍邅，卒赍志以没世，此煌煌巨儿，又沈晦堙郁，仅留此一线之延，余展诵终篇，不禁彷徨叹喟，为文士之蹇运者悲且惧也。近以《四部丛刊续编》方网罗名著，余已驰书海上，深愿举此遗编，播之贞石，庶几万本流传，足慰公武于异代乎！"由于这位藏书家见多识广，深知这部府志的价值，然而至今却"沈晦堙郁，仅留此一线之延"，如果不再设法补救，很可能就会毁灭。故他会投书有关方面，希望能收入《四部丛刊续编》，美好的愿望最终还是未能实现，抱憾终身。

著名文献学家王欣夫先生，在洪武《苏州府志》的《识语》中讲述了他与这部府志的因缘关系，从中可以看到老一辈学者对于好的古籍的深厚感情，人们看了以后会感到的确好像有着奇缘，因为他始终离不开这部府志。因为《识语》全文不长，现抄录于后，与大家共赏。

我苏地志，范氏《吴郡志》后，断推卢氏《苏州府志》，而洪武刊本希若星凤，得者宝逾宋前椠。余旧一部，纸墨精良，系胡斑琳琅秘室物。同学佩诤宗兄撰《平江城坊考》，曾假与助其成书。后为友人借失，不胜怅恨。越十年，忽于沪肆见之，索五百金，时正阮囊羞涩，无力作枋田之赎，自分不可复遇。今忽见此旧抄本，为莫氏铜井房、刘氏嘉业堂递藏，渊源有自，不啻下真迹一等，而索值亦五百金，适售去藏书百箧，偿宿逋外，尚有余资，亟如值收之，不忍再失良机也。因念古书有缘，诚非虚语，如洪武本已得而复失，又及见而再失之，今遇此抄本，如非售书得款，亦只可徒呼负负耶。《吴郡志》宋刻外有毛氏汲古阁、张氏墨海金壶、钱氏守山阁、张氏择是居诸本，而卢志则无为之重刊者，使孤帙仅存，不至湮没者，几希。余之得此，既喜与古有缘，复愿遇好古而有力者据以重雕，则人手一编，庶吴郡文献传之不绝，固所馨香祷祝者也。

王先生此《识语》写于1957年9月29日，此后就不见任何消息了。如今又半个多世纪过去了，藏书家希望能重刊"万本流传"，文献学家希望"有力者据以重雕，则人手一编"的美好愿望全都没有实现。

　　值得庆幸的是，苏州市地方志办公室副主任陈其弟先生，是一位对家乡文献非常热爱的热心人，长期以来，除了参与新志编修外，就一直对苏州各类地方文献进行整理工作，并已取得很大成绩。据笔者所知，正式出版的已有十多种。十多年前，他又不声不响地对已经残缺不全的这部《苏州府志》进行整理校补工作，不为名，不为利，一心扑在祖国传统文化事业上面，其精神实在令人敬佩！正如他在《点校说明》中所云："正文尽量依据'刻本'，如遇有明显的不一致，出注'成文本'作某某。遇到两种本子都缺的文字，则以《吴郡志》、《姑苏志》、乾隆《苏州府志》、道光《苏州府志》、同治《苏州府志》，或明清《吴县志》、《昆山县志》等县志作校补，并出注'据《某某志》补'。"据此，可以看出这项工作的复杂性和艰苦性。经过十多个寒暑的努力，终于将这部名志又抢了回来，当然应当好好地加以庆贺！在这部名志得以新生行将问世之际，点校者要我写几句话，于是我就将自己看了以后的一些想法全部写在这里，供读者参考。

　　（原载陈其弟点校：《洪武〈苏州府志〉》，广陵书社2015年版；又载《中国地方志》2015年第12期、《浙江方志》2015年第6期，题名为《明洪武〈苏州府志〉点校本序》）

《重印民国〈泗阳县志〉》序

民国《泗阳县志》，是著名的地理学家、历史学家张相文先生主持编修的很有特色的一部县志，在民国时期所修的一千一百多部志书中称得上是上乘之作，完全可与黄炎培的《川沙县志》、余绍宋的《龙游县志》等一批民国时期的名志、佳志相媲美。可是，就是这样一部民国时期优秀的志书，1985年"再版"时，竟被删去了近二十万字，占全志六十多万字的三分之一，这实际上是无知的表现。众所周知，进行古籍整理时，对于前人的著作，是不好作随意删节的。对于其中的迷信和错误观点，只需在出版前言或出版说明中指出就可以了，即使对其中校对出的错字，自行改了，也需在校勘记中加以说明，而不能一改了之。较为正规的校勘书籍，又大多采用加括号为标识，字形不同加以区别。《廿五史》的校点，就是采用此法。正如《汉书出版说明》中所说："对正文和注文的增删校改，一律加括号作为标识。正文或注文错了，应当改动和增删的，加上圆括号，用小字排印；增入或校正的文字，加上方括号，用与正文和注文相同的字体排印。"这才是正确的在古籍整理时应当抱持的态度。然而就在全国旧方志整理研究出版工作会议召开以后，还会出现将一部很有特色、很有价值、很有影响的志书，在"整理出版"的名义下乱砍乱删而使之面目全非，这怎么能不令人痛心！

当然，删节者们也有他们的道理，《再版前言》中说："原书中的纯属宣扬封建道德毫无史料价值的部分，如历代'节妇'和殉夫'烈妇'名单凡2000余人，及割股断指等愚昧残忍的内容，均予删节。"看来似乎很有道理，但从事这项工作的同志难道就没有想到，这么一来，一部好端端的名志，竟变成了支离破碎的资料了，这已经不是张相文先生所主持编修的《泗阳县志》了，这不仅张相文先生在天之灵不会承认，我们今天学术界同仁也不会承认。如果让这些同志来"整理"《廿五史》，这部记载中华民族发展历史的著作，又不知将被删成什么样子了。因为在这些史书中，同样存在着许多糟粕，就如被鲁迅先生称赞为"史家绝唱"的《史记》，不是也记载了范增所编造的鬼话"吾令人望其气，皆为龙虎，成五采，此天子气也"（《项羽本纪》）？《汉书》作者班固，为了说明刘邦应当得天下，不是也在《高帝纪》中编造了刘邦夜行斩蛇的故事吗？《三国志》、《后汉书》记载这类事情就更不在少数，尤其是后者，由于书中许多地方对符瑞、气运、期数、阴德等迷信的肯定，所以作者范晔究竟是无神论者还是有神论者，一直成为史学界争论不休的问题。前四史尚且如此，以后诸史自然就更可想而知了。赵翼在《廿二史札记》中就曾专门列出标题，集中论述了这些内容。在该书卷8《晋书所记怪异》条开头就说："采异闻入史传，惟《晋书》及《南北史》最多。而《晋书》中僭伪诸国为尤甚。"又如同卷中《相墓》条，是罗列诸史所记相墓应验之事。卷15《诵经获报》条，则是汇集诸史所记某些人在大难临头时，由于能大诵佛经而得以逢凶化吉之类故事。如此等等，不仅迷信，而且是荒唐不经。如果按照民国《泗阳县志》1985年《再版前言》所规定，这些内容自然都得砍掉，不敢设想，这部《廿五史》不知将被砍成什么样子。不过若是仔细对照又会发现，有些被删节的内容，也并不犯他们所订的条例，如医术高超的明代名医田养德、清代著名画家薛怀，以及一大批公正廉明的清官，也不知是犯上何条而被删节。更加令人费解的是，志中许多碑记，本是一个地方重要文献，却也被砍掉，真不知当日是出于什么想法，而使一代名志遭到如此浩劫，其后果相当于乾隆时期兴文字狱而使许多书籍所遭之厄运，这绝不是耸人听闻之说。若是此志原本失传，势必造成千古之遗憾。这种对地方文献不明智的错误做法，曾引起许多有识之士的不满，尤其是近年来纷纷向泗阳县志办公室建议，希望将这部志书原文不动地重印，乃使这部享有盛誉的地方志书能按原有面目留传后世。县志办同志采纳了大家的建议并报请县领导批准，又经整理校点，现已付印，还约请我为之作序。作为一个泗阳人，能够为乡贤的著作写序，自然是义不容辞的事。

民国《泗阳县志》是张相文先生主持编修的，他亲自参加了资料的征集、采访、搜集等繁琐工作，"又为详订体例，拟具编辑大意"，"别为图、表、志、传四纲，使文以义起，事以类从"。可见这部县志的编修，总的方针大政，全由张先生一手所订，从体例的确定，到纲目的安排，乃至文字的叙述、事物的分类，都有明确的规定，这与那些挂名总纂全然不同。

我们说这部县志在民国时期所修的志书中较为出色,具体表现在以下几个方面。首先,志书内容丰富,资料翔实,体例完备,门类齐全,这在当时众多志书中确实是不多见的。我虽然是泗阳人,又从事历史研究工作,然而有关泗阳许多事情,还是首次得知于这部志书,志中所记内容大多有根有据,资料搜集与采访做得非常细致与广泛,上至省里有关内容记载,下至家谱及私人著述、笔记,无不广搜博采。体例方面,尽管作者自云"图、表、志、传四纲",实际上该志还有"大事表",也就是我们今天的"大事记",只不过将其放入表一类而已。至于我们说门类齐全,应当从当时的社会内容来作评定,在当时来说,应当记载的全都记了,这就应当承认它是做到了齐全,而不能用我们今天的社会内容去衡量与要求,因为我们今天的社会比七十多年前不知丰富了多少倍。

其次,这部志书的编写,能够体现出民国时期的社会特点,反映出民国时期的精神面貌和社会风气。这是很重要的,如果一部志书不能反映当时社会的精神面貌,起码说明它对这个社会新产生的事物与现象都没有很好的记载,像这样的志书就很难说是写得很成功的志书,更不要说是名志、佳志了。在民国时期所修的一千多部志书中,类此情况者还不在少数。而民国《泗阳县志》的编修,则能根据社会发展的变化,在篇目设置中增加了许多新的内容,如在专业志中就设置了《经政》、《教育》、《实业》、《交通》等志,正如该志《叙例》所言:"经政、教育、实业、交通,旧志所无。民国宪法,以县为地方自治之初地,……与前代政体不同。昔之政令,萃于县官一人,其事简;今则立法、司法、行政各有职守,其事繁。"因而在《经政志》下,分设"县行政"、"市乡行政"、"县议会参事会"、"市乡议会"、"户籍"、"选举"、"地方款产处"、"司法"、"警察"、"警备"(附"保卫团")等节目,这些都是民国时期所产生的新事物,编修方志,理所应当及时得到反映。又如《实业志》,下设"物产"、"实业局"、"县农会"、"农场"、"商业"、"商会"等节目。除"物产"以外,其余也都是民国时期出现的。而《交通志》中,昔日只有"铺递、驿站",如今则设"驿递"、"邮电"、"省道"、"县道"、"航路"等节目。这就是说,新的时代,必然产生许多新的事物,因而编修方志也就必须增加许多新的内容,民国《泗阳县志》正是这样做了,所以这部志书就会使人感到民国时期的时代气息。

第三，志书的作者在编写中很重视国计民生之大事，关心民众之疾苦，因而《田赋志》分上、中、下三篇，而《河渠志》亦分为上、中、下篇，都成为该志的重点篇目。对于民国时期苛捐杂税之重，作者们在书中表示了极大的愤慨，在《叙例》中就这样说："民国以来，征法易'两'为'元'，益以省附税、地方附税，其数将五倍于前，而以银合钱，且至七八倍。地不加辟，民不加众，何以堪此诛求！至于杂税，旧志缺载，以意逆之，必无今日之烦苛。"为此，他们在《田赋总叙》中告诫当权者，剥削要有限度，要让老百姓能够生存下去。"田赋为国家之命脉，人民之脂膏。脂膏必留其有余，命脉乃延于无尽。以轻徭薄赋而致物阜民康，国运无不绵长；以苛敛横征而致民穷财尽，国祚无不颠覆。"这是数千年来历史发展的总结，也是千真万确的真理，所以作者所作的结论是："盖取民之有无限制，统关乎治乱兴亡，千古固如出一辙也。"

《河渠志》是这部志书中的重中之重，因为不仅它在这部志书中篇幅最大，而且它的学术价值也是全志之冠。它所记载的几大河流湖泊，不单是泗阳境内的重要水系，而在全国影响则更大，特别是黄河、运河、洪泽湖和泗水。黄河、运河和洪泽湖的影响是如今尽人皆知的，唯独泗水，因黄河夺道而使其名实皆亡，尽管泗阳是因此而得名，但知道的人已经不多了。历史告诉我们，在宋代，泗水还是人们游览之胜地，大思想家朱熹《春日》诗就是很好的写照："胜日寻芳泗水滨，无边光景一时新。等闲识得东风面，万紫千红总是春。"可见每当春暖花开时节，泗水之滨总是万紫千红。对于以上这些名河、名湖，由于都与泗阳有关，因此志书中都作了非常详尽的记载。诸如黄河的历次决口、泛滥、改道等都作了记载，特别是夺泗水之道而进入泗阳境内；泗水尽管在泗阳境内早已消失，仍是作为首条加以记载。作者认为："泗水、运河，虽合为一流，然不能谓运为泗。盖泗水为吾邑主川，古国、今县得名之由，其道为黄流淤塞，仅赖运河为之渲泄，不容不追认之。"泗水之于泗阳，既然有如此密切关系，自然应当记载。至于运河，实乃我县旧时重要之南北通道，所以成为志书记载重点之一。"运河系人工开凿，自辟途径，受大水数十，泗居一焉，其名震于世界。在泗阳者曰中河，俗曰新河，交通便利，实则皆运河一水也，别泗纪运，固亦其宜。"除此之外，记述了六塘河、洪泽湖，特别是洪泽湖，旧时我县常受其害。"所谓淮者，即洪泽湖是，惟泗阳非淮流经路，其泛滥横溢，皆湖为之，故正其名曰洪泽湖。"对于洪泽湖之形成及名称之来由都作了记述。作者在记述这些河流湖泊时，都并不限于泗阳境内，它的学术价值远远超出县境之外，对研究中国水利发展史都具有不可忽视的重要价值。所以能够如此，也自非出于偶然，张相文先生是著名地理学家，而另一位主要编纂者陶懋立，也"在地学会主笔有年"，同样是地理学专家。在他们共同精心努力下，所成志书的学术价值自然与一般志书不可同日而语。在《河渠志》中，除了上述内容外，对历代的修堤、筑坝等水利工程及全县所有小的水系都作了较为全面的记载。为了让人们更好地了解全县水网分布情况，还特地绘制了《洪泽湖全图》、《淮北水道图》、《运北水道图》、《运南水道图》四幅图，确实弥补了文字难以表述的许多缺陷。正如著名的学者章学诚在《永清县志水道图序例》中所说："地名之沿革，可以表治，而水利之沿革，则不可以表治也。盖表所以齐名目，而不可齐形象也；图可以得形象，而形象之有沿革，则非图之所得概焉。是以随其形象之沿革，而各为之图，所以使览之者，可一望而周知也。"（《文史通义新编》外篇五）他还把图称之为"无言之史"，希望在各类方志编修中大量采用。

第四，这部志书所设之《乡镇志》和《氏族志》，都具有独创精神，可以讲是前无古人，特别是《乡镇志》之设，"事无先例，然近代重视工商，地方物产，增、耗、集、散，皆于乡镇觇之。古略今详，固其宜也"（民国《泗阳县志叙例》）。这可以视作该志设立的指导思想。的确如此，一个县的经济发展情况，首先要看这些乡镇，地方土特产的集中收购，自然要靠这些乡镇，而外地进入之商品，自然又得靠这些乡镇销往农村。因此，要了解一个县的经济发达繁荣与否，视野确实首先要投向这些乡镇，我们可以这样说，这些乡镇可以看作是一个县的经济发展繁荣晴雨表。所以，从《乡镇志》的设立，同样可以看出这部志书的作者很有见地。特别要指出的是，对于所有乡镇集市的兴起、筑圩，该志都有详细记载。正如该志最后所言："以上各集圩，仅就创建之名氏、年代、户口、商况，大概言之。若重要出品，特别贸易，则详《实业》门，兹不栏入。"要知道，仅仅这"大概言之"，作者们真不知要花费多少时间和精力。要讲清这么多的集市之始建名氏、年代，谈何容易。既要翻阅大量文献资料，又要实地进行查证和访问。笔者作了粗略统计，所写之集市竟有一百二十个左右，当然，其中有些是有集而无市的，因此，内容详略也是由所处位置重要与否而异。就以我的家乡仓集镇而言，此志曰："仓家集，兴于清道光末年，圩则同治三年（1864）集首仓立功所筑，有户二百余，市面兴旺。治西四十里，最盛。"据我所知，光绪二十年所修之《仓氏族谱》中并未记载兴建筑圩之事，可见作者并非只据家谱，还有其他资料来源。因此，我虽出生在仓集，但仓集历史上这样两件大事，还是首次得知于这部《泗阳县志》。又如金锁镇，乃当时全县四大镇之一，志中曰："又名公安镇，圩为清同治元年（1862）陈临惠所筑，约五百余户，生意畅旺。治西南七十五里，苏、皖交界处也。西界宿迁，西南界泗县，东属泗阳，为东西往来要道，得重兵而守之，足扼其吭。清同治五年，捻匪东窜，不敢越雷池一步，保障之功多焉。"文字不多，但金锁镇地位之重要于此可见。

《氏族志》也是此志之独创，可惜的是，此后修志，并不为人们所重视。看来主要是忽略了这样一个社会现实，即我们中华民族向来有同族聚居的风俗习惯，这一社会现象可以说自西汉以来一直延续至今，从《乡镇志》所列集市之名称大都是以姓立名，就足以说明这一点。既然有此情况，方志编修就应当加以反映，况且它毕竟是现实生活中的一个方面。此志的编修，对于研究人口学、社会学、民俗学、教育学等都有着重要的价值，诸如人口的增长、人口的流动、人才的产生等等，特别是人口流动的趋向。当前有位上海的学者利用大量的族谱和其他史料撰成《中国移民史》，而一部县志可以提供许多这样的资料，就可以免去找一家一姓的家谱、族谱之苦。所以，我们认为这部志书所独创之《乡镇志》和《氏族志》，为我们留下了许多宝贵的资料，它们的潜在价值，似乎至今仍未被人们注意。

第五，这部志书的编写，采用了互见法。这种方法，既可以节省篇幅，又可使全书保持完整，并且这种写法，既可用于书写人物，也可用于记事。如在上文所引《乡镇志》最后一段文字就有明确表示："若重要出品，特别贸易，则详《实业》门，兹不栏入。"这里实际上就将两志记载内容，作了总的明确分工。这个说明也让读者知道，查找某一内容，可以查阅某志。又如在《古迹志》"打鼓墩条"条："详《山川》。相传石崇镇下邳时，垦田力农，击鼓会食之所，因名。旁有拖犁沟。详《水利》。"可见这条是涉及三方面内容，则在三个志中分别叙述，若是这些内容在三个志中同时都记载，显然就会让人感到十分繁琐。可见互见法乃是编写方志必不可少的重要方法。

民国《泗阳县志》的特色，就个人初步看法谈了以上五点，但是并不是说它的价值就在这五个方面，因为这里只是谈了它的特色。什么是特色，新编《绍兴市志》主编任桂全同志曾这样说："特色是比较而言的，人无我有，人有我优，人优我特，都属于地方性特色。"此说看来是相当有道理。以此来衡量这部《泗阳县志》，可以说完全符合，人无我有者，《乡镇志》、《氏族志》是也；人有我优、人优我特者，《河渠志》、《田赋志》是也。特别是《河渠志》，其内容之丰富，史料之翔实，学术品位之高，在民国时期所修县志中，可以说是无可比拟的，不愧是出于名家之手。因此，我们说这是一部很有特色的县志，自然不是一句空话，更不是套话。

当然，我们也认为这部志书并不是十全十美的，中间还存在着许多错误和缺陷，正如1985年《再版前言》中所说，过多地罗列了历代"节妇"、"烈妇"名单，说明作者对传统的封建道德影响还未能清除。记载中还夹杂着一些迷信色彩，对太平天国起义军、捻军都称"匪"，我们在阅读时应当加以注意。但也应当看到这是时代的局限，而不能过于苛求。至于该志的编纂也还有值得议论之处，如《艺文志》的不设，虽然《叙例》中作了说明，但其理由是很难成立的。《叙例》说："吾邑文献既备书于传，似不必别立专门，以免重复。若鸿篇巨制，关切地方利病者，并散见于各条之下，因事及文，于作者精神互相贯注，亦足以表彰先正，昭示来兹。"这个说法表明，作者似乎尚不解方志设立艺文志的意图。方志艺文志的设立，在于保存一方之文献，此志不设，这一地方文献就很难查考。就如《泗阳县志》而言，人们若想知道泗阳自古以来有过哪些各类著作，若按作者所言，势必每个人物都得翻阅一过，这自然是行不通的。所以历代学者对艺文志都非常重视，对此笔者也曾多次在文章中作过论述，这里就不再多说。

总之，民国《泗阳县志》，是一部编纂得相当成功、很有特色的县志，既有地方特色，又有时代特色，而在编纂上又有自己的特色，虽然也存在着缺点和错误，但总是瑕不掩瑜，我们也无保留地将缺点错误指出，目的在于像章学诚所说"攻瑕而瑜亦粹"。

（原载《江苏地方志》2000年第3期。收入《仓修良探方志》）

《日本藏中国罕见地方志丛刊续编》序

编修地方志是我国民族文化中一个优良的传统,也是我们中华民族所特有的文化传统,自从两汉产生以后,由于历代统治者对这种地方性著作都很重视,故每个朝代都有明确规定,各个地方政府都必须按时编写,及时呈送。自隋唐以来,直到清代,从未中断。对于这种规定,史书都有记载,真可谓有案可查,甚至对编写内容都有具体要求,这就保证了我们这一优良的文化传统、特有的文化发展现象得以代代相传而不衰。尽管其内容总是不断地在发展与丰富,体例也不断地完善与更新,但是作为方志所应有的特点始终保持不变。正因如此,自宋以来为我们留下了各种方志(包括山水志)有8500多种,共11万多卷,占我国现存古籍十分之一左右。这是一个巨大的数字,是一个巨大的历史文献宝库。杰出的历史地理学家谭其骧先生早在20世纪80年代初,在中国地方史志协会成立大会上讲话中就已指出:"我们的祖宗给我们留下来八千多部方志,这是我国一个很伟大的、特有的宝库,这中间有大量的可贵的史料。"[1] 台湾学者陈捷先教授在其《清代台湾方志研究》一书中将其称为"全世界文化史中的一项特有的瑰宝"。方志为我们研究祖国各地的历史、地理、物产资源、风俗民情、农业生产、自然灾害、教育思想等提供很多宝贵的资料,其中有不少内容还可补正史记载之不足。如各地设置的机构,正史等著作往往缺载,而在地方志中却往往都有记载。宋元以来,由于各国商人到我国来经商日益增多,因而在上海、杭州、宁波、温州等地都曾先后设立过市舶司,可是正史都不曾记载,而在有关方志中却有记载,因此,研究我国古代对外贸易及中外交通的历史,地方志自是不可缺少的。故陈高华、吴泰先生所著《宋元时期的海外贸易》一书,就曾引用了20

---

[1] 谭其骧:《地方史志不可偏废,旧志资料不可轻信》,载《中国地方史志通讯》1981年第5—6期合刊。

多种地方志资料。邹逸麟先生所撰《上海地区最早的对外贸易港——青龙镇》[①]一文，共引前人著作18种，其中地方志就有12种，占三分之二，而文中许多重要结论，都是根据地方志记载的材料而得出的。又如我国封建社会发展到明代，已进入了封建社会后期，特别是从明代中叶开始，由于商品经济的发展，某些地区、某些部门已经开始出现了资本主义因素的萌芽，它反映在手工业、商业和农业各个生产领域。尤其是手工业，这时有了长足的发展。就全国而言，虽然手工业中占统治地位的仍是依附于农业的家庭工业，但在江南许多城镇，特别是许多著名的乡镇，则早已突破了这种情况，纺织、采矿、冶炼、制瓷等独立手工业都十分发达，并且都非常明显地表现出资本主义萌芽的许多特点。而能够反映出这些内容的，恰恰又正是当时各地所编修的各种地方志。因此我们可以看到，学术界凡是研究明清社会经济发展的论著，尤其是研究明代以来资本主义萌芽的论著，几乎无不引用江南一带明清时期所修方志材料为主要依据，而这些内容正史中却又很少有记载。仅从上述两个方面，已经可以看出作为地方性综合性著作的地方志，其重要价值之所在。至于记载各地物产资源、风俗民情，特别是各地的土特产，更是地方志的重要强项，若要研究这些内容，如果没有方志这种地情著作，可以想见势必困难重重。所以，8500多种旧方志是一个珍贵的、巨大的、不可多得的文献宝库。

但是，在这8500多种历代方志中，还有相当一部分流散在海外，为日本、美国等国图书馆所收藏，其中有些国内甚至仅存其目。为了保存祖国的文献，发扬传统的民族文化，满足国内学术界的研究需要，中国国家图书馆的工作人员通过各种渠道，主要是国际交换的方式，广泛查寻，搜集流散于海外的方志，并制成缩微胶卷。北京图书馆出版社对这批胶卷进行了整理，并于20世纪90年代初选取其中现为日本所藏、国内罕见的地方志近100种，编成《日本藏中国罕见地方志丛刊》，影印出版。该丛刊出版后，在学术界反响很好，至今已近售完，可见很受学术界的欢迎。现在出版社又精选日本所藏中国稀见地方志16种，编为《日本藏中国罕见地方志丛刊续编》，其中

---

① 邹逸麟：《上海地区最早的对外贸易港——青龙镇》，载朱东润等编：《中华文史论丛》1980年第一辑，上海古籍出版社1980年版。

明代 11 种，清代 5 种，汇编为 20 册，影印出版。特别要指出的是，这 16 种志书，不仅在国内均为稀见，而且有好几种在《中国地方志联合目录》中亦不见著录。如崇祯《肇庆府志》50 卷，陆鏊、陈炬奎纂修，崇祯十三年（1640）刻本，《联合目录》不见著录，著录的只有万历《肇庆府志》22 卷，再后则为康熙《肇庆府志》32 卷。又如万历《沙河县志》8 卷，姬自修、王九秋、李国士同纂，谷师顾重修，万历三十七年（1609）刻本，《联合目录》不见著录，《联合目录》中最早的也只有康熙《沙河县志》8 卷。再如崇祯《蔚州志》4 卷，来临纂修，崇祯抄本，《联合目录》不见著录，而《联合目录》著录最早的也只是顺治《蔚州志》2 卷。我们如此不厌其烦地列举，目的在于说明这部续编所选之 16 种志书，确实均为国内罕见，足以起到填补空白的作用，其学术价值显而易见。

当然，这批罕见的地方志，对于研究方志发展的历史同样具有学术价值。特别是崇祯《肇庆府志》，居然有序 11 篇，其中崇祯五年（1632）、六年、十三年各 1 篇，当然都是为崇祯新志而作。另外保存下来旧志之序 8 篇，这在明代所修众多志书中还是不多见的。计有正统五年（1440）2 篇，成化九年（1474）1 篇，嘉靖四十年（1561）2 篇，万历十六年（1588）3 篇。从这些序言中，人们可以了解到肇庆这个地方在明代编修方志的大体情况。据《明太宗实录》卷 21 载："永乐十六年六月……乙酉，诏纂修天下郡县志书。……仍命礼部遗官，遍诣郡县，博采事迹及旧志书。"而正统五年梁致育在为《肇庆府志》所作的序中亦说："国朝永乐十七年檄纂修方志，吾郡奉行"，"至今又二十年"。这就说明肇庆于明代最早编修的一部志书也是在永乐年间。崇祯六年，王鏊在为新修的《肇庆府志》所作的序中则说："国初诏辑《一统志》"，"嗣是正统、成化、嘉靖、万历间修辑再四"。可见肇庆府在有明一代就先后 6 次修过方志，而最早的一次同样是为《大明一统志》编纂而编修的，并且全国各地无不如此，所以万历十六年黄时雨在为《肇庆府志》所写序中说："宇内郡各有志，盖自文皇一下诏，而志业上献矣。"这些内容对于研究明代各地修志情况无疑都具有重要的价值。又如，在明代修志过程中有一个很重要的特点，就是修志工作者已经很注意研究方志的性质，强调方志的作用，这在上述 11 篇序中就有着非常丰富的内容。何乔新在成化九年所写序中说："夫郡之有志，犹国之有史也。史载天下之事，其所书者简而严；志纪一郡之事，其所书者详以尽。然而史之所书多本于志之所录，则其所系亦重矣。为政者岂可忽而不之究耶！昔宣宗，唐之英君也，命词臣纂次诸州境土风物为分处语，故能成大中之治；萧何，汉之贤相也，收秦图籍，具知天下扼塞、户口多寡之处，故能成佐命之功。彼为天子、相天下者且然，况于郡之守佐，于其统内山川之险易、风俗之淳漓、贡赋户口之登耗、人物之盛衰，皆当究而知之，以为出治之资者也。能究而知之，则所以施诸有政者，不出户庭而得之矣。"这段文字既讲了志书的性质，又讲了志书的作用，特别指明为地方官吏"出治之资"。若要治理好一个地方，对于这个地方的历史和现状若是一无所知，自然是不可能的。应当说这些都讲得很有道理。黄佐在嘉靖四十年所写序中，直称"郡乘，乃史之支流"，更是史不多见。序文说："迁、固而下诸史，文有工拙，而记载源乎《诗》、《书》，褒贬祖乎《春秋》，举相似也。郡乘，乃史之支流，具体而微者，其所裒集，惟恐文献之不足……"同年徐鹴所写序中，则强调志书的作用："志者，君子之所以观风考俗、监古证今以彰治道者也。""志亦君子所由以适治道之路也。"诸如此类，议论虽然不多，但对此后方志理论的发展都有着重要的意义。尤其要指出的是，该志在《凡例》中专门列出1条，撰写人物，必须实事求是，"志乘宁信毋疑，宁核毋滥，宁缓以质舆评，毋逞笔于臆见，宁缺以俟后日，毋阿意于日前。其真惠直廉，必闾泽曾编，穷檐冰玉，可风百代。即立言立功，必捍御著有劳勋，经纬蔚为文采，使作者无腴词，受者无愧色。他若职守平常，不敢概为传述"。作为封建时代的修志工作者，能够提出如此严格的要求，自然是很了不起的，写的人不允许有阿谀奉承的语言和内容，要让被写的人当之无愧。尤其可贵的是，对于官吏们，如果政绩平平，也就不必为之作传。对于这条凡例所规定的，我敢大胆地说，我们不少新编方志的作者未能做到，只能说甘拜下风。像这种优良的道德作风和思想品质，自然是我们方志发展历史过程中所产生的优良传统，应当加以继承和发扬。不过我们也要指出的是，明代修志中也有一种不良的倾向和风气，就是喜欢发表空洞的议论，而这些议论与所修志书毫无关系。这种风气在上述11篇序中，也都有不同程度的反映，限于篇幅，这里就不再征引。

在这16部志书中，嘉靖《山阴县志》的《述志》，写法很有特色，不称《序》而称《述志》，并且毫无空洞的议论，尤其是《述志》开头的几句话，却讲出了方志的起源是秦置郡县之后："夫自禹绝封，秦皇肇制列县，称名张官置理，分合代更，群取联叙，志为邑而作也。"这就是说，由于秦始皇推行郡县制度，派官吏治理，郡县之划分也常有变更，于是为一邑而修的志书也就产生了。看来这位《述志》的作者确实很有点见解，能够知道邑志是产生于秦始皇行郡县制之后，很显然比我们今天有些方志理论工作者还来得高明，因为这些方志理论工作者还在抱着《周官》、《禹贡》等书坐而论道，总希望方志产生于西周或者更早能够成为现实，就是不愿意面对历史现实，有的固执到连正史记载也不承认。所以我说在这个问题上，他们连封建时代的方志学家还不如。

这里我还想向大家介绍一部名称非常特别的志书——《寿宁待志》，其作者则是大家都很熟悉的明代著名的通俗文学家、戏曲家冯梦龙。他因为编纂了通俗小说"三言"（《喻世明言》、《警世通言》、《醒世恒言》）而出了名。其实他还编著和改编了大量的传奇戏曲，因此在明代文学史上有着重要的影响，当今许多文学史论著中自然也就少不了对他的评介。在众多的评介中，却很少有人提到他编纂的《寿宁待志》。尽管他从小就有才华，但在科场上却是一位失意者，为了名登仕籍，进了国子监，成了一名贡生，于是不久被破例授丹徒训导。崇祯六年（1633）结识了巡抚苏松的山阴祁彪佳，也许因此于次年升任福建寿宁知县。清代修的《寿宁县志》，将他列入《循吏传》，称其在任期间，"政简刑轻，首尚文学。遇民以恩：待士以礼"，是一位正直的文人和清官。在崇祯十年，即离任前一年修成了《寿宁待志》2卷。至于为什么称为《寿宁待志》，他在该志《小引》中作了回答：

曷言乎待志？犹云未成乎志也。曷为未成乎志？曰：前乎志者有讹焉，后乎志者有缺焉，与其贸焉而成之，宁逊焉而待之。何待乎？曰：一日有一日之闻见，吾以待其时；一人有一人之才识，吾以待其人。然则何亟亟乎待志之刻也？曰：天运如轮，昼夜不停；人事如局，胜负日新。三载一小庚，十载一大庚，经屡更之故，实质诸了不关心之人，忽忽犹计梦然。往不识无以信今，今不识何以喻后？略旧所存，详旧所缺，四十五季间时事之纡促，风俗之淳浇，民生之肥瘠，吏治之难易，一览三叹，司牧者可以不兢兢乎哉！不敢志，不敢不志，待之为言，欲成之而未能也。然则旧志可谓成乎？曰：否。言待不言续，总之未成乎志云尔。旧以待余，余以待后之人，有其待之，其于志也，功过半矣。

他认为，要写好一部志书是不容易的，前人所写的志书有错误，后人所写的志书有缺漏，既要纠正错误，又要补充缺漏，何必急于求成？况且闻见总是不断增加，各人才识又各不相同，应当集思广益，使志书的内容更加丰富、更加充实。在这短短300字左右的《小引》中，包含了很有意义的人生哲理，还有许多欲言又止的深层内容。尤其是那"一览三叹"，岂不令人深思？这表现了一位清官忧国忧民的忧患意识。总之，他认为一部志书的记载应当完善而真实，一个人的精力见识有限，很难做到这一点，因此必须有后人的纠误、补遗及增加新的内容，只有这样，志书的内容才能得到不断地充实和完善。在该志《旧志考误》中有这样一条：

志书即一邑之史，旧志成于邑人叶朝荣之手，未免贡谀戴令，叙事中多称功颂德之语，殊乖志体。宜直载其事，稍删赞美。

这就代表了他的修志之指导思想。因此，他在《寿宁待志·小引》中所体现的修志理论和思想，很值得我们今天的新志编修工作者借鉴，特别是对那些主张断代续修的人来说，尤其是一篇很好的教材。《寿宁待志》虽然仅有2卷，约4万字，但篇目设置和所记内容却相当完备，这与一直为前人所吹捧的康海《武功县志》和韩邦靖的《朝邑县志》相比，简直不可同日而语。他们都是以文学家角色参与修志，其结果却大不相同，看来这只能归结于冯梦龙所说的"一人有一人之才识"。可以想见，这部志书的出版，对于研究冯梦龙的为人性格、学术思想和治学之道等方面都有重要价值。因为大家都知道他是一位文学家，却很少有人知道他还修过一部县志。

总之，北京图书馆出版社将日本藏中国罕见地方志陆续编辑出版，可以说是一件功德无量的事情，不单是对学术研究有着重要的价值，更重要的是使这部分流散海外的志书能够回归故里。希望北京图书馆出版社今后能够将流散在美国各图书馆的中国方志，亦通过各个渠道加以搜集，编辑出版，以使更多流散在国外的方志回归祖国，为发展祖国学术文化作出贡献。

（原载《文献》季刊2003年第4期。收入殷梦霞选编：《日本藏中国罕见地方志丛刊续编》，北京图书馆出版社2003年版；《仓修良探方志》；国家图书馆出版社编：《国家图书馆出版社古籍影印图书序跋精选》，国家图书馆出版社2009年版；《独乐斋文存》）

《方志资料审核论稿》序

最近由方志出版社出版的《方志资料审核论稿》一书，我觉得是近年来方志界出版的论著中一本不可多得的好书，好就好在它有实实在在的内容，而这些内容又很显然将有益于修志界同仁。从这本书中，读者可以得到许多有用的知识，尤其是可以学到辨别史料真伪、考证史料正误的手段和方法。这些不单是在方志资料审核中有着重要作用，即便是在今后的做学问中亦同样受用。这本书与时下流行的有关理论的书截然不同，后者似乎理论非常高深莫测，说穿了往往是将许多原来非常简单的问题尽量复杂化、抽象化，就如同市面上出售的膨化食品，几十粒玉米就可以膨化出一大包，这种理论价值何在？

年前，应广东省志办陈强主任的邀请，赴广东考察那里的修志工作进展情况，先后去了广州、深圳等地，其间举办了两次讲座，主要是给修志同仁讲述胡乔木同志有关方志理论，因为许多新参加修志工作的同志，对于胡乔木的方志理论知道得很少，有的甚至一无所知，而胡乔木的方志理论对于修志同志来说却是非常重要的。此外，我也向大家介绍了方志理论研究中存在着的"膨化"现象。我并非总是盯住方志学界某些错误不放，实际上对于学术界其他不良学风和错误，也是一直没有停止过批评的，其目的只不过是想尽自己微薄之力，为净化学术风气而做点努力罢了，希望真正做学问的朋友，要争取做到自尊、自律、自戒而已，除此以外，别无可言。诚如上述所言，在时下这样的现实情况下，能够看到讲实在内容的《方志资料审核论稿》这样一本书，自然令我感到相当难得了。也正因如此，我才向修志界同仁加以推荐，相信在新一轮修志中该书应当可以帮助大家解决一些实际问题。

我们知道，地方志书作为一个地方行政区域自然、政治、经济、文化和社会历史与现状的资料性文献，资料无疑是其基础和根本内容。就地方志编纂过程中的资料处理而言，主要就是资料的搜集、整理和审核，最后编撰成书。而方志资料审核，就是根据方志编纂规划、纲目，运用科学方法，通过仔细推究和详尽考察，来判断、确定入志资料是否真实和正确，以保证志书的存真求实。它是方志资料收集、整理到编撰过程中不可缺少的一个中间环节。编入地方志的资料，无论是取自文献资料，还是来自社会调查，在没有认真审核之前，都不能轻易认为是完全真实可信的，更不能轻易认为是完全正确的。从某种意义上来说，资料审核这一工作环节，比起搜集和整理，更为艰难，也更为重要。因此，我多次讲过，材料的真实与否乃是一部志书的生命线！众所周知，司马光所修之《资治通鉴》，自问世以来一直享有盛誉，原因就在于它所记载的历史事实值得信赖。要知道，这部《资治通鉴》在编写过程中，对于史料的真实性，是十分重视的。主编司马光对他的三大助手特别强调，选用史料必须"证据分明，情理近于得实者"，方得"修入正文"。尽管助手们对所用之史料已经作了考证和审核，他还是不肯轻易放过。在全书定稿之前，自己对有疑问的许多事件记载，又再次加以考证和审核，后来撰成《通鉴考异》20卷，在审核中确实又纠正了一些不正确的结论。可见《资治通鉴》之所以能够长期得到人们的信赖，与主编司马光的审慎态度和艰苦努力是分不开的。胡乔木同志早就指出，编修方志就是在做学问，因此也就应当具有做学问的精神。

　　从20世纪80年代以来，全国已出版数千部新编地方志书。其间，各地修志工作者为确保新编志书的质量都不遗余力地进行辛勤劳动，但编出的志书却良莠不齐。应该说，大多数志书质量是好的或比较好的，但仔细审读，总能发现有些入志资料缺乏真实性、准确性、可靠性，即使是获得全国奖项的志书也在所难免。我使用过几部获奖志书，就发现某部志书在人物传记载方面有好多处不应当发生的错误，有的还是硬伤，如将书名标错，所标书名，历史上就不曾有过，这自然就将成为千古之笑话，有的则是将张姓著作，写入李姓传记之中。诸如此类，只要当初能细心加以审核，都是完全可以避免的。有鉴于此，为了使入志资料做到存真求实，必须对各种资料进行审核，因而方志学中也应有一项方志资料审核理论以指导修志实践。然而现实中不断产生的众多的新编方志理论著作，有关这一内容的却不多见，因此，《方志资料审核论稿》正好填补这一空白。

作者著《方志资料审核论稿》，缘起于对1993年版《平阳县志》的勘误工作。1993年出版的《平阳县志》，是平阳县第一部社会主义时期编修的县志。它概括了平阳历史和现实的轮廓，记述了大量的历史事件和历史人物，特别是将民国《平阳县志》刊行后近70年的一些资料予以保留。但该志发行后，社会各界就发现差错过多，为此，该志副主编周干同志于1998年在《中国地方志》第5期发表了《读新编〈平阳县志〉》一文，对该志存在问题作了初步评述。接着又编成《新编〈平阳县志〉辨误校正》一书，并请我为之作序。我在序中有这样几句话："我觉得周干同志这种求真务实的精神是非常可贵的，实际上这种精神是文史研究工作者和方志编纂工作者都应当具备的。一个人能力有大小，学问有深浅，这是不可强求的，但求真务实的精神却必须具备。这是因为无论是撰史还是修志，都少不了这种精神。"①表明我对这种做法是支持的。我认为志书中的错误应当及时加以指出，否则将贻害后世。

对待志书上的错误，同样存在着两种观点、两个态度：一种是闻错则躁，总以为别人老是盯着其错误不放，故意为难；一种则是闻错则喜，感谢别人为其指错，以免谬误流传，这样就可以使自己所修志书更加完善。这里不妨看看常熟市地方志办公室的全体修志同仁是怎样对待自己所修志书中存在错误问题的。众所周知，新修的《常熟市志》是首轮修志中所产生的相当成功的一部好志书，我还为其写过《过眼录》。去年看到该志的修订本已由上海辞书出版社出版，从《修订后记》中得知，这部志书编纂者们，在看到"市志内容在广泛应用并历经数年'沉淀'以后，发现由于各种原因，存在比较多的差错与不足，而在使用中难以得到纠正"，加之"上世纪80年代开展修志工作时还受到当时的环境和一些条条框框的制约，许多重要内容没有得到记载，给读者用志带来许多困惑和不便"。为此，他们专门组织力量，对志书进行全面修订，"整个修订工作到2004年底基本完成，全书修订4000余处，其中一半以上是各种各样的错误"。我在阅读了《修订后记》以后，深为他们对修志工作的精益求精所感动，他们首先想到的是这些"差错与不

---

① 仓修良：《新编〈平阳县志〉辨误校正》序，载《仓修良探方志》，华东师范大学出版社2005年版，第504页。

足"，将"给读者用志带来许多困惑和不便"，而不是考虑修志人员的个人得失，这种认真负责的敬业精神，无疑将会永远得到人们的尊敬！这种敬业负责的精神，在修志过程中，应当大大加以发扬！

由于周干同志所指出的错误毕竟是志书中很小一部分，许多问题均未得到妥善解决。因而社会各界还是不断向中共平阳县委、平阳县人民政府提出必须修订1993年版《平阳县志》的要求。对此，中共平阳县委、平阳县政府极为重视，积极采取补救措施。1999年7月，平阳县人民政府决定对1993年版《平阳县志》进行全面勘误修订。林顺道同志时任平阳县地方志办公室主任，主持具体工作。我受聘为县志修订工作顾问之一，与他时有交流，共同探讨了方志资料审核中的一些普遍问题。这项勘误修订工作的宗旨是遵照中国地方志指导小组《关于地方志编纂工作的规定》中关于"地方志所采用的资料，包括史料、人名、地名、年代、数据、引文等，务必考订核实，重要的要注明出处"的原则，对1993年版《平阳县志》中的一些重要失实之处，进行辨析、考证、订误。简言之，即正其所误，辨其所伪。因该志存在差错多，考证、辨析难度大，加之人员缺乏和工作条件的限制，以致订误工作居然进行了整整八年，竟然超过了原志编纂时间。作者兢兢业业，不畏艰苦，其主编的129万字《1993年版〈平阳县志〉勘正》也终于问世，由方志出版社出版。全书共有条目2000多条，纠正错误8000多处。看到这个数字，确实有些触目惊心。一部出现如此大量错误的志书，若让其流传下去，将如何是好！作者多年的资料审核实践经验积累，终于突破就事论事局限，予以理论的升华，又以严肃认真的态度、求真务实的精神，回顾、反思、探索和剖析志书编纂过程中产生失误的原因、教训，从而对志书资料审核提出了较为系统的鉴别方法和意见，并写成《方志资料审核论稿》。

《方志资料审核论稿》好就好在既有理论观点和理论阐述，又有方志资料审核的实践经验及实例，梳理和提出了志书在资料运用中的诸多问题，并回答了解决这些问题的理论依据和方法，堪称一部颇有创意的方志学专门著作。作者来自修志第一线，能比较娴熟地运用多学科的理论成果，实属难能可贵。浏览书稿，感到该书有以下特点，值得注意。

首先，审核目标要求明确，审核什么，通过审核要达到怎样目的，这是《方志资料审核论稿》理论的出发点。关于方志资料审核的基本原则，作者依据《地方志工作条例》对地方志书的定义——"全面系统地记述本行政区域自然、政治、经济、文化和社会的历史与现状的资料性文献",以及编纂地方志的基本要求——"应当做到存真求实,确保质量,全面、客观地记述本行政区域自然、政治、经济、文化和社会的历史与现状",将其概括为确保入志资料内容真实性、表述准确性、记述完整性、对象统一性和功能有效性五条原则。这也是方志资料审核要达到的目的要求。重要专题资料还另有具体要求,例如人物资料审核,书中将其基本要求概括为:实事求是、政治严肃性、内在一致、外在一致。这些概括都有一定的理论根据,也有具体运用价值,特别是又有实例说明和作者自己的见解。

其次,总结概括出资料审核的四大要点。我们知道,在历史文献学发展过程中,早就产生了校雠学、考据学、辨伪学等为考证史料正误和辨别史料真伪的专门学问,在史学发展中曾起到很大作用。由于社会不断发展,新事物不断产生,社会内容达到前所未有的丰富,因而新方志所要记载的内容自然也就特别丰富,单用原来的那些方法显然已经不能满足。于是作者凭借自己的学识和多年从事方志资料审核的经验,研究了普通逻辑学、历史文献学、社会调查研究理论、统计学等学科的方法论在方志资料审核中的运用,把方志资料审核的基本方法概括为逻辑验证、文献查证和调查取证,以及统计资料审核中计算平衡的特殊方法四大要点。这些方法自然是在对古代学者考证史料的理证法、书证法、物证法和旧时志书编纂采访诸法继承的基础上加以发展的,面对社会主义新方志的新特点和新内容,需要审核的内容更广泛,方式上自然也就应当有所突破。因此,该书所概括的方法,与当前志书编修更为贴切,颇具实用。

再次,内容概括严整简明。地方志号称一方之全史,资料丰富庞杂,来源渠道多种多样。内容审核何以入手,如何做到条修叶贯、本末有序,作者颇费心机。《方志资料审核论稿》先从方志资料来源的基本途径入手,分别检讨古代文献、现代文献和调查资料的审核,这种审核既包括对这些资料本身真实性、准确性的审核,也包括对这些资料应用是否恰当的审核。进而检讨方志资料内在内容要素的审核,诸如历史常识、典章制度、政策法规、地名、统计资料和人物资料等专题讨论。其中以统计资料和人物资料的审核问题讨论最为详尽,列有专章。专题的分列,虽非面面俱到,但已经概括了方志资料的主要内容。另外，物名和语言文字的审核，作者计划拟有专题讨论，后因有些问题尚未考虑成熟，暂且阙如。

最后，事理结合一以贯之。著书立说，最忌空谈，而目前有些方志著作，空话连篇，令人厌烦。《方志资料审核论稿》虽是一部讨论方志编修的方法论著作，但都是从具体实例分析出发，通过具体实例分析来说明方法的应用，因而具有可读性。全书40多万字，分析了近300个实例。这些实例，除了个别采自作者自己的考证文章外，基本上都采自相关地方志书和有关文献著作。从这些实例分析来看，作者大都能做到立论准确，说理充分，可以起到示范作用，足见作者颇下了考证功夫。

地方志书作为记述和反映地方历史和现状的科学的资料性文献，所采用的资料务必考订核实，这应当是最基本的要求。否则，一部频频出错的志书，何以称之为科学的地方文献？所以，如何降低志书差错率问题，乃是方志理论工作者，特别是修志同仁必须予以高度重视的问题。《方志资料审核论稿》对方志资料审核原则和基本方法的归纳是否全面、准确，还可以深入讨论，至于审核的具体办法，当然概括得并不很完备。但就已经归纳的原则和方法，以及引用的实例而言，对于如何提高志书质量，避免出现差错，已经颇具启发意义。

在阅读《方志资料审核论稿》以后，结合此书的论述，再谈一些自己的想法。我一直认为修志人员的文化素质决定着志书的质量，特别是主编水平的高低，决定了志书质量的高低。主编文化素质有多高，志书质量也就有多高，这是人所共知的事，也是首轮修志所证实的事实。主编乃是一部志书成功的关键。因此，要使志书质量有保证，主编、副主编虽然不可能具备多种知识，但是起码知识面必须广，文化修养必须具有相当水平，否则审核次数再多也无济于事。正如书中所列举的那些错误事实，有许多都是普通常识，如1977年恢复高考，影响着千家万户，如今修志队伍中就有不少是亲历其事的，可谓极为普通的历史常识，可是有的志书把恢复高考的年份，或记为1976年，或称是1978年；有的志书作者对"朝代"的概念搞不清，竟把中华人民共和国也称作朝代；有的志书混淆政区和行政机构名称，把军政府、专员公署、革命委员会等行政机构当作行政区的名称；有的志书记中华人民共和国成立后的事件，仍使用民国纪年；在清朝"丁"是纳税单位，有的志书却把"丁口"数据当作人口数据。如此等等,全都不是什么高深的学问,也无须作资料审核,都是编写人员写入时出的差错。即便是审核中出现的疏忽,按理讲,主编、副主编在统稿时也完全可以发现并加以更正的,可见正副主编人选之重要性。

在资料审核过程中,必须真正理解文献典籍所记载内容的原意,而千万不要随意猜测并胡乱解释。同时,对于权威性的著作,也不能过于盲从,遇有疑问,也必须追根穷源,找出正确答案。该书以有的志书把"早作稻"当作"间作稻"为例作了剖析,指出间作稻乃是浙南温州、台州一带历史上重要的水稻种植制度。这种间作制度开始于何时,是中国水稻种植史上一个重要课题。有的志书根据《宋史》记载,"人中祥符四年,……帝以江、淮、两浙稍旱即水田不登,遗使就福建取占城稻三万斛,分给三路为种,择民田高仰者莳之,盖早稻也。内出种法,命转运使揭榜示民"①,认为大中祥符年间浙南已开始间作稻种植了,这自然是误解。文中明确讲了引进占城稻,是为了解决"稍旱即水田不登"问题,"择民田高仰者莳之,盖早稻也",明明讲的是早稻,而征引者却将其作为种植间作稻的重要根据,这样做行吗?我们说对于前人著述不要盲目轻信,《方志资料审核论稿》作者为了说明问题,还特地引了《孟子·尽心下》"尽信《书》,则不如无《书》",作为论述问题的依据。书中列举的两个错误例证,涉及两位在学术界有重大影响的大家——孙诒让和孙恒,并且两人又都以考证而著称于世。孙诒让是晚清著名学者,他所编著的《温州经籍志》一直享有盛誉。他认为《济度金书目录》的作者是北宋末年道教神霄派代表人物、温州永嘉人林灵素。而后来出版的《两浙著述考》②亦持同样说法。其实,《济度金书目录》与林灵素毫不相干,而与宋元间温州另一名著名道士、道教东华派代表人物、平阳人林灵真有关。林灵真曾撰《济度之书》十卷,《符章奥旨》二卷,元明间道流增补而成《灵宝领教济度金书》,成为《道藏》中卷帙最多之道书,《济度金书目录》就是该书目录,作者署名仍为林灵真。过去由于《道藏》是秘本,孙诒

---

① 《宋史》卷173《食货上·一》,中华书局版第4196页《校勘记》(六):"盖早稻'旱'原作'早',据《宋会要·食货六》之18、《长编》卷77改。"

② 宋慈抱原著,项士元审订:《两浙著述考》,浙江人民出版社1986年版。

让无缘得见，转抄前人著作而误，如今检阅《道藏》甚为方便，可是有的志书仍抄袭孙氏之误，而不知再作查证，这就是过于盲从前人之说了。又如元代道士、杭州人张雨，多才多艺，精于诗、能文、善书、工画，尤以诗享誉元末文坛，与元代著名画家黄公望交往甚密，黄公望为张雨作画多幅，张雨也多次为黄公望题画，珠联璧合。如今道教史著作和地方志书一般都认为张雨生于南宋景炎二年（1277），卒于元至正八年（1348），吴荣光编、陈垣先生校注的《中国古代名人生卒·历史大事年谱》①也持此说，其依据就是张雨《句曲外史集》（《贞居集》）所录的刘基《句曲外史张伯雨墓志铭》，《道教金石略》②所录就是以此为蓝本。但是这个版本乃是个残本，脱字甚多，由此推演出来的张雨生卒年是不可信的。事实上，张雨在至正九年（1349）、十年（1350）都还有作品传世，黄公望传世画作《沙碛图》上有张雨在至正九年的题识，这是物证。而刘基《句曲外史张伯雨墓志铭》另有完整版本传世，收录在明朱存理《珊瑚木难》中。据此墓志铭，张雨应生于元世祖至元二十年（1283），卒于至正十年（1350）。由此可见，由于许多条件的限制和后来不断发生变化，大学者们的有些著作亦不能不受到其影响，自然也会产生一些失误，这也是完全可以理解的。因此在引用一些经典和大家的著作时，若有疑点，还是尽可能作些查证，使用起来就比较踏实。

这里我还想再强调一点，要搞好方志资料的审核工作，必须具有求真务实的精神和实事求是的态度。想当年方志学大师章学诚，对刘知幾提出的作为一位优秀史学家，必须具备才、学、识"三长"的说法就曾提出过批评，认为单有"三长"还是不够的，作为一位优秀史学家，还必须具有"史德"。什么是"史德'？简而言之就是"著书者之心术"。"心术"不正自然就随心所欲，写不出真实的历史。这个要求对修志工作者来说，同样是适合的，才、学、识就是指修志人员的素质而言，自然也是非常需要。我们知道，各行各业都有职业道德，修志工作者自然也少不了自己的职业道德，因此，史德对于修志工作者是完全适用的，因为章学诚把方志称为"一方之全史"。作为修志工作者的职业道德来说，必须具有敬业精神和实事求是的态

---

① 吴荣光编、陈垣校注：《中国古代名人生卒·历史大事年谱》，北京图书馆出版社2002年版。
② 陈垣编纂，陈智超、曾庆瑛校补：《道教金石略》，文物出版社1988年版，第993—994页。

度。因为修志工作是既艰苦，又清苦，这就要有淡泊名利的思想和艰苦奋斗的精神。功亦修志，过亦修志。一部合格的志书，具有存史、资治、教化的功能，其功甚大，可以藏之名山，传之后世；一部频频出错的志书，搅乱地方历史的记载，损害政府的修志声誉，给后人留下种种谜团和困惑，贻害无穷，岂不是过！修志不能急功近利，也不要企图瞒天过海。频频出错的志书，或许可以瞒得过当时当地的党政领导，瞒得过参加审稿的同行、专家，但瞒不了历史的真相，瞒不过后人，更瞒不过当事人和知情人。因此，身负光荣责任，就必须树立实事求是的认真态度。如果有了这样的态度和精神，至少在以下几方面的错误是可以避免或尽量减少的。

　　把已被证实虚假不实的资料编入志书。有些资料，是当事人的回忆，在回忆中有意无意都会产生错误。有的当事人从情感出发，无意中也有些夸大自己参与其事的事实，因此，对于回忆录的使用必须慎重。众所周知，梁启超是戊戌变法的直接参与者，他曾写过一部《戊戌政变记》，一般研究中国近代史的人，总将其视为研究戊戌变法的第一手资料。可是梁启超本人却有自知之明，他说："吾二十年前所著《戊戌政变记》，后之作清史者记戊戌事，谁不认为可贵之史料？然谓所记悉为信史，吾已不敢自承。何则？感情作用所支配，不免将真迹放大也。治史者明乎此义，处处打几分折头，庶无大过矣。"[①] 梁氏之说，自然很有道理，因为著书者无论如何纯洁，终不免有主观的感情夹杂其间，尤其是直接参与其事者更是如此，要完全避免是很困难的。正因如此，对于那些回忆录的材料，在采用时必须持审慎的态度，不能单凭其个人的回忆，还必须取得可靠的旁证方能采用。还有事后他人杜撰或伪造，那还得作辨伪工作，辨清真伪后方能采用。已经有关部门证实是错误的，有的志书还有意或无意仍加采用，造成很坏影响的也时有发生。1995年出版的福建省某县县志，其中土地革命时期中共县级党组织机构和负责人一些内容记载失实，引起了知情者强烈不满，结果所修县志停止发行，已发行的收回处理，县志只得重新编修。无独有偶，与福建东部相邻的浙南某县在纪念该县解放50周年时，县领导讲话内容引用了1993年出版的县志中的错误记载，把当年解放县城的部队讲错，于是参加县城解放的亲历者只

[①] 梁启超：《中国历史研究法》第五章，上海古籍出版社2006年版。

得在县政协所编《文史资料》上发表文章，要求澄清事实。这些都是严重的教训，今后修志必须引以为戒！一部志书记载同一问题，前后自相矛盾，肯定至少有一处是错误的。因此一部志书对一件事情若因需要而有两次以上记载，就必须很好地核实。

随意删改原稿，造成失真。许多志书编修时，众多门类的资料都是由相关部门提供初稿或资料长编，再由统稿人统一删改。统稿人在删改以后，一般都应征求供稿单位和撰稿人对删改的意见，确认经过删改后，是否有违于原意。但是也有一些负责人不与原撰稿人沟通，自己随意删改，使原本正确的记载，删改后反而错了。这就说明，从搜集资料，到编写入志，乃至最后定稿，各方相互之间保持联系，是避免错误的又一个环节。

引文出错，语意不明，并未引起重视，最后铸成错误。引文出错，往往是因为不少引文并非原文，只是原文的概括或简述，再经传抄，就改变了原意。如《平阳县志》有一条大事记，称至正十三年（1353）秋，"处州强三四前起义"，攻打某某州。但查遍相关文献，均无义军首领名"强三四前"者，后发现该志编修期间形成的资料卡的相关内容是："元顺帝至正十三年（癸巳1353）秋，处州张三四等起义，攻平阳，歼永嘉尉王楚山。"① 原来是将"张三四等"误作"强三四前"写入志书，由于没有再作查证，就出现了上述错误，如果流传下去，就只有以讹传讹，实在误人不浅。

这里我想特别要指出的是，在方志编修中，许多资料大都出自二手，也就是说，大多来自转引。一般来说，我们并不反对转引，但对于这些转引来的资料，在入志之前，最好能够认真去查对一下原始出处，因为许多转引的材料，经过多次转引，错字、漏字乃是常事，有的意思最后甚至变成相反的了。更有甚者，所注原始出处，根本就没有这条材料。记得我在《对当前方志学界若干问题看法》② 一文中，就曾披露过这样一条材料，杭州某县盛产枇杷，该县新修县志中讲到本地土特产枇杷时，说"唐武德年间已作为贡品"，出处注《唐书·地理志》。懂得历史常识的人都知道，《唐书》有《旧唐书》、

---

① 《浙江省志丛书·大事记（征求意见稿）》，《浙江方志》1991年第2期。
② 仓修良：《对当前方志学界若干问题看法》，原载《中国地方志》1994年第1期，后收入《仓修良探方志》。

《新唐书》两种，你这个《唐书·地理志》是指《旧唐书》还是《新唐书》？为了弄个明白，我便将《新唐书》、《旧唐书》中的《地理志》都查了，结果并无此记载，方知这条材料是从别处抄来的。人家错了，抄录者自然也就错了。我如果不指出，读者会认为这部志书记载肯定是对的，这样就会永远地错下去了。当然，这里我们可以附带说一下，据《新唐书·地理志》记载，我们只看到兴元府汉中郡（今陕西汉中）土贡中有枇杷。当然，这并不是说《新唐书》、《旧唐书》的《地理志》均未记载，杭州地区在唐代就没有枇杷的种植。我倒觉得，既然有此说法，就应当查找个水落石出，看此说出自何处，这么一来也就可以知道为什么会错，这就是做学问的道理。而不是志书反正已经出版，错就让它错吧，这就不是对社会负责、对了孙后代负责的应有态度。

众所周知，每部志书出版之前，都要有审查验收的过程。审查验收可以说是方志编纂基本完成后资料审核的一道重要关口，应当抓住这一机会，对志稿的方方面面都来审核一次。当然包括内容事实和资料使用的正确与否，将各种错误尽量消灭在正式出版之前。因此，审核验收必须做得扎扎实实，千万不能走过场。2006年5月国务院颁布的《地方志工作条例》中就明确规定了地方志编修完稿后进行审查验收的参加对象、重点审查内容等。各省（自治区、直辖市）人民政府还对地方志书进行审查验收的主体、程序等作出规定。《条例》第十二条规定："对地方志书进行审查验收，应当组织有关保密、档案、历史、法律、经济、军事等方面的专家参加，重点审查地方志书的内容是否符合宪法和保密、档案等法律、法规的规定，是否全面、客观地反映本行政区域自然、政治、经济、文化和社会的历史与现状。"这里所说的"等方面的专家参加"的"等"字，就说明相关方面的专家亦应参加，诸如地理学、气象学、生物学等方面专家自然也不能缺少，而经济方面包括内容亦相当广泛，农业、工业、水利、建筑、统计等方面，亦都有自己的专家。俗话说"隔行如隔山"，只有各方面专家共同认真审核，才能使该志书质量得以保证，审查验收才不会走过场。

综上所述，可见方志资料的审核是个重要而复杂的工作，亟待相关理论的指导。然而，长期以来，在理论上还未得到足够的重视，更很少见到有从理论上论述方志资料审核重要性的专门论著。因此这本书的出版，必将受到修志同仁的欢迎。当然，方志资料审核的理论也是有一个发展过程的，本书所提出的一些理论和问题，都还可以深入讨论。至于审核的具体办法，概括得也未必就很全备，有待通过大家共同讨论和研究，使之更加完备，希望这是一个好的起步，将会有一个好的发展。

（原载林顺道：《方志资料审核论稿》，方志出版社2007年版；又载《中国地方志》2008年第6期，标题改为《一本有实用价值的好书——〈方志资料审核论稿〉》。收入田嘉、李富强主编：《中国地方志优秀论文选编（1981—2011）》，中国城市出版社2013年版）

新修仓氏族谱序

族谱亦称宗谱，而民间则统称之为家谱，其义虽然是一样，但严格而言，其记载范围大小还是有所区别的。然而这种区别，如今已不太为人们所注意。总的来说，这种著作就是记载一家一姓的世系和人物的事迹，亦即记载这个家族世系之繁衍，因此，也就是家姓族的历史。当然，各种家谱、族谱内容详略往往差别很大。需要指出的是，在我国许多姓氏中，虽然同为一姓，却未必同宗同族，这种情况由来已久，实际是导源于魏晋时期的门第制度。在门第制度下，产生了郡望观念，标举郡望，在于显示门第的高下，而门第的高下直接关系到每个人的社会地位和政治权利。因为当时实行的九品中正选举制度，不以人才优劣为本，但以门第高下为据，"上品无寒门，下品无世族"，这已成为当时社会不成文法，可见当时的族姓与社会地位、政治权利密切相连。这么一来，不同的郡望，尽管同姓也不可能是同一个宗族，所以修族谱便成为当时政治生活中第一大事。由于这一社会风气，在当时又产生了另外一个社会现象，那就是不同的社会地位是不能通婚的，必须门当户对方能通婚，这也是影响重视族谱的因素之一。而这个习俗可以说一直影响着中国整个封建社会。这就是说，这个时期的谱牒学所以非常发达，主要是政治因素在起作用，况且政府还设立专门机构图谱局，由专官管理，因此，魏晋南北朝时期成为我国谱学发展的黄金时代。清代著名史学家钱大昕就曾指出："谱牒之学，盛于六朝。"唐代后期，门第制度消亡，世家大族衰落，以宣扬门第、郡望为宗旨的修谱事业也随之衰落。宋代开始便大多以家族修私家之谱为主，官府主持修谱之事已不复存在。这种私家之谱的编修，"或推始迁之祖，或述立世之宗，守近而不能溯远"，编修起来，易于成功。这种族谱的编修，也更加贴近于"奠系世，辨昭穆"的目的。当然，这并不是说家谱之修起源于宋代，只不过说到了宋代族谱（家谱）的编修，在性质与目的方面和六朝隋唐相比发生了某些变化，同时封建政府也不再干预。也正因如此，在有些家谱族谱的编修过程中，编造附会之事也就时有发生，这自然就失去了编修家谱族谱的目的和意义了。所以许多著名的学者如黄宗羲、钱大昕、章学诚等都先后多次提出批评。黄宗羲在《唐氏家谱序》中说："沈约、魏收为史，自叙其先世，附合乖谬，人以谓诬其祖也，故序家谱者，未有不以此为戒。是故诬祖之罪，甚于忘祖。然今日谱之为弊，不在作谱者之矫诬，而在伪谱之流传，万姓芸芸，莫不家有伪谱。"章学诚在《和州志氏族表序例》中指出："谱系之法，不掌于官，则家自为书，人自为说，子孙或过誉其祖，是非或颇谬于国史，其不肖者流，或谬托贤哲，或私鬻宗谱，以伪乱真，悠谬恍惚，不可胜言。"所以他气愤地说："有谱之弊，不如无谱。"所以在使用宋元以来所修的这些私家之谱的资料时，必须非常审慎。虽然我们肯定家谱族谱是我国文化遗产中一个重要内容，它可以为研究我国封建时代的历史和文化提供许多重要资料，其史料价值又往往是其他史料所无可代替的，然而由于伪托攀附之风盛行，假托附会名贤已成为不少家谱的通病，这就给后人使用家谱资料时带来诸多麻烦。当然当其造假附会之事被考证揭露之后，无疑也必然受到严厉的指责和批判，当今修谱者不能不引以为戒。

古人之修谱无不以尊祖、敬宗、睦族为目的，当今之修谱自然也不能例外，因为尊老（长）爱幼是我们中华民族光荣的传统美德，这一传统美德或多或少反映在修谱之中。钱大昕在《周氏族谱序》中就曾这样说："夫谱之言布也，布列其世次行事，俾后人以时续之，无忘其先焉尔。"编修族谱，将先人之世系事迹布列其中，让子孙后代，永记先人之懿德而不忘。这在任何时候都是修谱的首要任务。长幼有序，辈分有别，则是修谱的另一任务。同族相见而不知称谓，辈分错乱而不知识别，于是出现了族孙名字与族祖同辈，这是现实生活中出现的真实情况，不论作如何解释，这终归是一种不好的现象。修了族谱，自然就会迎刃而解。至于修谱的"睦族"作用，在今天同样还是相当重要。同族之间，有了了解，就可以做到相互关心，相互支持，相互鼓励，共同奋斗，为建设美好的家园、创造美好的生活而努力奋斗。这就是我们今天所以还要编修族谱的目的之所在。况且在我国的传统观念中，国是家的扩大，忠是孝的延伸，家国一体已成古训。因此，孝顺父母，热爱家乡，报效祖国，是在不同层面上体现的同一情怀。

我们泗阳及周边的仓氏家族，由始迁祖制书公在明末清初"由苏迁桃"，至今已将近 400 年了。起初定居陆城，旧时泗阳共分五个乡，即吴城、陆城、顺德、崇河、恩福。因此每个乡范围都很大。陆城则在泗阳县城之西，包括陆城一乡，临河市、体仁市、洋河市三市[①]。初来时究竟居于何处？据张相文先生主修之民国《泗阳县志》载："仓家集仓：明仓制书由苏州迁来，世居陆城乡西部，今仓家集是也。其后有仓元琳者，徙居崇河乡。户三百。""世居"二字告诉我们，我们祖先自苏州"迁桃"后，一直定居在仓集这块土地之上。到四世祖有元琳公带领一支分居崇河乡。到了清道光末年，仓集便形成一个集镇。对此，民国《泗阳县志》是这样记载："仓家集，兴于清道光末年，圩则同治三年（1864）集首仓立功所筑，有户二百余，市面兴旺。治西四十里，最盛。"从"最盛"两字可知，仓集兴集虽然晚于临河，但后来市面兴旺却超过临河。张相文先生是民国时期著名的地理学家和历史学家，志中所载，大都作过调查考证，因此，所载均属可信。这个记载告诉我们，仓集开始兴集是在道光末年，而道光帝在位 30 年，最后一年为 1850 年，因此，即使是最后一年兴集，至今也已经 150 周年了。对于这些大事，族中恐很少有人知晓，因为对于这些内容，光绪二十年（1894）所修之谱，三篇序中均只字未提。此等均乃族中之大事，应当使每位族人都能知道。自仓集兴集以后，光绪二十一年绘制桃源县境图时，就已将"仓家集"绘入其中。民国《泗阳县志》附图二《清末桃源县形势图》有这样文字的说明："前图仿乾隆《桃源县志》旧图，仅具雏形。后图系光绪二十一年江苏布政司派员实测于四境，界线较为明确，且原图载之江苏省疆域全图册内，官书典要，亦足以资考证，诚县境沿革图之宝鉴也。"这就是说，还在 100 多年前，仓集作为地名已经为当时政府所承认而绘入县境图中，并且已经"载之江苏省疆域全图册内"。

我们这个家族成员，向以务农为本，家境大多清贫，因而修谱之事并未能经常进行，定居仓集将近 400 年间，似乎只有光绪二十年正式修过一次，此前仅有过"稿本"。因此对在此之前族人活动情况几乎一无所知，甚至"自苏迁桃"确切时间也未留下，因为"明末清初"这个概念范围太大，跨

---

① 这里的市是集市之市，临河兴集早于仓集十年，故当时仓集还统属于临河市。

度可达百年之久,因此要确定始迁之年自然相当困难。所以只能说我们仓氏家族定居于仓集这块土地上已将近400年了。沧海桑田,亦已传至十六世了。

我们祖先的事迹由于族谱中很少记载,因而也就无从了解。既然如此,我们今天修谱就应当将族人值得纪念的事和人记下一些,这还是很有必要的。就如前面已述兴集建圩之事,又例如我们仓集早在民国初年就已经有了第一所小学,是由族祖荣魁公与祖父鈇魁公共同捐资兴办,并由荣魁公任校长。当时建有校舍12间,对发展地方教育,提高本地文化素质都起到很大作用。学校并成为泗阳县第三学区立第一初级小学。然而到了"民国七年(1918),校舍为防营占住,改迁顺德西乡郑家楼西南陈新庄圩"。一个地方总不能长久没有学校,到了20世纪30年代初,族祖荣魁公与祖父鈇魁公又共同努力,多方设法,利用仓集镇东面的"火神庙"加以扩建,又办起了仓集小学,仍由荣魁公任校长。又化南大伯父生前亦多行好事,他们的事迹已经光荣地载入新修之《泗阳县志》。又如祖父鈇魁公不仅常为乡亲排解纠纷,而且每遇灾荒之年,便四处筹款购买粮食,以救济灾民;对于贫困乡邻,逢年过节还多方资助。尤其是为了使我们这个家族能够平安地生活在这块土地上,他曾花费了大量的精力和财力。因而不仅深得族人的敬重,而且得到乡亲们的敬仰。我们这个家族还有一个共同特点,就是投身于教育事业者很多。族祖荣魁公毕生致力于教育事业,成为族人的榜样;族祖魁五公旅居湖南常德,也是从事教育事业终身,并擅长国画书法。其后则有三叔道同、四叔道林、五叔道洲、六叔道来等。同辈兄弟中更有修启、修权、修栋等。晚辈之中亦已有从事教育工作者多人,自不必一一列举。这自然是十分可喜的现象。因为无论是一个民族还是一个国家,教育都是头等大事,所以党和政府已经提出"百年大计,教育为本"的号召。可以预见我们这个家族中将会有更多的成员从事这一很有意义的工作,在党和政府领导下,为祖国的繁荣富强而作出自己的贡献。

至于我们仓氏家族的始祖,既然民国《泗阳县志》讲了"仓氏,黄帝史臣仓颉之后",因此这里有必要将有关记载仓颉文献的资料向族人作些介绍。在先秦古籍中,最早记载仓颉的为《荀子·解蔽》篇,文中曰:在上古之时,"好书者众矣,而仓颉独传者,一也"。①唐代学者杨倞注曰:"仓颉,黄帝史官,言古亦有好书者,不如仓颉一于其道,异术不能乱之,故独传也。"这里的"书"是书法的"书",指文字而言,并非书籍之"书"。与荀子同时而稍晚的《韩非子·五蠹》篇亦记载:"古者,苍颉之作书也。"其后《吕氏春秋·君守》篇在介绍古代创造发明时说:"奚仲作车,苍颉作书,后稷作稼。"而成书于西汉早期的《淮南子》,在《本经训》篇中记有"昔者苍颉作书,而天雨粟,鬼夜哭"。东汉学者高诱注曰:"苍颉始视鸟迹之文造书契。"东汉思想家王充的《论衡》一书中,论及仓颉之事的就更多了,全书共30卷,有11卷中都对此有所记载,在《骨相》篇曰"苍颉四目,为黄帝史",在《感虚》篇曰"仓颉作文字,业与天地同",在《讥日》篇曰"又学书讳丙日,云仓颉以丙日死也"(《路史》注云"以丙寅日死,故学者讳丙日")。《后汉书·郡国志》注引《皇览》云:"葬于冯翊衙县(即今陕西白水县)利阳亭南,坟高六丈,学书者皆往上姓名投刺,祀之不绝。"《汉书·古今人表》亦载:"仓颉,黄帝史。"当然,类似记载,虽然还很多,但大多不能作确切的肯定,只能说相传而已。古代之史官,其实就相当于后世之文书,不仅要为帝王起草诏诰及各类文书,而且要记载君王的言行,"君举必书",就是指此而言。至于创造文字,一个人恐怕也是不可能的,看来还是《荀子》所言较为可信,起初"好书者众",就是说根据人民群众长期生活积累,有好多人同时都在搜集整理,形成最初的象形文字,最后也许因仓颉搜集整理,做到了"视鸟兽之迹"而造书契,更加切合适用,也就是杨倞所言,其他人都"不如仓颉一于其道,异术不能乱之,故独传也"。近人李广阳先生写过一篇《仓颉·仓颉庙》文章,建议附于谱后,让仓氏家族每个成员了解。长期以来,人们一直以崇敬的心情怀念着这位古代的英雄人物。我们在家谱中写进这些内容,目的在于激励我们家族每个成员奋发上进,为中华民族的繁荣兴旺而努力奋斗,而没有任何理由以此作为我们这个家族的骄傲。

这次族谱的编修,全由道林四叔手而成,他以古稀之年,为修谱之事而四处奔走,历尽数个寒暑,于去年全部完稿。我们全体家族成员都应铭

---

① 《世本·作篇》也记载有"仓颉作书","仓颉造文字"。但是,《世本》主要内容虽然可能成于西周,而《作篇》则显然是后人补作,所以没有将其作为最早记载仓颉之书。

记这位可敬的长者为我们家族所作的贡献，感谢他一心为宗族事业的无私奉献。还有远居台湾的道正大叔，对此次修谱也十分关心，不仅多次在信件上、电话中表示关切，而且还在经济上予以资助。对于这样一位热心于家族事业的前辈，我们也应当衷心感谢。族孙中华在这部家谱付印过程中，从联系排版到多次校对，花费了许多时间和精力，为这部家谱作出很大贡献。对于家族中支持这次修谱的每位成员，我们都真诚地表示感谢。希望大家团结互助，为使我们家族兴旺发达而共同努力奋斗。

2000 年 1 月 十二世修良敬撰

附 记

我们仓集周围的仓姓家族，据《仓氏家谱》记载，是明末清初由苏州迁来的，由于何种原因迁来则不得而知，因为谱中没有讲起。那么又是从何时、何处迁至苏州，目前因无资料可查，自然也是悬案。从正式史料记载，可提出如下线索：

东汉末年学者应劭在其《风俗通义》一书中曾有《姓氏篇》，对当时全国姓氏来源及分布作了记载，可惜此篇散佚，今有学者作了辑佚，得362姓，其中记载仓姓者尚有："仓氏：八凯仓舒之后，又黄帝史官仓颉之后。春秋时周有仓葛，汉有江夏太守仓英，子孙遂为江夏人。"这就是说，应劭认为仓姓皆是仓舒、仓颉之后代。仓舒、仓葛，《左传》均有记载，前者在《左传》文公十八年，后者在《左传》僖公二十五年。至于汉江夏太守仓英，查《汉书》、《后汉书》均未见，不知应劭根据何书。汉时的江夏，则在今之湖北省境内。又据《三国志》记载，曹魏有位官吏名叫仓慈，淮南人，黄初末年任长安令，太和中迁敦煌太守，并死于敦煌，由于治政有方，有善政，死后，吏民，特别是少数民族，似丧亲戚，为其立祠祭祀。当时淮南治所在今安徽寿县。这就是说，在三国时期淮南一带有仓氏家族居住。再者敦煌藏经洞发现的唐人所写《新集天下姓氏族谱》记载，仓姓原出河北道冀州渤海郡，该谱序云："谨录元（原）出州郡，分为十道。"这就是说我们仓姓家族，原出冀州渤海郡，相当于今天河北省沧州一带。我也查了此谱亳州、苏州分部，此时均无仓姓。又据另一部《天下姓望氏族谱》残卷载，唐朝共有398姓。据上资料，可见我们仓姓家族原来是生活在北方，汉代在湖北一带，三国时又居淮南一带，到了唐代，则又居住于河北境内。至于何时南迁，路线如何，现在尚无从查考。

特将上述资料附记于此，以供今后研究参考。家谱、族谱，乃是一个家族的历史，不知道的宁可缺遗，切忌胡编乱造，牵强附会。宋代著名学者欧阳修、苏洵都主张家谱编修可从高祖开始，也有提出以始迁高祖开始的，目的都在于杜绝家谱编修中的胡编乱造，以保持家谱编修中的可靠性。早在明代，历史学家宋濂就已经指出："族族有谱，所以纪所自出，实则为尊祖。伪则为诬其先而乱其类，不孝莫甚焉。"清代历史学家钱大昕，认为家谱中伪造世系现象实在是"诬其祖也"，"序家谱者未有不以此为戒。故诬祖先罪，甚于忘祖"。因此，家谱编修，必须实事求是，千万不要为了虚荣，将别人的祖先写入自己的家谱。

十二世 修良

2000年9月作于杭州

（本文系为新修《仓集仓氏族谱》所作序言，原载《泗阳仓氏族谱》自印本。收入《独乐斋文存》）

附录

仓修良先生学术论著目录

(一) 学术专著

1. 《中国古代史学史简编》(与魏得良合著),黑龙江人民出版社 1983 年 6 月版。
2. 《章学诚和〈文史通义〉》,中华书局 1984 年 12 月版。
3. 《方志学通论》,齐鲁书社 1990 年 11 月版。
4. 《章学诚评传》(与叶建华合著),南京大学出版社 1996 年 3 月版。
5. 《章学诚评传——独树一帜的史学评论家》(与仓晓梅合著),广西教育出版社 1996 年 8 月版。
6. 《史家·史籍·史学》,山东教育出版社 2000 年 3 月版。
7. 《方志学通论(修订本)》,方志出版社 2003 年 10 月版。
8. 《仓修良探方志》,华东师范大学出版社 2005 年 10 月版。
9. 《中国古代史学史》,人民出版社 2009 年 9 月版。
10. 《方志学通论(增订本)》,华东师范大学出版社 2013 年 1 月第 1 版。
11. 《方志学通论(增订本)》,华东师范大学出版社 2014 年 3 月第 2 版。
12. 《史志丛稿》,浙江大学出版社 2017 年 7 月版。
13. 《谱牒学通论》,华东师范大学出版社 2017 年 9 月版。
14. 《独乐斋文存》,浙江人民出版社 2019 年 5 月版。
15. 《中国古代史学史》,《仓修良文集》,商务印书馆 2021 年 11 月版。
16. 《方志学通论(增订本)》,《仓修良文集》,商务印书馆 2022 年 4 月版。
17. 《谱牒学通论》,《仓修良文集》,商务印书馆 2022 年 10 月版。
18. 《章学诚评传(增订本)》(与叶建华合著),《仓修良文集》,商务印书馆 2022 年 11 月版。
19. 《章学诚和〈文史通义〉》,《仓修良文集》,商务印书馆 2023 年 7 月版。

20.《中国史学史论集》,《仓修良文集》,商务印书馆 2024 年 11 月版。

21.《方志学论集》,《仓修良文集》,商务印书馆 2024 年 12 月版。

(二) 主编著作

1.《中国史学史参考资料》(油印本),杭州大学历史系中国古代史教研组,1964 年 10 月。

2.《中国历史要籍介绍及选读》(撰写所有要籍介绍),黑龙江人民出版社 1982 年 9 月版。

3.《中国历史大辞典·史学史卷》(主要编委),上海辞书出版社 1983 年 12 月版。

4.《中国历史文选(下册)》(与魏得良合编),山东教育出版社 1985 年 8 月版。

5.《中国史学名著评介》(三卷本),山东教育出版社 1990 年 2、3 月第 1 版。

6.《史记辞典》,山东教育出版社 1991 年 6 月版。

7.《汉书辞典》,山东教育出版社 1996 年 11 月版。

8.《二十五史警句妙语辞典》,华东师范大学出版社 2003 年 10 月版。

9.《中国史学名著评介》(新版五卷本),山东教育出版社 2006 年 2 月第 2 版。

10.《中国华东文献丛书·华东稀见方志文献》(全五十卷),学苑出版社 2010 年 7 月版。

11.《二十五史警句妙语辞典(增订本)》,华东师范大学出版社 2015 年 4 月版。

(三) 古籍整理

1.《爝火录》(与魏得良合校),浙江古籍出版社 1986 年 4 月版。

2.《文史通义新编》,上海古籍出版社 1993 年 7 月版。

3.《文史通义新编新注》,浙江古籍出版社 2005 年 10 月版。

4.《文史通义新编新注》(全两册)，商务印书馆2017年7月版。

5.《文史通义新编新注》(全二册)，《仓修良文集》，商务印书馆2023年8月版。

(四) 学术论文

1.《潘季驯》，《浙江日报》1961年7月23日。

2.《范仲淹生平事迹订误》，《光明日报》1961年12月10日。

3.《〈补农书〉评介》，《实践》1962年第2期。

4.《胡三省和他的〈通鉴注〉——纪念胡三省逝世六百六十周年》，《文史哲》1962年第4期。

5.《章学诚和方志学》，《江海学刊》1962年第5期。

6.《问题解答：郑樵的生卒究竟为哪一年？》，《历史教学》1962年第10期。

7.《顾祖禹和他的〈读史方舆纪要〉》，《江海学刊》1963年第5期。

8.《王充的反潮流精神》(与魏得良合撰)，《理论与实践》1974年第2期。

9.《"思鼎"与篡权》(与魏得良合撰)，《杭州大学学报》(哲学社会科学版)1976年第2期。

10.《利用历史进行反党的黑标本——评江青及其御用文人吹捧武则天的罪恶目的》(与魏得良合撰)，《杭州大学学报》(哲学社会科学版)1978年第1期。

11.《从章学诚的史德谈起》，《光明日报》1978年7月18日。

12.《章学诚的历史哲学——章学诚史学研究之一》，《杭州大学学报》(哲学社会科学版)1978年第3期。

13.《顾祖禹生卒年辨正》，《历史研究》1978年第5期。

14.《〈通鉴〉编修的"全局副手" 刘恕》，载杭州大学编：《杭州大学庆祝建国三十周年科学报告会论文集》历史系分册，1979年10月。

15.《章实斋评戴东原——章学诚史学研究之二》，《开封师院学报》(社会科学版)1979年第2期。

16.《论章学诚的〈文史通义〉——章学诚史学研究之三》，《杭州大学学报》（哲学社会科学版）1979 年第 1—2 期合刊。

17.《章学诚对刘知几史学的批判继承和发展——章学诚史学研究之四》,《杭州师范学院学报》（社会科学版）1979 年第 1 期。

18.《"史德"、"史识"辨》,载朱东润等主编：《中华文史论丛》1979 年第三辑,上海古籍出版社 1979 年 9 月版。

19.《章学诚与浙东史学》,《中国史研究》1981 年第 1 期。

20.《章学诚的方志学——章学诚史学研究之五》,《文史哲》1980 年第 4 期。

21.《〈通鉴〉编修的全局副手刘恕——兼谈〈通鉴〉编修分工的几个问题》,《中国历史文献研究集刊》第一集,湖南人民出版社 1980 年 9 月版。

22.《郑樵和〈通志〉》,《杭州大学学报》（哲学社会科学版）1980 年第 4 期。

23.《也谈章学诚"六经皆史"》,《史学月刊》1981 年第 2 期。

24.《试论乾嘉史学》,《史学史研究》1981 年第 3 期。

25.《读司马光〈贻刘道原书〉——再谈刘恕参加〈通鉴〉编修的几个问题》,《杭州大学学报》（哲学社会科学版）1981 年第 3 期。

26.《唐太宗治国施政经验的总结——评〈贞观政要〉》（与魏得良合撰）,《中国历史文献研究集刊》第二集,湖南人民出版社 1981 年 12 月版。

27.《再论章学诚的方志学》,《中国地方史志》1982 年第 1 期。

28.《李贽史学思想简论》（与夏瑰琦合撰）,《杭州师范学院学报》（社会科学版）1982 年第 2 期。

29.《邵晋涵史学概述》,《史学史研究》1982 年第 3 期。

30.《胡三省〈通鉴注〉简论》,《杭州大学学报》（哲学社会科学版）1982 年第 3 期。

31.《方志的起源和性质》,《安徽史志通讯》1982 年第 4 期。

32.《司马光无神论思想剖析》（与夏瑰琦合撰）,《东北师大学报》（哲学社会科学版）1983 年第 1 期。

33.《从〈册府元龟·帝王部〉看其作者的神学史观》,载刘乃和主编：《〈册府元龟〉新探》（中国古代史学名著研究之一）,中州书画社 1983 年 4 月版。

34.《谈谈章学诚的〈文史通义〉》,《文史知识》1983 年第 6 期。

35.《谈谈中国古代史学史分期问题》,《史学史研究》1983 年第 2 期。

36.《试论谱学的发展及其文献价值》,《文献》1983 年第 2 期。

37.《史学史辞条选登——万斯同、天下郡国利病书、十七史商榷》,《中国历史大辞典通讯》1983 年第 3 期。

38.《黄宗羲和〈明儒学案〉》,《杭州大学学报》(哲学社会科学版) 1983 年第 4 期。

39.《明清时期"六经皆史"说的社会意义》(与夏瑰琦合撰),《历史研究》1983 年第 6 期。

40.《从据事直书谈起》,《安徽史志通讯》1984 年第 2 期。

41.《黄宗羲传》,载张舜徽主编:《中国史学家传》,辽宁人民出版社 1984 年 5 月版。

42.《万斯同传》,载张舜徽主编:《中国史学家传》,辽宁人民出版社 1984 年 5 月版。

43.《全祖望传》,载张舜徽主编:《中国史学家传》,辽宁人民出版社 1984 年 5 月版。

44.《邵晋涵传》,载张舜徽主编:《中国史学家传》,辽宁人民出版社 1984 年 5 月版。

45.《章学诚传》,载张舜徽主编:《中国史学家传》,辽宁人民出版社 1984 年 5 月版。

46.《关于〈通鉴〉编修的争论》,《古籍整理研究通讯》1984 年第 2 期。

47.《论章学诚的方志学》,载中国地方史志协会编:《中国地方史志论丛》,中华书局 1984 年 8 月版。

48.《雅俗共赏的〈廿二史札记〉——纪念赵翼逝世一百七十周年》,《杭州大学学报》(哲学社会科学版) 1984 年第 4 期。

49.《〈通鉴〉编修分工及优良编纂方法》,载刘乃和、宋衍中主编:《〈资治通鉴〉丛论》(中国古代史学名著研究之二),河南人民出版社 1985 年 3 月版。

50.《颜师古评传》,载陈清泉、苏双碧等编:《中国史学家评传》,中州古籍出版社 1985 年 3 月版。

51.《史学史应为高校历史系的必修课》,《史学史研究》1985年第2期。

52.《喜读新编〈黄山志〉——兼谈山志编修的几个问题》,《安徽史志通讯》1985年第4期。

53.《〈新五代史〉编修献疑》,《山西大学学报》(哲学社会科学版)1985年第3期。

54.《方志的起源和性质》,《赣州地区志通讯》1985年第2期。

55.《〈读通鉴论〉述评》(与魏得良合撰),载中国历史文献研究会秘书处编:《古籍论丛》第二辑,福建人民出版社1985年10月版。

56.《全祖望和〈宋元学案〉》(与吕建楚合撰),《史学月刊》1986年第2期。

57.《短论一组——修志人员要正确理解"坚持四项基本原则"》,《上虞县修志通讯》1986年第2期。

58.《再论方志的起源》,《杭州大学学报》(哲学社会科学版)1986年第3期。

59.《从〈通鉴考异〉看司马光求实精神——司马光史学思想研究之二》,载刘乃和、宋衍申主编:《司马光与资治通鉴》,吉林文史出版社1986年12月版。

60.《仓修良同志讲课》,《黄岩县志通讯》1986年第3—4期合刊(1986年12月10日)。

61.《国际黄宗羲学术讨论会发言摘登——谈谈黄宗羲在史学上的贡献》,《浙江学刊》1987年第1期。

62.《论方志的起源》,载吴泽主编:《中国史学集刊》第一辑,江苏古籍出版社1987年4月版。

63.《仓修良副教授的讲话》,《萧山编史修志通讯》1987年第3期。

64.《黄宗羲的史学贡献》,载吴光主编:《黄宗羲论——国际黄宗羲学术讨论会论文集》,浙江古籍出版社1987年12月版。

65.《要给学案体以应有的历史地位》,《光明日报》1988年3月23日。

66.《刘攽——笔下能当万人敌》,载瞿林东、杨牧之编:《中华人物志(史学家小传)》,中华书局1988年6月版。

67.《刘恕——〈通鉴〉编修的全局副手》,载瞿林东、杨牧之编:《中华人物志（史学家小传）》，中华书局 1988 年 6 月版。

68.《仓修良老师讲如何提高志书质量》，《安吉县志通讯》1988 年第 2 期（内部发行）。

69.《从章学诚的谱学理论再谈谱学的几个问题》（与叶建华合撰），中国家谱首届学术研讨会论文，1988 年 7 月。

70.《中国古代史书的主要体裁和体例》（撰写史书体裁的内容），载朱绍侯主编：《中国古代史研究入门》，河南人民出版社 1989 年 1 月版。

71.《黄宗羲》，载裴汝诚等：《十大史学家》，上海古籍出版社 1989 年 8 月版。

72.《章学诚》，载裴汝诚等：《十大史学家》，上海古籍出版社 1989 年 8 月版。

73.《章学诚的方志学》，载黄德馨、傅登舟主编：《中国方志学家研究》，武汉出版社 1989 年 9 月版。

74.《黄宗羲和清代浙东史学》，《东南文化》1989 年第 6 期。

75.《阅读古籍应当注意选择版本——读〈明儒学案〉所联想到的》，《书品》1990 年第 1 期。

76.《〈中国史学名著评介〉前言》（1988 年 11 月 15 日），载《中国史学名著评介》（三卷本），山东教育出版社 1990 年 2、3 月版。

77.《〈华阳国志〉评介》，载《中国史学名著评介·第一卷》（三卷本），山东教育出版社 1990 年 2 月版。

78.《〈读史方舆纪要〉评介》，载《中国史学名著评介·第二卷》（三卷本），山东教育出版社 1990 年 2 月版。

79.《〈明儒学案〉评介》，载《中国史学名著评介·第二卷》（三卷本），山东教育出版社 1990 年 2 月版。

80.《〈宋元学案〉评介》，载《中国史学名著评介·第二卷》（三卷本），山东教育出版社 1990 年 2 月版。

81.《浅谈〈文献通考〉》，《文史知识》1990 年第 7 期。

82.《〈越绝书〉是一部地方史》，《历史研究》1990 年第 4 期。

83.《试论乾嘉考据学的形成及其功过》（与叶建华合撰），《历史文献研究》（北京新一辑），北京燕山出版社 1990 年 10 月版。

84.《莫把史书当文集——读王世贞〈弇山堂别集〉》,《书品》1991年第3期。

85.《〈史记辞典〉前言》(1987年9月),载《史记辞典》,山东教育出版社1991年6月版。

86.《"三方政权"的归属与"横排竖写"的探讨》,《志苑》1991年第4期。

87.《论刘知几史学的现实理性特色》(与刘连开合撰),载杭州师范学院高教研究室编:《文科教学研究文集》,辽宁大学出版社1991年10月版。

88.《方志理论家、杭大历史系教授仓修良讲话》,载蒋志浩、唐元明主编:《纪念章学诚逝世一九〇周年》,上虞市志办公室,1991年。

89.《章学诚的学术生涯——纪念章学诚逝世190周年》,载蒋志浩、唐元明主编:《纪念章学诚逝世一九〇周年》,上虞市志办公室,1991年。

90.《〈萧县志评论集〉序》,载萧县地方志办公室编:《萧县志评论集》,中国人民大学出版社1992年2月版。

91.《章学诚方志理论的三大来源》,《黑龙江史志》1992年第3期。

92.《新编志书艺文志必不可少》,《志苑》1992年第3期。

93.《试论汉魏六朝时期人物传记的发达及其价值》(与叶建华合撰),载周鹏飞、周天游主编:《汉唐史籍与传统文化》,三秦出版社1992年7月版。

94.《章学诚方志理论的三大来源(续)》,《黑龙江史志》1992年第4期。

95.《新修方志中艺文志不可少》,《中国地方志》1992年第4期。

96.《〈方志学通论〉前言》,《湖北方志》1992年第4期。

97.《〈浙东学术史〉序》,《杭州大学学报》(哲学社会科学版)1993年第3期。

98.《对当前方志学界若干问题的看法》,《中国地方志》1994年第1期。

99.《章学诚的"成一家之言"》,《史学史研究》1994年第2期。

100.《李天根与〈爝火录〉》(与魏得良合撰),《杭州大学学报》(哲学社会科学版)1994年第3期。

101.《方志学概述》,载刘乃和主编:《中国历史文献研究——纪念中国历史文献研究会成立十五周年》,广西人民出版社1994年10月版。

102.《纪念爱国史家谈迁诞辰四百周年——谈迁的生平和在史学上的贡

献》，载海宁市政协文史资料委员会编：《纪念谈迁诞辰四百周年文集》（《海宁人物资料》第七辑），海宁市政协文史资料委员会，1995年3月。

103.《序跋琐议》，《黑龙江史志》1995年第2期。

104.《新修方志特色过眼录》，《中国地方志》1995年第3期。

105.《应劭和〈风俗通义〉》，《文献》1995年第3期。

106.《黄宗羲和学案体》，《浙江学刊》1995年第5期。

107.《整理〈文史通义新编〉的几点想法》，《古籍整理出版情况简报》1995年第11期。

108.《唐前五代史和五代史志》，《文史知识》1995年第12期。

109.《〈吴越春秋辑校汇考〉序》，《浙江大学学报》（人文社会科学版）1996年第3期。

110.《新修方志特色过眼录之二（上）》，《中国地方志》1996年第5期。

111.《〈汉书辞典〉前言》（1993年7月），载《汉书辞典》，山东教育出版社1996年11月版。

112.《〈泗阳古今人物录〉序》，载泗阳县地方志办公室主编：《泗阳古今人物录》，中州古籍出版社1996年12月版。

113.《袁康、吴平是历史人物吗？——论〈越绝书〉的作者》，台湾《历史》月刊1997年3月号。

114.《新修方志特色过眼录之二（下）》，《中国地方志》1997年第2期。

115.《一部全面反映台湾方志发展的学术专著——读台湾学者陈捷先〈清代台湾方志研究〉》，《中国地方志》1997年第3期。

116.《明代大史学家王世贞》，《文献》1997年第2期。

117.《关于谱学研究的几点意见》，《历史研究》1997年第5期。

118.《谱牒学述略》，《文史知识》1997年第10期。

119.《〈越绝书〉散论》，《史学史研究》1998年第1期。

120.《我与方志学》，《文史知识》1998年第4期。

121.《一部研究清代学术文化不可多得的著作——读〈清人文集别录〉》，《书品》1998年第3期。

122.《辨伪学家胡应麟》，《浙江学刊》1998年第5期。

123.《谈〈新中国首次大规模方志编修让人哭笑不得〉一文的来龙去

脉》,《上海修志向导》1998 年第 6 期。

124.《究竟是谁错？——答来新夏先生》,《中华读书报》1998 年 12 月 2 日。

125.《文献工作者必读之书——读杨绪敏先生〈中国辨伪学史〉》,《徐州师范大学学报》(哲学社会科学版) 1999 年第 1 期。

126.《地方志与区域史研究》, 台湾《历史》月刊 1999 年 3 月号。

127.《史学工作者的良师益友——读〈白寿彝史学论集〉》, 载北京师范大学史学研究所编:《历史科学与理论建设——祝贺白寿彝教授九十华诞》, 北京师范大学出版社 1999 年 4 月版。

128.《〈新编《平阳县志》辨误校正〉序》, 载周干:《新编〈平阳县志〉辨误校正》(内部资料), 1999 年 5 月。

129.《〈南宋名臣王居安研究〉序》, 载张继定、王呈祥:《南宋名臣王居安研究》, 浙江古籍出版社 1999 年 7 月版。

130.《史学史研究的最新成果——读〈中国史学史纲〉》,《中华读书报》1999 年 11 月 24 日。

131.《新修方志特色过眼录之三 (上)》,《中国地方志》1999 年第 6 期。

132.《我与中国史学史》, 载张世林编:《学林春秋三编》上册, 朝华出版社 1999 年 12 月版。

133.《桂林山水甲天下——读新修〈桂林市志〉》,《广西地方志》2000 年第 1 期。

134.《新修方志特色过眼录之三 (下)》,《中国地方志》2000 年第 2 期。

135.《重印民国〈泗阳县志〉序》,《江苏地方志》2000 年第 3 期。

136.《试论谱牒学的起源》, 载《历史文献研究》(总第 19 辑, 中国历史文献研究会成立二十周年专辑), 华中师范大学出版社 2000 年 6 月版。

137.《〈吴越春秋〉最佳版本——〈吴越春秋辑校汇考〉》,《书品》2001 年第 2 期。

138.《新修方志特色过眼录之四 (上)》,《中国地方志》2001 年第 1—2 期合刊。

139.《从敦煌图经残卷看隋唐五代图经发展》(与陈仰光合撰),《文史》2001 年第 2 辑。

140.《年谱散论》(与陈仰光合撰),《史学史研究》2001年第2期。

141.《纪事本末谱新篇》(与陈仰光合撰),《山西日报》2001年6月10日。

142.《纪事本末谱新篇——读〈山西历代纪事本末〉》(与陈仰光合撰),《山西大学学报》(哲学社会科学版)2001年第4期。

143.《千锤百炼著佳章——新志续修的一些想法》,《中国地方志》2001年第4期。

144.《古代史学理论双璧之一的〈文史通义〉》,《光明日报》2001年12月4日。

145.《章学诚的教育思想——赴韩学术交流讲演稿》,《浙江方志》2002年第1—2期合刊。

146.《新修方志特色过眼录之四(下)》,《中国地方志》2002年第2期。

147.《读〈中国史学史资料编年〉》,《史学史研究》2002年第2期。

148.《谱牒学发展的鼎盛时期——魏晋南北朝的谱牒学发展》,载《历史文献研究》(总第21辑),华中师范大学出版社2002年7月版。

149.《〈章学诚生平与思想〉中译本序》(2002年春),《浙江方志》2002年第6期。

150.《新修方志特色过眼录之五(上)》,《中国地方志》2003年第2期。

151.《〈乾隆写真〉使你认识真实的乾隆》,载陈捷先:《乾隆写真》,台北远流出版事业股份有限公司2002年版。

152.《〈方志学通论〉修订本之序》,《零陵学院学报》2003年第3期。

153.《我国传统文化的长廊——大运河——读〈中国运河文化史〉》,《中国图书评论》2003年第6期。

154.《留得真情在人间——读〈通渭县志〉》,《广西地方志》2003年第4期。

155.《〈方志学通论〉修订本前言》,《浙江方志》2003年第4期。

156.《〈二十五史警句妙语辞典〉前言》(2003年6月),载《二十五史警句妙语辞典》,华东师范大学出版社2003年10月版。

157.《十里秦淮谱新章——读〈秦淮区志〉》,《江苏地方志》2003年第5期。

158.《地记与图经》，载《文史新澜——浙江古籍出版社建社二十周年纪念论文集》，浙江古籍出版社 2003 年 11 月版。

159.《〈日本藏中国罕见地方志丛刊续编〉序》（2003 年 8 月），《文献》2003 年第 4 期。

160.《编修方志是中华民族文化中一个优良的传统》，《阴山学刊》2004 年第 2 期。

161.《方志体例与创新》，《浙江方志》2004 年第 2 期。

162.《满山红叶似彩霞——读〈栖霞区志〉》，《江苏地方志》2004 年第 3 期。

163.《纪念章学诚纪实》，载中国历史文献研究会编：《章学诚国际学术讨论会论文集》，北京图书馆出版社 2004 年 9 月版。

164.《一部高品位的新型山水志——读〈洪泽湖志〉》，《江苏地方志》2004 年第 5 期。

165.《首届新志编修篇目设置的继承与创新》，载裴晓光主编：《军事志编纂指南》，军事科学出版社 2004 年 11 月版。

166.《〈民族精神的华章：史学与传统文化〉序》（2004 年 9 月 28 日），载钱茂伟、王东：《民族精神的华章：史学与传统文化》，北京图书馆出版社 2004 年 11 月版。

167.《一部反映杭州千年历史足迹的重要文献——〈武林坊巷志〉》，《浙江方志》2005 年第 3 期。

168.《六十年代的修志历史不应当被遗忘——祝贺方志出版社建社十周年》，《浙江方志》2005 年第 3 期。

169.《中国的传统史学与史学传统》（赴韩国学术交流讲演稿），载《历史文献研究》（总第 24 辑），华中师范大学出版社 2005 年 8 月版。

170.《〈中国史学名著评介〉新版序》（2005 年 7 月 15 日），《史学月刊》2005 年第 9 期。

171.《二轮修志的继承与创新》，载庞国凭主编：《二轮修志·浙江论坛》，浙江人民出版社 2005 年 9 月版。

172.《续志编修的几点意见——在全军军事志编纂骨干培训班上的讲演稿》，载《仓修良探方志》，华东师范大学出版社 2005 年 10 月版。

173.《从日本学者来信再谈编修方志是中华民族特有的文化传统》,《江苏地方志》2005 年第 5 期。

174.《忠于历史的〈中国历代通俗演义〉》,载陈志根主编:《蔡东藩研究》,中国文史出版社 2005 年 10 月版。

175.《〈越绝书〉评介》,载《中国史学名著评介·第一卷》(新版五卷本),山东教育出版社 2006 年 2 月第二版。

176.《〈风俗通义〉评介》,载《中国史学名著评介·第一卷》(新版五卷本),山东教育出版社 2006 年 2 月第二版。

177.《〈华阳国志〉评介》,载《中国史学名著评介·第一卷》(新版五卷本),山东教育出版社 2006 年 2 月第二版。

178.《〈弇山堂别集〉评介》,载《中国史学名著评介·第二卷》(新版五卷本),山东教育出版社 2006 年 2 月第二版。

179.《〈藏书和续藏书〉评介》,载《中国史学名著评介·第二卷》(新版五卷本),山东教育出版社 2006 年 2 月第二版。

180.《〈读史方舆纪要〉评介》,载《中国史学名著评介·第二卷》(新版五卷本),山东教育出版社 2006 年 2 月第二版。

181.《〈明儒学案〉评介》,载《中国史学名著评介·第二卷》(新版五卷本),山东教育出版社 2006 年 2 月第二版。

182.《〈宋元学案〉评介》,载《中国史学名著评介·第二卷》(新版五卷本),山东教育出版社 2006 年 2 月第二版。

183.《尊重历史 体现特色——读〈厦门市志〉》,载福建省地方志学会、厦门市地方志办公室编:《〈厦门市志〉评论义集》,方志出版社 2006 年 6 月版。

184.《〈绍兴师爷汪辉祖研究〉序》(2006 年元宵节),载鲍永军:《绍兴师爷汪辉祖研究》,人民出版社 2006 年 7 月版。

185.《伍子胥与钱江潮》,《文史知识》2006 年第 8 期。

186.《一部颇具学术品位的地方史——读〈湖州古代史稿〉》,载《浙江史学论丛》第二辑,甘肃文化出版社 2006 年 8 月版。

187.《〈越绝书〉江浙两省共有的文化遗产——兼论〈越绝书〉的成书年代、作者及性质》,《江苏地方志》2006 年第 4 期。

188.《研究、纪念章学诚应当发扬他的三大精神》,《淮北煤炭师范学院学报》(哲学社会科学版)2006年第4期。

189.《〈陕西省图书馆藏稀见方志丛刊〉前言》(2006年8月),载陕西省图书馆编:《陕西省图书馆藏稀见方志丛刊》,北京图书馆出版社2006年9月版。

190.《欧阳修在谱牒学上的贡献》,载《历史文献研究》(总第25辑),华中师范大学出版社2006年10月版。

191.《回顾胡乔木同志的方志理论——纪念胡乔木在全国地方志第一次工作会议上的讲话发表20周年》(与张勤合撰),《宁夏史志》2006年第5期。

192.《回顾胡乔木同志在全国地方志第一次工作会议上的讲话》(与张勤合撰),《江苏地方志》2006年第6期。

193.《朱熹和〈资治通鉴纲目〉》,《安徽史学》2007年第1期。

194.《〈方志资料审核论稿〉序》,载林顺道:《方志资料审核论稿》,方志出版社2007年11月版。

195.《家谱杂谈》,载张本义主编:《白云论坛》第四卷上辑,北京图书馆出版社2007年11月版。

196.《作为政治斗争工具的唐代谱学》,载张本义主编:《大连图书馆百年纪念学术论文集》,万卷出版公司2007年11月版。

197.《论欧阳修的谱牒学贡献》(与鲍永军合撰),《社会科学战线》2007年第6期。

198.《两汉时期谱牒学概论》,《古籍整理研究学刊》2008年第1期。

199.《漫谈家谱》,《山东图书馆季刊》2008年第2期。

200.《赵吉惠先生对中国历史文献研究会的贡献》,载《赵吉惠纪念文集》编写组编:《赵吉惠纪念文集》,陕西人民出版社2008年4月版。

201.《一本有实用价值的好书——〈方志资料审核论稿〉》,《中国地方志》2008年第6期。

202.《〈文史通义〉编著的过程和著作目的》,载刘勇强主编:《古代文化经典选读》,北京大学出版社2008年7月版。

203.《阮元和〈云南通志稿〉》,载《历史文献研究》(总第27辑),华东师范大学出版社2008年9月版。

204.《又一部实实在在的方志学术论著 —— 喜读〈中国地方志流播日本研究〉》,《中国地方志》2009 年第 1 期。

205.《家谱概述》,《淮阴师范学院学报》(哲学社会科学版) 2009 年第 1 期。

206.《〈卷葹书屋苏古求新集〉序》(2008 年初春),载孙绍华:《卷葹书屋苏古求新集》,中国大百科全书出版社 2009 年 6 月版。

207.《〈越绝书校注〉序》(2008 年初夏),载张仲清校注:《越绝书校注》,国家图书馆出版社 2009 年 6 月版。

208.《历史的回顾 永远的怀念》,载中国历史文献研究会编:《中国历史文献研究会成立 30 周年纪念集》,华东师范大学出版社 2009 年 9 月版。

209.《镇志编纂不能抽象化 —— 由重修〈周庄镇志〉而想到的几个问题》,《南京史志》2010 年第 1 期。

210.《〈华东稀见方志文献〉前言》,载《中国华东文献丛书·华东稀见方志文献》(全五十卷),学苑出版社 2010 年 7 月版。

211.《关于新修志书冠名问题的一点建议》,《中国地方志》2010 年第 8 期。

212.《怀念卞公》,载《历史文献研究》(总第 29 辑),华东师范大学出版社 2010 年 9 月版。

213.《用海纳百川的精神来办好学术刊物》,《浙江方志》2010 年第 6 期。

214.《师生情意重 至今难忘怀 —— 回忆南师大教授诸祖耿先生》,《南京史志》2011 年第 2 期。

215.《八十自述》,载钱茂伟、叶建华主编:《执着的史学追求:仓修良教授八十华诞庆寿文集》,华东师范大学出版社 2012 年 10 月版。

216.《我与诸祖耿先生的二十六年师生情》,《浙江方志》2012 年第 6 期。

217.《〈湖州方志提要〉序》(2013 年 3 月 12 日),载沈慧编:《湖州方志提要》,中国文史出版社 2013 年 6 月版。

218.《〈浙江藏书家传略〉序》(2006 年 5 月 14 日),载何槐昌主编:《浙江藏书家传略》,上海人民出版社 2013 年 11 月版。

219.《宋濂的谱牒学理论》(2013 年上半年),载《历史文献研究》(总第 33 辑),华东师范大学出版社 2014 年 5 月版。

220.《一部名实相符的〈苏州府志〉》（2015年6月10日），载陈其弟点校：《洪武〈苏州府志〉》，广陵书社2015年6月版。

221.《刘孝标与〈世说新语注〉》（2015年7月），载李振宏主编：《朱绍侯九十华诞纪念文集》，河南大学出版社2015年10月版。

222.《明洪武〈苏州府志〉点校本序》，《中国地方志》2015年第12期。

223.《宋濂的谱牒学理论》，《浙江方志》2016年第5期。

224.《方孝孺的生平和他的谱牒学理论》，《史学月刊》2017年第9期。

225.《用地方志来思考认识更正杭州历史》，《杭州月志》2017年第10期。

226.《谱学发展的历程》，《浙江方志》2018年第1期。

227.《用地方志来思考认识更正杭州历史》，《浙江方志》2018年第4期。

228.《史论结合是我国传统史学的优长》，《人民日报》2018年8月6日。

229.《忆良师益友杨翼骧先生——仓修良教授访谈录》，鲍永军访谈，载杨其乐主编：《史学理论与史学史学刊》2019年上卷，社会科学文献出版社2019年版。

230.《新修仓氏族谱序》，载《泗阳仓氏族谱》自印本，收入《独乐斋文存》，浙江人民出版社2019年3月版。

231.《一切学科起源于历史——著名方志学家仓修良先生访谈录》，《浙江方志》2019年第5期。

仓修良先生学术活动年表

1954—1958 年
1954 年 7 月,江苏省镇江中学高中毕业。9 月,考入浙江师范学院历史系,1958 年 7 月毕业留校任教,同年浙江师院并入杭州大学。开始从事中国古代史和中国历史文选的教学研究工作。

1961 年
开始承担《中国史学史》课程教学任务。

1974 年
夏,前往北京参加《历史研究》的复刊工作,与章开沅先生等为同事。

1979 年
3 月 18 日至 4 月 5 日,在广西桂林参加《中国历史要籍介绍及选读》教材讨论会。华中师范大学历史系教授张舜徽与会,倡议并成立中国历史文献研究会。任中国历史文献研究会第一届理事会理事。

1980 年
5 月 8 日至 17 日,参加在湖北武昌举行的中国历史文献研究会第一届年会。

1981 年
4 月 22 日至 28 日,杭州师范学院承办中国历史文献研究会第二届年会。负责主持具体会务工作。谢国桢、张政烺、赵守俨、朱士嘉等著名学者与会。

1982 年

4月中旬，到华东师范大学史学研究所，与杨翼骧、陈光崇等一同参加《中国历史大辞典·史学史分卷》审稿工作。

5月初，在武汉东湖参加全国旧方志整理工作座谈会，中国地方志指导小组负责人梁寒冰主持会议，张舜徽、史念海、傅振伦、朱士嘉等与会，会中前往苏州，为中国地方志指导小组在全国首次举办的培训班——华东地区方志培训班讲课。前往苏州途中，临时被要求讲授"方志编修资料的搜集、整理、鉴别、取舍"问题，因资料全无，便全靠记忆在船舱里列出提纲，讲课大受欢迎。

7月，参加在甘肃兰州举办的中国历史文献研究会第三届年会。任中国历史文献研究会第二届理事会常务理事。

9月初，应邀为安徽省在滁州举办的方志培训班讲课。

9月，为编写《中国历史文选》教材，赴山东大学商量编选原则和分工问题。受时任山东大学历史系主任王仲荦之邀，为山东大学历史系作学术讲座。又应山东省地方志办公室邀请，为在威海举办的方志培训班上课。

1983 年

夏，应张舜徽邀请，为华中师范学院历史文献学研究所"中国历史文献研究班"讲《明清时期"六经皆史"说的社会意义》。

10月6日至12日，参加在河南开封举办的中国历史文献研究会第四届年会。

1984 年

6月10日至12日，参加在江苏省常州市召开的纪念清代著名史学家、文学家赵翼逝世一百七十周年学术座谈会。

9月，在山西大学历史系讲学一个月，专门讲授中国古代史学史。返程途经济南，应山东大学历史系邀请作两次学术报告。

1985 年

3月2日至5日，参加在北京召开的全国史学史研究工作座谈会。

初夏，参加新编《黄山志稿》评审会，梁寒冰、陈元方等与会。

10月26日至11月1日，在南京召开的中国历史文献研究会第六届年会上，被推选为中国历史文献研究会第三届理事会副会长。会议期间应南京大学历史系邀请为全系学生作《中国史学发展的阶段性问题》的讲座。

1986年

9月，应北京师范大学历史系邀请，为中国地方志指导小组委托代办的"方志专修科"讲课一个月。

9月3日至7日，参加在山西夏县举办的中国历史文献研究会第七届年会。

10月20日至26日，参加在宁波召开的国际黄宗羲学术研讨会，提出"应当给予学案体应有的学术地位"，得到与会者一致支持。会上结识了老一辈学者复旦大学副校长蔡尚思，及一大批中青年学者如南炳文、陈祖武、毛佩琦等和美国学者司徒琳。

1987年

11月4日至11日，参加在昆明举办的中国历史文献研究会第八届年会。

1989年

10月17日至20日，参加在上海嘉定召开的钱大昕学术研讨会暨中国历史文献研究会第十届年会。自此届年会始，一直担任中国历史文献研究会学术委员会主任委员，同时任中国历史文献研究会第四届理事会副会长。

1990年

11月15日至19日，参加中国历史文献研究会第十一届年会暨潮汕历史文献与文化学术讨论会。

1991年

10月8日至14日，参加在西安举办的中国历史文献研究会第十二届年会暨汉唐典籍与传统文化学术研讨会，参加《两唐书辞典》第一次编委会。其间，应陕西师大历史系邀请举办学术报告会，题为《汉魏六朝地记与隋唐五代图经》，听众盛况空前，数百人大教室座无虚席。

1992 年

5月16日，参加在周庄召开的《宋史辞典》编纂会议。

8月上旬，参加在内蒙古呼和浩特举办的中国历史文献研究会第十三届年会暨历史文献与民族文化国际学术研讨会。任中国历史文献研究会第五届理事会副会长。

获国务院特殊津贴。

12月，《方志学通论》获浙江省高校哲学社会科学优秀成果一等奖。

1993 年

6月，《方志学通论》获杭州大学董氏文史哲研究奖励基金优秀科研成果二等奖。《越绝书是一部地方史》获杭州大学董氏文史哲研究奖励基金优秀科研成果三等奖。

1994 年

9月，《文史通义新编》获杭州大学董氏文史哲研究奖励基金优秀科研成果二等奖。

10月，参加在驻马店举办的中原文化与传统文化国际学术研讨会暨中国历史文献研究会第十五届年会。

11月，应海宁市政协邀请赴海宁为纪念谈迁诞辰四百周年作题为《谈迁的生平和在史学上的贡献》学术报告。

1995 年

4月21日，参加在天津召开的《明史辞典》编纂会议。

10月14日，参加在贵州召开的贵州文化与传统文化国际学术研讨会暨中国历史文献研究会第十六届年会。任中国历史文献研究会第六届理事会副会长。

1996 年

5月，在北京参加全国地方志第二次工作会议。5月6日下午，时任国务院总理李鹏在中南海接见会议的全体代表并合影。同时，中国地方志协会召开会议，被推举为学术委员会委员、常务理事。

8月27日至29日，参加在扬州召开的海峡两岸谱牒学研讨会，在会上作《关于谱学研究的几点意见》的发言。

10月26日至31日，参加在江西乐平举办的洪皓马端临国际学术研讨会暨中国历史文献研究会第十七届年会。

1997年

8月，参加在北京召开的全国地方志优秀成果评奖会，这是全国地方志系统第一次大规模、高规格评奖。时任中国社会科学院党委书记、中国地方志学会会长的王忍之主持会议。

8月26日至29日，参加在苏州召开的太湖历史文化国际学术研讨会暨中国历史文献研究会第十八届年会。

9月，《汉书辞典》获山东省优秀图书奖。《文史通义新编》获浙江省第七届哲学社会科学优秀成果奖三等奖。

10月，关于两汉史学名著研读之人文教材撰写，获1997年度中流文教基金会教材编撰资助。

11月，《汉书辞典》获第二届国家辞书奖二等奖（国家新闻出版署评定）。

12月，参加《永嘉县志》稿评审会。

1998年

6月6日至7日，应台湾中兴大学邀请，前去参加"人物与历史撰述"史学研讨会，同行者有北京师范大学教授瞿林东、吴怀祺、陈其泰和复旦大学教授张广智。会上作《辨伪学家胡应麟》的发言。

6月，《关于谱学研究的几点意见》获杭州大学董氏文史哲研究奖励基金优秀科研成果三等奖。

9月，参加在山西太原举行的三晋历史文化学术研讨会暨中国历史文献研究会第十九届年会。任中国历史文献研究会第七届理事会副会长。获杭州大学优秀教学奖。

1999 年

10月24日至29日，参加在桂林举办的桂林历史文化学术研讨会暨中国历史文献研究会第二十届年会。

12月，《章学诚评传》获浙江省第八届哲学社会科学优秀成果奖二等奖。

2000 年

7月26日至28日，参加在哈尔滨举办的中国历史文献研究会第二十一届年会。

12月18日，致信绍兴市政府副书记，介绍章学诚在国际学术界的地位，表示希望能够尽快恢复章学诚故居，并建议在章学诚逝世两百周年时以绍兴市政府名义召开一次纪念章学诚国际学术研讨会。

2001 年

1月13日，绍兴市政府办公室回信，表示十分重视仓先生的建议，已批示绍兴市文物管理部门对章学诚的故居严加保护。

5月11日至12日，参加在浙江杭州召开的全国续修志书评论研讨会，会上印发了《千锤百炼著佳章》一文。

7月7日至8日，参加在浙江义乌举行的《义乌市志》篇目专家评议会。

9月，参加在甘肃兰州举办的陇右典籍与西北文化研究暨中国历史文献研究会第二十二届年会。任中国历史文献研究会第八届理事会副会长。

秋，赴韩国学术交流并在忠北大学作《章学诚的教育思想》的学术演讲。

11月15日，在浙江绍兴参加纪念章学诚逝世两百周年座谈会。

12月20日至21日，参加在北京人民大会堂举行的全国地方志第三次工作会议。

2002 年

9月，江苏省地方志办公室在扬州举办方志培训班，应邀前去作《关于上一轮修志的经验与教训》的讲座。

9月18日至19日，参加在湖北省巴东县举行的巴楚文化研究暨中国历史文献研究会第二十三届年会。

2003 年

10 月 28 日至 11 月 2 日，组织并参加在绍兴举行的章学诚国际学术研讨会暨中国历史文献研究会第二十四届年会，主持大会学术讨论。该研讨会由中国历史文献研究会和绍兴市人民政府共同主办，来自全国各地和日本、韩国的近百名专家学者与会。

11 月，参加在宁波召开的《中国史学名著评介》增订本编纂会议。

12 月 6 日，应南京师范大学文学院邀请为文献专业学生讲学。10 日，受邀为南京大学中文古籍所博士生和硕士生讲"读书与治学"。

12 月 26 日，参加《永嘉县志》首发式及"文化楠溪江"建设与地方志工作恳谈会。

2004 年

5 月，江苏省地方志办公室在徐州市举办全省修志人员培训班，应邀前去作《如何修好新一轮志书》的讲座。

9 月 16 日至 21 日，参加在安徽合肥举办的徽学与明清安徽典籍研究暨中国历史文献研究会第二十五届年会。任历史文献研究会第九届理事会副会长。

10 月 14 日至 20 日，全国军队修志骨干培训班在山东威海举办，应邀前去作专题讲演。会议由军事科学院副院长（时兼任中国地方志指导小组副组长）葛东升中将主持，全国省、市、自治区军队修志骨干五百余人与会。

11 月，再次赴韩国学术交流，并在忠北大学作题为《中国的传统史学和史学传统》的学术讲演。

2005 年

5 月 19 日，参加在浙江宁海召开的胡三省与浙东学派学术研讨会。

8 月，应宁夏军分区参谋长孙生玉邀请前去参观访问，并为宁夏地方办公室和宁夏社会科学院作《关于新一轮志书如何编修》的报告。

10 月，在浙江省二轮修志第八次研讨会期间，与杭州市副市长沈坚等一同会见到杭指导第二轮修志工作的中国地方志指导小组秘书长秦其明。

10 月 11 日至 14 日，参加中国历史文献研究会主办、大连图书馆承办的中国历史文献研究会第二十六届年会。

10月28日至29日，参加在上海召开的"国际视野下的中国史学"研讨会。该研讨会由华东师范大学历史系与海外中国学研究中心合办，来自美国、加拿大、荷兰、韩国、日本以及海峡两岸的近80位专家学者参加。

11月25日，参加浙江上虞市道墟镇举行的章学诚半身铜像揭幕并章学诚纪念室落成仪式并作讲话。

2006 年

清明节前后，应淮北煤炭师范学院、河南大学、洛阳大学三校邀请，先后前去讲学。4月10日，在淮北师院讲学，报告的题目为《浙东史学的渊源和流派》。4月12日下午，在河南大学历史文化学院作了一场题为《读书与治学》的报告。

5月，为宁波大学主办的广东省第二期方志业务培训班授课。在大连图书馆白云书院举办关于家谱的讲座。

8月，《文史通义新编新注》获2005年度中国优秀古籍图书二等奖（全国古籍出版社联合会评定）

10月，《文史通义新编新注》获华东地区古籍优秀图书二等奖（华东地区古籍优秀图书奖评委会评定）。

10月20日至23日，参加在江西上饶举办的朱子学与上饶历史文化国际学术研讨会暨中国历史文献研究会第二十七届年会。

2007 年

3月13日，与夫人陪同韩国忠北大学崔秉洙教授夫妇至绍兴道墟镇章学诚纪念室参观。

4月16日至30日，在宁波大学主办的广东省第三期地方志业务岗位培训班作报告。

5月17日，参加浙江省地方志办公室在杭州召开的《地方志工作条例》颁布一周年座谈会。

9月13日，在宁波大学主办的陕西省第一期第二轮方志业务培训班作报告。

10月11日，参加在云南昆明举办的中华典籍与云南暨中国历史文献研究会第二十八届年会。任中国历史文献研究会第十届理事会副会长。

11月3日至5日，参加华东师范大学"全球视野下的史学：区域性与国际性"国际学术研讨会，作《从中国方志传播邻国的遭遇看不同区域民族关系发展特性》学术报告。

12月，应广东省志办邀请，赴广州、肇庆、中山、深圳等地参观访问，并作讲座，内容主要为胡乔木同志有关方志理论。

2008年

4月12日上午，在山东"大众讲坛"举办"家谱漫谈"讲座。《齐鲁晚报》于讲座前采访，以《国学大师仓修良漫谈家谱》作了推介，讲座之后又以《五百年前未必是一家——仓修良教授漫谈家谱》为题作了报道。

5月26日，在江苏省泗阳县图书馆"图书馆服务宣传周"系列活动中，作题为《从读书来看传统文化与中华民族精神》的公益性学术报告。

8月10日至22日，在宁波大学陕西省第二期地方志业务培训班上作报告。

9月23日，在杭州市上城区档案学会、上城区地方志学会联合举办的"地方志编纂与地方经济社会发展"的专题讲座上作报告。

9月25日，参加《奉化市志》纲目论证会。

10月18日至20日，参加在重庆西南大学举办的出土文献与巴蜀文献学术研讨会暨中国历史文献研究会第二十九届年会。

11月2日至8日，在浙江杭州举办的二轮修志及年鉴编纂高级研修班（浙江图书馆教育中心主办）上，作《方志体例传统与创新》讲座。

12月，参加《义乌市志》稿评审会。

为浙江大学竺可桢学院"文化中国人才计划"讲习班讲授《历史上的二司马（司马迁和司马光）》，共授课5次。

2009年

4月21日，江苏省苏州市举行隆重的捐赠仪式和"仓修良捐赠书籍陈列室"的揭牌仪式，苏州市副市长王鸿声代表苏州市人民政府颁发捐赠证书，并对此义举给予高度评价。

6月，为宁波大学海南省第二轮修志培训班讲课。

9月16日，到宁波鄞州区指导区志编修工作。

10月26日至29日，参加在山东高密市举办的高密历史文化名人学术研讨会暨中国历史文献研究会第三十届年会。会上当选首届中国历史文献研究会荣誉会员，并被授予终身成就奖。

11月27日，在南京市地方志学会主办的方志学术讲座及业务培训上作报告。

2010 年

1月14日，参加在浙江杭州召开的浙江省地方志学会第三次会员代表大会，并作题为《胡乔木方志理论简述》的学术报告。

4月17日至18日，参加在浙江嘉兴召开的方志学学科建设规划研讨会。

4月24日，在宁波大学主办的连云港市地方志办公室业务培训班上作报告。

5月28日至30日，参加在华东师范大学和浙江海宁两地召开的"王国维与中国现代学术"国际学术研讨会暨《王国维全集》发布会。

6月，参加《台州市财政志》评审会。

11月24日，参加在浙江杭州举行的《浙江方志》创刊二十五周年座谈会，提出"用海纳百川的精神来办好学术刊物"。

2011 年

5月11日至12日，在宁波大学主办的遵义市方志系统方志业务培训班上作报告。

5月13日，参加浙江省地方志办公室在杭州召开的《浙江通志》卷目专家论证会。

6月20日至23日，参加华中师范大学主办的纪念张舜徽百年诞辰国际学术研讨会暨中国历史文献研究会第三十二届年会。

7月29日，应深圳市委宣传部邀请，前去参加《前四史全注全译》书稿鉴定会。

9月14日，参加在上海图书馆举行的由国家图书馆出版社与上海图书馆、上海市古籍保护中心联合举办的《上海图书馆藏稀见方志丛刊》发布会暨地方志整理出版座谈会。

10月13日，参加浙江省地方志办公室在杭州召开的中国（浙江）地方志学术研究中心建设汇报（论证）会。

10月27日，应邀到南京市地方志办公室座谈。

11月28日至30日，到江苏省宿迁市座谈，指导地方志编写工作。

2012年

9月12日，应邀参加由国家图书馆与南京图书馆共同举办的《南京图书馆藏稀见方志丛刊》新书发布会与地方志整理工作出版座谈会。

10月26日至28日，参加河南师范大学主办的中原历史文献与文化学术研讨会暨中国历史文献研究会第三十三届年会。获历史文献研究会终身成就奖。

12月29日至30日，在宁波大学参加"史学理论及史学史研究的再出发"学术研讨会。

2013年

6月18日至19日，在江苏常熟参加《常熟市志》评审会。

6月28日至30日，参加由中国人民大学主办的典籍·社会与文化国际学术研讨会暨中国历史文献研究会第三十四届年会。

10月6日，参加华中师范大学中国历史文献学研究所成立三十周年纪念座谈会。

10月27日至28日，参加由南开大学历史学院主办的中国史学史的基础建设与前沿探索全国学术研讨会暨杨翼骧先生逝世十周年纪念会。

参加在杭州新新饭店召开的中国历史文献研究会正副会长秘书长联席会议。

12月，参加华东师范大学历史系举办的中国现代史学的回顾与前瞻学术研讨会暨吴泽先生百年诞辰纪念会。

2014年

1月2日，在杭州唐云艺术馆参观"文脉——浙江文化老人档案展"，部分手稿以及小学、初中的毕业证书在现场展出。

6月，在南京江宁参加《江宁区志》终审会。

9月20日至22日，参加在山东举办的山左先贤与齐鲁典籍研讨会暨中国历史文献研究会第三十五届年会。

10月12日至15日，参加镇江中学六十周年校庆。10月27日的《京江晚报》以《善取不如善弃，治史贵在求真》为题对先生作了专版介绍。

11月15日，在宁波大学参加浙东文献与藏书文化学术研讨会，作《浙东文献的当代价值》主题报告。

2015 年

3月，参加在湖州南浔举办的历史文献研究会正副会长秘书长联席会议。

11月16日，参加由武夷学院主办的朱子与朱子学文献研究研讨会暨中国历史文献研究会第三十六届年会。

2016 年

10月15日至18日，参加在马鞍山举办的历史典籍旅游文化与马鞍山学术研讨会暨中国历史文献研究会第三十七届年会。

2018 年

11月2日至5日，参加杭州师范大学主办的历史典籍与两浙文化学术研讨会暨中国历史文献研究会第三十九届年会。

2019 年

确定由商务印书馆出版《仓修良文集》，凡十卷，第一卷《中国古代史学史》、第二卷《方志学通论》、第三卷《谱牒学通论》、第四卷《章学诚评传》（与叶建华合著）、第五卷《章学诚和〈文史通义〉》《章学诚评传》（与仓晓梅合著）、第六卷《文史通义新编新注》、第七卷《中国史学史论集》、第八卷《方志学论集》、第九卷《历史文献学论集》、第十卷《友朋书信集》。2021年起，文集陆续出版。